SHANGWU YINGYU JIAOXUE LILUN
YU FANYI JIQIAO

U0677749

商务英语教学理论与翻译技巧

倪西军　林化平　杜颖新　著

东北大学出版社

·沈　阳·

图书在版编目（CIP）数据

商务英语教学理论与翻译技巧 / 倪西军，林化平，
杜颖新著 . -- 沈阳：东北大学出版社，2024.7.
ISBN 978-7-5517-3630-5

Ⅰ. F7

中国国家版本馆 CIP 数据核字第 2024TS9384 号

出 版 者：东北大学出版社
　　　　　地址：沈阳市和平区文化路三号巷 11 号
　　　　　邮编：110819
　　　　　电话：024-83683655（总编室）
　　　　　　　　024-83687331（营销部）
　　　　　网址：http://press.neu.edu.cn
印 刷 者：抚顺光辉彩色广告印刷有限公司
发 行 者：东北大学出版社
幅面尺寸：185 mm × 260 mm
印　　张：13.5
字　　数：303 千字
出版时间：2024 年 7 月第 1 版
印刷时间：2024 年 7 月第 1 次印刷
策划编辑：邴　璐
责任编辑：高艳君
责任校对：邱　静
封面设计：潘正一
责任出版：初　茗

ISBN 978-7-5517-3630-5　　　　　　　定 价：70.00 元

前　言

　　《商务英语教学理论与翻译技巧》旨在为商务英语教学和翻译领域的教师、学生以及相关从业人员提供全面的指导和参考。商务英语作为一个重要的领域，不断发展变化，对于学习者和从业者来说，掌握商务英语的理论和实践技巧是非常重要的。

　　第一章引言部分介绍了商务英语的重要性、商务英语教学所面临的挑战和解决策略，以及理论与实践的结合。商务英语作为一门专门应用于商务交流和跨文化沟通的语言，对现代商务活动起到至关重要的作用。然而，商务英语教学也面临着各种挑战，如快速变化的商务环境和专业知识更新、跨文化意识培养、技术应用等。

　　第二章是商务英语教学理论概述。首先介绍了商务英语教学的历史发展。然后探讨了商务英语教学理论基础，包括语言习得理论、交际能力理论、语用学理论和跨文化交际理论等。最后介绍了商务英语教学内容、商务英语教学方法，以及商务英语评估与测试等方面的内容。

　　第三章是商务英语教材与资源选择。该章着重介绍商务英语教材的选择原则和评估方法，并介绍了不同类型的商务英语教材分类和推荐。同时，涉及多媒体与网络资源的利用及商务英语教材的自主开发与定制、使用等。

　　第四章至第六章涵盖了商务英语教学的具体领域和技巧。其中，第四章是关于英语习语研究与应用，主要介绍了英语习语的定义、分类、语言功能与文化含义及其在商务英语中的应用。第五章是关于英语语言文化翻译原理与实践的内容，强调了语言文化翻译的基本原理、英语与汉语的文化差异及翻译策略和商务英语翻译的技巧与要点。第六章是关于二语习得理论与外语教学方法，对二语习得理论和外语教学方法的选择与实施等进行了讨论。

第七章至第九章分别介绍了商务英语学习者的需求分析、商务英语文化素养培养，以及商务英语翻译技巧与实践的内容。这几章主要关注商务英语学习者的特点和需求，以及培养学生的文化素养和提高商务英语翻译技巧。

　　最后两章是商务英语教学评估与反馈、总结与展望。第十章深入探讨商务英语教学评估的特点、方法、工具、重要性及实施策略，旨在促进教学的持续改进与发展。第十一章总结了本书的内容，并展望了商务英语教学理论与翻译技巧的未来发展趋势和挑战。

　　全书共计 30.3 万字，撰写分工如下：由倪西军（山东科技大学）统稿、定稿并撰写第二章至第四章，共计 11.2 万字；林化平（山东科技大学公共课教学部）撰写第一章、第五章至第七章、第十一章，共计 9 万字；杜颖新（山东外贸职业学院）撰写第八章至第十章，共计 10.1 万字。

　　希望本书为广大商务英语教师、学生和从业人员提供有价值的参考和实用的指导。商务英语作为一个不断发展变化的领域，需要人们紧跟时代的步伐，不断提升自身的能力和素养。同时，欢迎读者对本书提出宝贵的意见和建议，以便更好地完善本书。

　　最后，衷心感谢所有为本书提供支持和帮助的人们，包括同行教师、学生，以及专业机构和出版社的编辑团队。感谢大家对本书的关注和支持。

著　者
2024 年 3 月

目 录

第一章　引　言

第一节　商务英语的重要性

商务英语的重要性在当今全球化的商业环境中越发凸显。随着国际贸易和跨国公司数量的增加，商务交流已经超越了语言的界限，成为连接不同国家和地区的桥梁。商务英语作为一种专门用于商业领域的英语形式，具有独特的重要性。

商务英语帮助人们在商务环境中进行有效的沟通。商务活动涉及各种场景，如商务会议、销售谈判、客户服务等。在这些情境中，能够准确、清晰地表达自己的意见和观点至关重要。商务英语学习使人们能够使用正确的商务词汇、语法和语言风格，以及运用恰当的商务礼仪和沟通技巧。这样的沟通有助于建立信任、促进合作，并最终实现商务目标。

商务英语学习为人们提供了广阔的职业发展机会。随着全球化的推进，企业越来越需要具备商务英语能力的员工。无论是在国内公司还是跨国公司，拥有良好的商务英语能力都成为了许多职位的基本要求，这些职位分布在市场营销、国际贸易、人力资源管理等不同专业领域。掌握商务英语的人能够胜任跨国公司的职位，参与全球性项目，并与来自不同国家和地区的合作伙伴进行有效的沟通和合作。

商务英语学习可以帮助人们在全球化竞争中获得优势。如今，商业领域的竞争已经不再局限于国内市场，而是扩展到世界各地。在这样的环境下，具备良好的商务英语能力的人更容易适应并融入全球商业环境。他们能够理解和适应不同国家和地区的商务文化和习俗，面对跨文化交流中的挑战。这种全球视野和跨文化竞争力可以使他们在全球化竞争中获得更大的优势。

商务英语学习还有助于人们增长知识和拓宽视野。商务英语课程不仅涵盖商务沟通和写作技巧，而且包括了解国际商务法律、市场趋势、财务管理等方面的内容。通过学习商务英语，人们可以增加对商业世界的了解，掌握更多专业知识，为个人的职业发展提供更多选择。

商务英语在现代商业环境中的重要性不可忽视。因此，商务英语已经成为许多人的"必修课"。随着全球化进程的加速，商务英语的重要性将持续凸显，拥有这一能力的人将获得更多机遇。

第二节　商务英语教学面临的挑战和解决策略

一、商务英语教学面临的挑战

商务英语教学面临着一些挑战，这些挑战需要教师和学生共同应对和克服。以下是商务英语教学中的一些主要挑战。

（一）快速变化的商务环境和专业知识更新

商务环境的快速变化和专业知识更新是商务英语教学面临的重要挑战之一。随着新兴行业、技术和商业模式的不断涌现，商务英语教学需要与时俱进，以保持与商务实践同步。教师在教学过程中需要时刻关注行业动态和趋势，积极学习和更新商务知识，以便为学生提供最新、实用的商务英语教育。教师可以通过参与行业研讨会、与企业合作，以及持续的自我学习，不断拓展自己的知识领域，以便更好地将知识传授给学生。通过引入最新的商务案例和实践经验，教师可以帮助学生更好地理解和应对当今商务环境中的挑战和机遇。因此，及时更新教学内容、关注行业动态，并持续学习和提升自身素养，是商务英语教学中教师需要重视的关键因素，以确保培养出适应未来商务领域需求的优秀人才。

（二）跨文化意识培养

商务英语涉及不同文化和背景的商务交流。教师可以通过案例分析、文化讲座等方式引导学生加深对跨文化交流的理解。通过分析真实案例，学生可以了解不同文化之间的价值观、信仰、礼节和行为规范等方面的差异。同时，教师可以邀请专业人士来进行文化讲座，介绍不同国家和地区的商务文化和习惯，以帮助学生更全面地了解跨文化交流的挑战和要点。

教师可以提供实践机会，让学生能够在跨文化环境中进行实际沟通和合作。例如，教师可以组织跨文化团队项目，让学生从不同文化背景的角度合作完成任务。这样的实践活动可以帮助学生感受和理解跨文化交流的挑战，并培养他们的适应能力和灵活性。

教师可以引导学生进行反思和讨论，促进他们对跨文化交流的思考和总结。学生可以分享自己在实际经历中遇到的挑战和解决方法，并从他人的经验中得到启示。通过这样的互动和讨论，学生可以不断提高自己的跨文化沟通和合作能力。

（三）技术应用

随着科技的发展，人们在商务环境中越来越多地使用各种技术工具进行沟通和交流。商务英语教学需要将技术应用纳入教学内容，以帮助学生适应现代商务环境。

教师可以在商务英语课程中引入电子邮件、视频会议、在线协作平台等工具。通过实际操作和模拟练习，学生可以学习如何有效地使用这些工具进行商务沟通。教师还可以设计相关任务和项目，要求学生利用这些技术工具进行团队合作和商务项目的管理。

关于技术工具的使用，学生还需要了解和应对技术工具可能带来的挑战。例如，网络安全和数据保护是商务环境中的重要问题。教师可以提供相关的案例分析和讨论，引导学生了解并思考如何在使用技术工具时保护商务信息的安全和隐私。

学生还需要学习如何有效地处理技术工具可能出现的问题和故障。教师可以模拟一些常见的技术故障场景，并指导学生排除故障和寻找解决方案。这样的训练可以帮助学生在实际商务环境中更好地应对技术挑战。

（四）商业伦理和社会责任

学生需要了解商务决策对社会和环境的影响，并学习如何在商务实践中遵循道德原则。教师可以通过伦理案例分析和讨论来引导学生思考商业伦理和社会责任的问题。通过分析真实的商业案例，学生可以深入了解不同商务决策对各方利益的影响，并讨论如何做出符合道德标准和社会价值的决策。

教师可以邀请专业人士或行业从业者来分享他们在商务实践中面临的商业伦理和社会责任挑战，并分享他们应对这些挑战的经验。这样的经验分享可以激发学生对商业伦理和社会责任的思考，并提供实际的启示和指导。商务英语教学还可以引入相关的伦理准则和道德框架（如联合国全球契约和企业社会责任原则等），以帮助学生理解和应用商业伦理和社会责任的概念。教师可以组织小组讨论和辩论，让学生探讨不同伦理观点和解决方案，培养他们的批判性思维和道德判断能力。

商务英语教学应该关注商业伦理和社会责任，以培养学生的道德意识和社会责任感。教师可以通过伦理案例分析、经验分享和相关准则的引入，引导学生思考商业伦理和社会责任的问题。通过这样的教学方法，学生可以在商务实践中成为具有道德素养和社会责任感的专业人士。

（五）职业准备

商务英语教学的目标之一是为学生提供职业准备，因此教师需要了解行业的最新趋势和需求，以确保所教授的内容与实际职业要求相符。

教师可以通过参加行业研讨会、参观企业和与行业专业人士合作等方式，及时了解商业环境的变化和行业的最新发展。教师可以将这些信息纳入课程设计中，以确保学生获得与实际工作相关的知识和技能。

教师还可以邀请行业专家来进行讲座或授课，分享他们在商务领域的经验和见解。通过与专业人士的互动，学生可以更好地了解当前商务领域的需求和趋势，并为未来的职业发展做好准备。

学生在商务英语教学中也需要积极参与实习、实践项目和行业研究。通过实习和实践项目，学生可以在真实商务环境中应用所学的商务英语知识和技能，并获取宝贵的工作经验。此外，学生还可以进行行业研究，了解不同行业的商务实践和需求，以增强自己在商务领域的竞争力。

二、商务英语教学的解决策略

面对以上挑战，商务英语教学可以采取以下策略。

（一）整合实践和理论

商务英语教学应注重将理论知识与实际应用相结合。通过案例分析、角色扮演和实践项目等多样化的教学活动，学生能够将所学应用于实际情境中。案例分析可以帮助学生分析和解决真实商务问题，角色扮演可以模拟商务交流场景，实践项目可以让学生在实际商务环境中应用所学知识和技能。

（二）引入跨文化教育

商务英语涉及不同文化和背景的商务交流。教师应通过文化讲座、案例分析和跨文化交流活动等方式，培养学生的跨文化意识和交流能力。学生需要了解不同文化之间的差异，学习在跨文化环境中进行有效沟通和合作。这包括尊重和理解不同文化的价值观念、沟通方式和商务惯例，以提升跨文化交流的能力和成功率。跨文化教育能够培养学生开放的思维，增强文化包容性，为未来在全球化商务环境中取得成功奠定基础。

（三）利用技术工具和在线资源

随着科技的发展，教师可以利用技术工具和在线资源提供更丰富的学习材料和实践机会。例如，通过在线课程、博客和社交媒体等平台，学生可以获取最新的商务信息来参与讨论和分享经验。同时，教师可以利用技术工具进行远程教学和在线合作，为学生提供更加灵活和便捷的学习方式。

（四）与行业专家和企业建立合作关系

为了使学生了解最新的商务趋势和需求，教师可以与行业专家和企业建立合作关系。通过邀请行业专家进行讲座、组织企业参观和提供实习机会等方式，学生可以接触到真实的商务环境，了解行业的最新发展和职业要求。

（五）强调商业伦理和社会责任的教育

商务英语教学应强调商业伦理和社会责任的教育。教师可以通过案例分析和讨论，引导学生思考商业决策对社会和环境的影响，并培养道德意识和社会责任感。学生需要了解商业活动的伦理原则和社会影响，以做出符合道德标准和社会价值的决策。

第三节　理论与实践的结合

商务英语教学中，理论与实践的结合是非常重要的。理论知识提供了基础框架和概念，实践是将这些理论知识应用于实际情境中的关键环节。通过实践活动、案例研究、商务写作、跨文化交流、商业决策，以及商务模拟与创业项目等方式，学生可以将所学的理论知识应用于实际商务环境中，并培养在商务领域的能力和素养。这种理论与实践相结合的教学方法有助于培养学生的实践能力、解决问题能力和职业素养，为他们未来的商务职业发展奠定坚实的基础。

以下是商务英语教学中理论与实践相结合的 5 个方面。

一、实践活动和案例研究

通过实践活动和案例研究，学生可以将所学的理论知识应用于实际商务情境中。例如，模拟商务会议、角色扮演、商业谈判等活动可以让学生亲身体验商务交流的挑战和机会，并锻炼他们在实际情境中运用所学知识的能力。

二、商务写作和报告

商务英语课程通常涉及商务写作和报告。理论上，学生需要了解商务写作的原则、结构和语言风格。实践中，学生需要完成真实的商务写作任务，如撰写商务邮件、报告、销售文案等。通过实际写作练习，学生可以将所学的理论知识应用于实际商务写作中，进而提高写作能力和专业素养。

三、跨文化交流和商务礼仪

商务英语教学涉及跨文化交流和商务礼仪的培养。理论上，学生需要了解不同文化之间的差异、商务礼仪和跨文化沟通技巧。实践中，学生需要参与跨文化交流活动，如文化讲座、国际商务展览等，并运用所学的理论知识进行交流。通过这样的实践活动，学生可以更好地适应跨文化环境，并提高在跨文化交流中的能力。

四、商业决策和案例分析

商务英语教学涉及商业决策和案例分析。理论上，学生需要了解商业决策的原则、工具和方法。实践中，学生需要分析真实的商业案例，探索商业问题的解决方案，并做出合理的商业决策。通过将理论知识与实际案例结合，学生可以更好地理解商业环境中的挑战和机会，并培养决策能力和创新思维。

五、商务模拟与创业项目

商务英语教学可以通过商务模拟和创业项目来进一步促进理论与实践的结合。在商务模拟中，学生可以创建虚拟公司，进行市场调研、产品定位、营销策略制定等活动，从而在模拟环境中体验公司运营的各个方面。创业项目则为学生提供了一个平台，让其组建团队，开发新的商业想法，撰写商业计划书，并参与可能将这些想法转化为实际的商业实践。通过这些活动，学生不仅能够将理论知识应用于实践，而且能够培养自己的创新能力、风险评估能力和项目管理技能，为未来的职业生涯做好准备。

第二章　商务英语教学理论概述

第一节　商务英语教学的历史发展

一、早期商业教育

（一）商业教育的兴起和商业学校的出现

商业教育的早期形式可以追溯到工业革命时期，那时随着商业活动的增加，对具备商业知识和技能的人才的需求量开始上升。这一时期，商业教育开始在一些教育机构中萌芽，标志着商业学校出现的早期阶段。商业学校通过提供相关课程、实践机会和专业支持，为培养商业领导者和创新者奠定了基础。尽管商业教育在早期阶段面临诸多挑战，但它逐渐发展成为教育领域的一个重要分支，并对全球商业环境的变化和商业专业人才需求的增加做出了回应。

1.商业教育兴起和商业学校出现的主要原因

（1）全球商业环境的复杂性。随着全球化的推进，商业环境变得愈发复杂，商业竞争愈发激烈。企业面临着来自不同国家和地区的竞争对手、市场的不确定性，以及新兴技术的迅速发展。在这样的背景下，商业教育变得更加重要，需要培养具备全球视野和跨文化能力的商业专业人才。

（2）商业专业人才需求量的增加。随着商业环境的变化，企业对商业专业人才的需求量也在不断增加。企业需要具备创新思维、沟通能力、团队合作和领导能力等综合素质的人才。商业教育通过提供相关课程和实践机会，为学生培养这些必备的商业素质。

（3）创业和创新的兴起。近年来，创业和创新成为许多年轻人的梦想。商业学校为那些有创业意愿的学生提供了专门的培训和支持。商业教育不仅为学生提供了创业知识和技能，还帮助学生了解创业的风险和机遇，并为他们提供实践项目和创业网络。

（4）跨学科的商业教育。商业教育逐渐演变为跨学科的领域。商业学校开始融合不同学科的知识和理论，如经济学、市场营销、财务管理、人力资源等。这样的跨学科教育可以更好地满足复杂商业环境中的需求，培养全面发展的商业专业人才。

2.商业教育兴起和商业学校出现对教育体系和商业领域产生了积极的影响

（1）商业教育为学生提供了更多选择和机会，能够满足不同学生的需求和兴趣。

（2）商业学校通过与企业的合作，促进了理论与实践的结合，使学生能够将所学知识应用在实际商业环境中。

（3）商业教育培养了一代又一代商业领导者和创新者，推动了经济和社会的发展。

商业教育也面临着一些挑战。其中之一是如何保持与商业环境的紧密联系，以确保所教授的知识和技能与实际需求相符。另外，商业学校还需要不断创新和调整课程，以适应不断变化的商业环境和技术发展。

商业学校还需要关注商业伦理和可持续发展等重要议题，为学生提供商业伦理和社会责任的教育。

（二）商业课程基本内容和具体目标

1. 商业课程基本内容

商业课程的基本内容根据不同学校和课程设置可能有所差异，但通常涵盖以下 5 个主要方面，旨在培养学生在商业领域中所需的知识、技能和素养。

（1）商业基础知识。商业课程的基础是商业基础知识。这包括经济学原理、市场营销、财务管理、会计学、人力资源管理等领域的基本概念和原则。学生可以通过学习这些知识，建立对商业环境和商业活动的理解和认识。

（2）商业沟通和写作。商业课程还注重培养学生在商业环境中的沟通能力和写作能力。学生需要学习如何撰写商业报告、商务邮件和销售文案，并掌握商务演讲和谈判技巧。这些技能对于学生进行有效的商业沟通和交流至关重要。

（3）商业决策和解决问题。商业课程致力于培养学生的商业决策能力和解决问题能力。学生需要学习分析商业问题的方法和工具，理解决策制定的过程，并学会评估不同决策的风险和回报。通过案例分析和实践项目，学生能够运用所学的知识解决实际商业问题。

（4）跨文化管理和国际商务。随着全球化的推进，商业课程通常涉及跨文化管理和国际商务的内容。学生需要了解不同文化之间的差异和挑战，以及如何在跨文化环境中进行有效的商务交流和合作。此外，学生还需要了解国际贸易、国际市场营销和全球供应链等国际商务领域的知识。

（5）商业伦理和社会责任。商业课程强调商业伦理和社会责任的重要性。学生需要了解商业活动对社会和环境的影响，并学习如何在商业实践中遵循道德原则和可持续发展的理念。商业伦理和社会责任教育有助于培养学生的道德意识和社会责任感。

2. 商业课程具体目标

通过商业课程的学习，学生可以获得商业领域所需的知识、技能和素养。商业课程的具体目标如下。

（1）理解商业环境。理解商业环境的基本原理和运作机制，包括市场需求、竞争力、供应链管理等。

（2）掌握商业技能。掌握商业领域的关键技能，如商业沟通、商务写作、数据分析、决策制定等。这些技能有助于学生在商业环境中胜任各种职位。

（3）培养创新和创业精神。商业课程致力于培养学生的创新思维和创业精神。学生应该具备创新能力，能够发现商业机会并提出创新解决方案。

（4）培养跨文化和团队合作能力。随着全球化的发展，学生需要具备跨文化和团队合作的能力。商业课程旨在培养学生在跨文化环境中进行有效合作和沟通的能力。

（5）强调商业伦理和社会责任。商业课程强调商业伦理和社会责任的教育，培养学生对道德和社会影响的认识，并能够在商业实践中积极履行社会责任。

二、商务英语教学起步

（一）商务英语教学初步发展

商务英语教学的初步发展可以追溯到 20 世纪后半叶。随着国际贸易的扩张和全球化趋势的初步显现，对掌握专业商务英语技能的人才需求量开始增加。在这一时期，商务英语作为一门专业学科开始在一些高等教育机构中得到重视。商务英语教学的初步发展可以归结为以下 6 个关键阶段。

1. 早期商务英语教学阶段

20 世纪 60—70 年代，商务英语教学还处于起步阶段。这一时期的商务英语教学主要注重商业术语和商务写作技巧的传授。教师主要依靠教科书和课堂讲授，学生通过模拟商务情境进行练习。

2. 全球化和商务需求提升阶段

随着全球化的加速和跨国公司的兴起，社会对商务英语人才的需求量也日益增加。这促使商务英语教学进入一个新的发展阶段。教育机构开始意识到商务英语的重要性，并将其纳入教学计划。商务英语课程的内容逐渐扩展，除了商业术语和写作技巧，还包括商务沟通、商务谈判、商务文化等方面的内容。

3. 强调实践和沟通阶段

在商务英语教学的发展过程中，实践和沟通能力逐渐成为关注重点。教师开始设计更多的实践活动（如角色扮演、模拟商务会议等），以培养学生在商业环境中的实际应用能力。同时，商务英语教学开始注重培养学生的商务沟通技巧，包括口语表达、听力理解、商务演讲等。

4. 注重跨文化交流阶段

随着全球化的深入发展，跨文化交流的重要性日益凸显。商务英语教学开始注重培养学生的跨文化意识和跨文化交流能力。学生需要了解不同文化之间的差异，掌握有效的跨文化沟通策略，并适应在跨文化环境中进行商务交流和合作。

5. 技术应用阶段

随着科技的进步和互联网的普及，商务英语教学也开始融入各种技术工具的应用。学生可以通过在线平台学习商务英语课程，利用电子邮件、视频会议等工具进行商务沟通，使用机器翻译和语音识别技术提高翻译能力。

6. 商务实习和行业合作阶段

为了更好地将理论知识与实践相结合，商务英语教学开始重视商务实习和与行业的合作。学生有机会在实际商务环境中应用所学的知识和技能，与企业合作项目，并与行业专家交流和互动。

（二）商务英语教材和商务词汇

随着商务英语教学的发展，商务英语教材的出现成为推动教学进步的重要因素。商务英语教材为学生提供了系统和结构化的学习资源，帮助他们学习和掌握商业领域所需的知识和技能。同时，商务词汇也是商务英语教学的重要组成部分。

1. 商务英语教材的特点

商务英语教材通常具有以下特点。第一，注重实用性，关注商务环境中真实的情境和交流。第二，强调与商业实践紧密结合，让学生能够将所学的知识和技能应用于实际情境中。第三，提供丰富的案例、练习和模拟活动，以帮助学生巩固所学内容并提升实践能力。

2. 商务词汇学习方法

通过合适的商务英语教材和有效的商业词汇学习方法，学生可以系统地学习商务英语知识和技能。教师在教学过程中应根据学生的实际情况和需求，灵活选择和运用商务英语教材，使教学更具针对性和实效性。

商务词汇的学习是商务英语教学中的重要任务之一。以下是常用的商务词汇学习方法。

（1）词汇列表和记忆卡片。学生可以使用商务词汇列表或制作记忆卡片，将常用的商务词汇和短语写下来，并进行反复记忆和复习。可以将词汇按照主题（如市场营销、财务管理和国际贸易等）分类，以便更好地组织和记忆。

（2）练习和应用。学生可以通过练习题、角色扮演和模拟商务场景等活动，运用所学的商务词汇来解决实际问题。例如，在角色扮演中，学生可以扮演销售代表或商务谈判者，运用适当的商务词汇与他人进行交流和协商。实践中的应用有助于巩固词汇的掌握程度，并提高学生在实际商务环境中的应用能力。

（3）多媒体资源和在线工具。学生可以利用多媒体资源和在线工具来扩展词汇量和提升学习效果。例如，使用商务英语词汇学习应用程序、在线词汇测验和词汇学习网站等，这些资源可以为学生提供交互式的学习体验和个性化的学习计划。

（4）听、说、读、写综合训练。学生需要通过听、说、读、写的综合训练来巩固和应用商务词汇。可以通过听商务英语录音、参与商务讨论、阅读商务材料和撰写商务文档等活动，全面培养对商务词汇的理解和应用能力。

三、商务英语教学发展

（一）引入交际教学法和强调实际语言交流

随着商务英语教学的不断发展，交际教学法的引入和对实际语言交流的强调成为教学的重要趋势。通过引入交际教学法和强调实际语言交流，商务英语教学能够更好地培养学生在商业环境中的语言沟通和实际应用能力。这种教学方法和实践导向的教学方式有助于学生在商务领域中更自信、更有效地进行语言交流，并为他们未来的职业发展奠定坚实的基础。在教学过程中也需要不断更新教学内容和方法，以适应商务环境的变化和学生的需求。

1. 引入交际教学法

交际教学法是一种以交际为中心的教学方法，此种方法注重学生在真实情境中进行语言交流和互动。商务英语教学也逐渐引入了交际教学法的理念和方法。教师更加关注学生的语言交际能力，鼓励他们运用所学知识和技能进行交流。

（1）情境和角色扮演。商务英语教学中的情境和角色扮演活动是交际教学法的一种常见实践。通过模拟商务情境，学生可以运用所学的商务英语知识和技能进行语言交流。这样的活动可以让学生体验真实商务环境中的挑战和机会，并提高他们的实际应用能力。

（2）组织讨论和合作项目。商务英语教学中的组织讨论和合作项目也是交际教学法的一部分。学生被分成小组，共同探讨商业问题、解决方案和决策制定等内容。通过互动和合作，学生可以分享观点、交流意见，并提升他们的语言表达和沟通能力。

2. 强调实际语言交流

商务英语教学强调学生的语言交流能力。这包括口语表达、听力理解、商务演讲等方面。学生需要通过实际活动和练习来提高这些技能，如模拟商务会议、商务谈判和销售演示等。教师在教学过程中应注重纠正学生的语言错误并提供实时反馈，以帮助他们不断提升语言表达能力。

3. 强调与实际商务环境的联系

商务英语教学强调与实际商务环境的联系。教师通过引入真实的商务材料、商业案例和商务新闻等，使学生了解商业领域的最新趋势和实践。同时，教师鼓励学生参与实习和实践项目，与企业合作解决实际商业问题，并提供实践机会。

（二）应用任务型教学法和注重实际应用能力

随着商务英语教学的发展，任务型教学法的应用和对实际应用能力的注重成为教学的重要趋势。任务型教学法旨在通过真实任务来培养学生的语言能力和解决问题能力。通过应用任务型教学法和注重实际应用能力，商务英语教学能够更好地培养学生在商业环境中的语言沟通和实际应用能力。学生通过参与真实任务，在实际情境中应用所学的商务英语知识和技能，提高了解决问题和应对实际商务挑战的能力。任务型教学法的应用还可以激发学生的兴趣，增强学习动机，并培养学生的自主学习和解决问题能力。

1. 任务型教学法的特点

任务型教学法将学生置于具体任务情境中，让他们通过完成任务来实践语言能力。商务英语教学中的任务可以是商务会议模拟、商业谈判角色扮演、报告撰写等。学生通过参与任务，运用所学的商务英语知识和技能进行实际应用。

2. 情境任务和真实材料

商务英语教学中的任务通常基于真实的商务情境和材料。教师提供真实的商业案例、商务文档、商业新闻等，让学生在实际情境中完成任务。这样的教学方法有助于学生更好地理解商务环境和应用商务英语进行交流。

3. 合作与沟通

任务型教学法强调学生之间的合作和沟通。学生可以分组或合作完成任务，通过互动和合作解决问题。这样的合作有助于学生提高商务英语的实际应用能力，培养团队合作意识和沟通技巧。

4. 语言技能的综合发展

任务型教学法注重综合发展学生的语言技能。学生需要在任务中运用听、说、读、写等多种语言技能，以实现任务的目标。通过任务型教学法，学生可以全面提升商务英语的各项语言技能。

5. 实际应用能力的评估

商务英语教学中注重对学生实际应用能力的评估。教师可以通过任务的完成情况、语言表达的准确性和流利度、团队合作的效果等来评估学生的实际应用能力。这种评估方式更加贴近实际商务环境的需求，能够更好地反映学生的语言能力和实践能力。

（三）创新技术和在线资源结合

商务英语教学的发展逐渐与创新技术和在线资源相结合，以满足学生的学习需求和适应不断变化的商业环境。这种发展方向为商务英语教学带来了许多机遇和挑战。学生可以利用多媒体教学资源、虚拟实境和模拟练习等创新工具来提高实际应用能力和跨文化交流能力。教师在教学过程中不断探索和应用创新技术，以激发学生的兴趣，提升教学效果，并为学生未来的商业职业发展做好准备。

1. 在线课堂和远程学习

随着互联网的普及，商务英语教学逐渐引入了在线课堂和远程学习的模式。学生可以通过网络平台参与在线商务英语课程，不受时间和地点的限制。这种灵活的学习方式使得学生可以根据自己的需求进行学习，提高学习效率。

2. 多媒体教学资源

创新技术为商务英语教学提供了丰富的多媒体教学资源。教师可以利用音频、视频、图像等多种形式的资源来呈现商务实践场景和案例分析，使学生更好地理解和应用商务英语知识。

3. 虚拟实境和模拟练习

虚拟实境和模拟练习是商务英语教学中创新技术的一部分。通过虚拟实境技术，学生可以在虚拟商务环境中进行模拟练习，如虚拟商务会议、商业谈判等。这种实践性的学习体验可以提高学生的实际应用能力，增强学生的自信心。

4. 在线合作和协作工具

创新技术为学生之间的在线合作和协作提供了便利。学生可以利用在线平台进行组内讨论、项目合作和文件共享，增强团队合作和沟通能力。同时，学生可以通过在线工具进行即时反馈和评估，监控和改善学习效果。

5. 自主学习和个性化教育

创新技术和在线资源为学生提供了更多自主学习机会和个性化教育。学生可以根据自己的兴趣和需求选择学习内容和学习路径。在线资源和学习平台还提供了个性化的学习建议和学习支持，帮助学生更好地规划和管理自己的学习。

6. 跨文化交流和国际合作

创新技术和在线资源也有助于促进跨文化交流和国际合作。学生可以通过在线平台与来自不同国家和地区的学生进行交流与合作，增强跨文化意识，开阔全球视野。

四、商务英语教学现状和趋势

（一）全球化和科技发展对商务英语教学的影响

全球化和科技发展对商务英语教学产生了深远的影响。关注跨文化交流、科技工具的应用和实时信息的获取，满足学生在商业环境中的需求。商务英语教学也需要强调创新思维和创业精神的培养，以帮助学生适应全球化商业环境的变化和挑战。

以下是全球化和科技发展对商务英语教学的 5 个重要影响。

1. 跨文化交流的需求量增加

全球化使得跨国公司越来越多，商务交流也变得更加频繁和紧密。因此，商务英语教学需要更多地关注跨文化交流能力的培养。学生需要学习不同文化背景下的商务礼仪、沟通方式和商务惯例，以应对跨文化环境中的商务挑战。

2. 科技工具的广泛应用

科技发展为商务英语教学带来了许多创新工具和资源。教师可以利用在线平台、虚拟实境、多媒体教材等技术工具来提供更丰富和更具实践性的教学内容。同时，学生可以通过电子邮件、视频会议等科技工具进行商务交流和合作，提升实际应用能力。

3. 实时信息获取和更新

全球化和科技发展使商业环境变得日益复杂和动态化。商务英语教学需要关注最新的商业趋势和行业动态。通过互联网和科技工具，教师可以提供实时商业信息和案例分析，使学生能够跟上商务领域的变化，并应用最新的知识和技能。

4. 在线合作和国际合作

全球化和科技发展促进了在线合作和国际合作。商务英语教学中，学生可以通过在线平台与来自不同国家和地区的学生进行交流和合作。这种国际合作有助于培养学生的跨文化交流能力和团队合作精神，以更好地适应全球化商业环境。

5. 强调创新思维和创业精神

全球化和科技发展对商业领域提出了更高的要求。商务英语教学需要强调创新思维和创业精神的培养，帮助学生提升学习创新和解决问题的能力，以应对快速变化的商业环境。

（二）跨学科整合和跨文化培训

跨学科整合和跨文化培训在商务英语教学中具有重要的意义，旨在为学生提供更全面的知识和技能，以适应日益复杂和多元化的商业环境。跨学科整合和跨文化培训可以更好地培养学生的综合素养和实践能力，使他们适应日益复杂和多元化的商业环境。在教学过程中创造性地整合不同学科的知识和教学资源，并提供丰富的跨文化学习机会。这样的教学方法可以为学生打下坚实的基础，使他们在未来的商业领域中具备竞争力。

1. 跨学科整合的重要性

商务英语教学需要与其他学科进行跨学科整合，以便为学生提供更广泛的知识背景，提升学生的综合能力。商业活动涉及经济学、市场营销、财务管理、法律等多个领域，学生需要了解这些学科的基本概念和原则。跨学科整合可以帮助学生将商务英语与其他学科的知识相结合，培养学生具有更全面的商业素养。

2. 实际案例和项目的应用

跨学科整合可以通过实际案例和项目的应用来提升学生的实践能力和解决问题能力。学生可以运用所学的商务英语知识和其他学科的理论知识，分析和解决真实的商业问题。这种实践性的学习体验可以使学生更好地理解商业环境和应用相关知识。

3. 跨文化培训的重要性

随着全球化的推进，商务英语教学需要注重跨文化培训。商业交流不再局限于本国内部，学生需要了解和适应不同文化背景下的商务实践。跨文化培训可以帮助学生增强跨文化意识、跨文化沟通能力和跨文化合作能力，使其更好地在跨国公司或国际商务环境中工作。

4. 跨文化案例和实践活动

跨文化培训可以通过跨文化案例和实践活动来实现。学生可以参与模拟跨文化商务会议、跨文化谈判和跨文化团队合作等活动，了解不同文化之间的差异，并学习如何有效地进行跨文化交流。这些实践活动有助于培养学生的跨文化意识和应对跨文化情境的能力。

5. 国际经验和交流机会

跨文化培训还可以通过提供国际经验和交流机会来增强学生的跨文化素养。学生可以参与国际实习、交换项目、国际研讨会等，与来自不同国家和不同文化背景的人进行交流和合作。这种国际经验可以开阔学生的视野，增强他们的跨文化交流能力和全球意识。

（三）持续促进教师专业发展和更新教学方法

持续促进教师专业发展和更新教学方法对于商务英语教学至关重要。随着商务环境的不断变化和学生需求的多样化，教师需要不断提升自己的专业素养和教学能力，以更好地满足学生的学习需求。持续促进教师专业发展和更新教学方法是商务英语教学的关键要素。

以下是关于持续促进教师专业发展和更新教学方法的6个重点。

1. 学科知识更新

商务英语教学涉及多个领域，如商业、经济、市场营销等。教师需要持续学习并跟踪最新学术研究和行业动态，以更新自己的学科知识。通过参加研讨会、学术会议、行业培训等活动，教师可以与同行交流，了解最新教学理念和实践。

2. 教学方法更新

商务英语教学需要教师不断探索和尝试新的教学方法，以适应不同学生的学习风格和需求。例如，引入任务型教学法、交际教学法、项目学习等，为学生提供更具实践性、互动性的学习体验。

3. 教学技术应用

教师可以利用现代教学技术和在线资源来增强教学效果。例如，多媒体教学资源、虚拟实境技术、在线合作工具等可以提供更丰富的教学内容和互动性的学习体验。教师需要不断学习和掌握这些教学技术，并将其灵活应用于课堂教学中。

4. 反思和反馈

教师应该经常进行反思和自我评估，以了解自己的教学效果和改进的方向。通过与同事、学生，以及专业发展机构的交流，教师可以获得有价值的意见和建议，进一步提升自己的教学能力。

5. 学习共同体的参与

教师可以加入教育学习共同体，与其他教师进行合作和分享。参与教学研究、合作项目、教学讨论等活动可以促进教师之间的互动和学习，共同推动教学方法和实践的创新。

6. 专业发展计划和培训

教师可以制订定个人的专业发展计划，并参加相关培训和认证课程。这些培训课程可以提供新的教学理念、教学技巧和评估方法，帮助教师不断提升自己的专业水平。

第二节　商务英语教学理论基础

商务英语教学的理论基础是指支撑和指导商务英语教学实践的理论体系和原则。这些理论基础包括语言习得理论、交际能力理论、语用学理论、跨文化交际理论。

一、语言习得理论

在商务英语教学中，可以结合行为主义理论、词汇习得理论和社会交互理论，采取相应的教学策略和活动，以促进学生的商务英语习得和应用能力。教师在教学中起到引导和支持的作用，通过刺激和反馈，提供丰富的输入和实践机会，以及促进学生的社会交互和合作，帮助学生建立扎实的商务英语基础，并在实际情境中灵活运用所学的知识和技能。

（一）行为主义理论

行为主义理论认为，语言习得是通过刺激和响应的环境反馈来形成条件反射的过程。在商务英语教学中，可以运用强化和奖励机制来促进学生对正确表达和应用商务英语的习得。教师可以给予学生积极的反馈和鼓励，以增强他们的学习动机和自信心。同时，教师可以引导学生识别和纠正错误，并提供相关指导和练习，以帮助他们形成正确的商务英语表达习惯。

（二）词汇习得理论

词汇习得理论强调通过大量输入和反复使用来习得词汇。在商务英语教学中，教师可以提供丰富的商务词汇材料，并鼓励学生在真实场景中运用所学的词汇。例如，教师可以组织商务文档阅读和商业新闻讨论，让学生接触不同领域的商务词汇，并鼓励他们在口语和写作中灵活运用。此外，教师还可以设计词汇练习和记忆活动（如词汇卡片游戏和词汇复习测验），以此帮助学生巩固和扩展商务英语词汇量。

（三）社会交互理论

在商务英语教学中，教师可以通过对话、合作项目和角色扮演等活动来促进学生的社会交互和语言习得。例如，教师可以组织商务讨论小组，让学生在小组中共同解决商务问题，并进行商务交流和协商。同时，教师可以设计角色扮演活动，模拟商务场景，让学生在真实情境中运用商务英语进行交流和表达。这样的活动可以激发学生的积极参与和合作意识，提高他们的口语流利度和沟通能力。

二、交际能力理论

良好的交际能力可以使学生在实际商务环境中更加自信和流利地进行交流。教师通过提供语言输入和输出机会、指导学生掌握语言形式和语用功能，以及培养学生的语篇组织和跨文化交际能力，帮助学生发展出优秀的商务英语交际能力，从而为他们的职业发展打下坚实的基础。

在商务英语教学中，注重培养学生的交际能力是非常重要的，包括以下 4 个方面的交际能力。

（一）语言形式

学生需要掌握商务英语的词汇、语法和句型结构，以正确表达自己的意思。教师可以通过语言输入和输出活动来帮助学生掌握商务英语的语言形式。例如，教师可以提供商务文档、报告和演示稿等材料，让学生进行阅读理解和口头表达练习。同时，教师可以纠正学生的语言错误，并提供相关语法和词汇练习。

（二）语用功能

学生需要了解不同场景下的商务用语和交际策略，以适应各种商务交流情境。教师可以通过角色扮演、模拟商务会议和案例分析等活动来培养学生掌握语用功能。在这些活动中，学生可以运用所学的商务用语和交际策略与他人进行沟通和协商。教师可以提供指导和反馈，帮助学生提高交际能力。

（三）语篇组织

学生需要学会如何组织商务文档、报告和演示稿等，以清晰地传达信息。教师可以通过商务写作指导和实践项目来培养学生的语篇组织能力。例如，教师可以提供商务写作模板和范例，让学生学习如何组织商务文档。同时，教师可以引导学生进行商务演示和口头报告，让他们在实践中锻炼语篇组织和表达能力。

（四）跨文化交际

学生需要了解不同文化背景下的商务交际规则和礼仪，以避免跨文化误解和冲突。学生可以学习不同文化背景下的商务礼仪、沟通风格和价值观，并运用这些知识来适应跨文化商务环境。教师还可以提供相关的角色扮演和讨论活动，让学生在模拟的跨文化场景中进行交流和解决问题。

三、语用学理论

语用学理论研究语言的使用方式和含义，涉及语言的意图、指称、隐含和礼貌等方面。语用学理论可以帮助学生更好地理解和运用商务英语中的交际意图、礼貌策略和隐含信息。可以设计相应的教学活动和练习，让学生在真实情境中进行商务交际的模拟和角色扮演。这样的教学方法可以提高学生的商务交流能力，增强与商业伙伴的合作关系，并成功应对复杂的商务环境中的沟通挑战。

在商务英语教学中，语用学理论的应用包括以下 3 个方面。

（一）语言交际意图

学生需要了解不同商务场景下的交际意图（如请求、建议、邀请、道歉等），并学会适当运用相应的语言表达方式。教师可以通过案例分析和角色扮演等活动，让学生在真实情境中练习商务交际意图的表达。学生可以学习不同交际意图的常见表达方式（如使用委婉语气、修辞手法等），以增强他们在商务交流中的准确性和效果。

（二）礼貌策略

学生需要了解和运用商务英语中的礼貌策略（如感谢、道歉、委婉表达等），以增强商务交流的亲和力和效果。教师可以通过案例分析和模拟情境训练，让学生了解不同文化背景下的礼貌表达方式，并进行相应的练习和角色扮演。学生可以学习如何根据不同情境和对方的文化背景来选择适当的礼貌策略，并运用到商务交流中。

（三）隐含信息

学生需要学会识别和理解商务英语中的隐含信息（如暗示、间接表达和非言辞信息等），以避免造成误解和引起冲突。教师可以通过案例分析和讨论活动，让学生了解隐含信息在商务交流中的重要性，并进行相关练习。学生可以学习如何从上下文和非语言线索中推测和理解隐含信息，并在商务交流中灵活运用这些技巧。

四、跨文化交际理论

跨文化交际理论研究不同文化背景下的交际规则和差异。跨文化交际理论可以帮助学生更好地理解和应对不同文化背景下的商务交际挑战。学生可以提高他们的跨文化意识、跨文化沟通技巧和跨文化谈判策略，从而更好地应对商务英语交际中的跨文化挑战，并成功地与来自不同文化背景的商业伙伴进行有效合作和交流。

在商务英语教学中，跨文化交际理论的应用包括以下 3 个方面。

（一）文化意识

学生需要了解不同文化背景对商务交际的影响，包括价值观、信仰、社会习俗和商务礼仪等。培养文化意识可以使学生更好地适应不同文化环境下的商务交流。教师可以通过文化讲座、案例分析和跨文化活动等方式，让学生了解不同文化的特点和习惯，并进行相关讨论和反思。学生需要学习如何尊重他人的文化差异，并避免因文化误解而导致的沟通问题。

（二）跨文化沟通技巧

学生需要学习和运用跨文化沟通技巧，包括尊重他人的文化差异、避免刻板印象和偏见等，以促进有效的商务交际。教师可以引导学生探索不同文化之间的交际差异，并提供相关案例和练习来培养学生的跨文化沟通技巧。学生可以学习如何适应不同的沟通风格、语言使用和非言语表达，以更好地与来自不同文化背景的商业伙伴进行合作和交流。

（三）跨文化谈判策略

学生需要了解不同文化背景下的谈判策略和风格，并学会在跨文化谈判中灵活应对，以达成合作和共赢的商务目标。教师可以通过案例分析和角色扮演等活动，让学生了解不同文化背景下的谈判偏好和战略，并提供相应的指导和训练。学生可以学习如何识别和应对不同文化之间的谈判差异，以建立良好的商务关系，实现双方的利益。

五、如何将理论应用于商务英语教学实践

通过应用上述教学策略，商务英语教学可以帮助学生全面发展商务英语能力，培养他们的交际能力、实际应用能力和跨文化意识。教师在教学中起到引导和支持的作用，根据不同理论的要求和学生的需求，设计多样化的教学活动和评估方式，以提高学生的学习效果和职业准备能力。

（一）理论指导

教师应了解和熟悉商务英语教学的理论基础，并将其融入教学设计和实施中。教师可以根据不同理论的要求，确定教学目标、设计教学活动和评估学生表现。例如，可以运用行为主义理论来设计强化和奖励机制，激励学生学习和应用商务英语；可以运用词汇习得理论来提供大量输入和反复使用的机会，加强学生的词汇习得；可以运用社会交互理论来促进学生的社会交互和语言习得。教师还可以结合不同理论，综合运用，以满足学生的多样化需求。

（二）情境化教学

教师可以通过模拟真实商务情境，让学生在具体商务环境中练习和应用所学的商务英语知识和技能。例如，可以组织商务会议、商务谈判和商务演示等活动，让学生在这些情境中进行角色扮演和交流。这样可以提升学生的实际应用能力和交际能力，并使他们更好地适应真实商务环境的要求。

（三）合作学习

商务英语教学可以倡导合作学习，鼓励学生在小组中开展合作项目和角色扮演等活动。这样可以促进学生的社会交互和语言习得。学生可以通过合作学习，相互支持和协助，共同解决商务问题和完成任务。同时，教师可以充当指导者和监督者的角色，提供必要的指导和反馈，以促进学生的学习效果和团队合作能力的发展。

（四）跨文化意识培养

商务英语教学应注重培养学生的跨文化意识和跨文化沟通能力。教师可以通过引入真实案例、讨论不同文化背景下的商务场景，帮助学生了解和理解不同文化的交际规则和差异。学生可以学习如何适应不同文化的价值观、信仰和社会习俗，并运用跨文化沟通技巧进行有效的商务交流。教师还可以组织跨文化交流活动，让学生与来自不同文化背景的同学进行合作和交流，加深他们对跨文化交际的理解，提升实践能力。

第三节　商务英语教学内容

商务英语教学的目的在于培养学生在国际商务环境中有效使用英语的能力。这不仅包括语言技能的培养，还包括对商务知识的理解和应用，以及在多元文化背景下的

交流能力。

一、语言技能

商务英语的语言技能是商务英语教学的核心组成部分，其直接影响到学生在实际商务环境中的沟通效率和效果。

（一）听力理解

听力理解是商务英语中的一项基础技能。在当今全球化的商务交流中，学生不可避免地要与来自世界各地的合作伙伴进行沟通。这些合作伙伴可能带有各种不同的口音和语速，这就要求学生具备强大的听力理解能力。

为了提升学生的听力理解能力，教学中应采用多样化的听力材料。这些材料应涵盖不同国家和地区的商务英语对话，让学生逐步适应各种口音和说话速度。通过这种方式，学生能够在实际交流中更准确地识别和理解对方的语言。

同时，教学应着重培养学生捕捉关键信息的能力。在商务对话中，数字、日期、人名等信息至关重要。教师应教授学生如何集中注意力，快速识别并记住这些关键信息，以确保商务沟通的准确性和效率。

提供丰富的商务背景知识是听力教学中不可或缺的一环。了解相关的行业术语和商务文化背景，能够帮助学生更深入地理解听力材料的内容。这种背景知识的积累，不仅能够提升学生的听力理解能力，还能够增强他们在商务场合中的自信心和专业程度。

（二）口语表达

在商务场合，无论是谈判、会议还是客户服务，清晰和准确的表达都是必不可少的。

商务场景模拟是提高口语能力的有效手段。通过模拟实际的商务活动（如谈判、产品介绍或客户服务），学生能够在接近真实的环境中练习和提高自己的口语表达。这种模拟不仅帮助学生熟悉商务语境，而且可以锻炼他们应对各种商务挑战的能力。

语言的准确性对于商务沟通至关重要。在教学中，需要强调正确使用商务术语和专业表达，避免使用非正式或含糊不清的语言。这要求学生不仅要掌握丰富的词汇，还要学会在不同商务场合中恰当地运用它们。

沟通策略的教学也是必不可少的。学生需要学会如何有效地提问、表达同意或不同意，以及如何进行有效的商务沟通。这包括了解如何在保持礼貌的同时清晰地传达自己的观点，以及如何在对话中引导话题和控制交流的节奏。

通过这些方法，学生将学会如何在商务环境中自如地表达自己的想法，与他人进行有效沟通，并在商务场合中展现出专业的形象。

（三）阅读理解

阅读理解是商务英语教学中的一项关键技能，它能够使学生能够深入分析和理解商务文件、报告和专业文献。

快速阅读技巧的教授是必不可少的。学生需要学会如何迅速浏览文本，识别出关键段落和信息。这不仅涉及对文本结构的理解，还包括对关键词和短语的快速捕捉，以便能够迅速把握文本的主旨。

深入理解文本内容是阅读理解的核心。学生应该训练正确地深入地理解作者的观点、论据和结论，并能够分析文本的深层含义。这种深入理解有助于学生在商务环境中更好地评估信息，做出明智的决策。

批判性思维的培养鼓励学生运用批判性思维来分析文本，评估信息的可靠性和有效性。这意味着学生不仅要接受信息，还要学会质疑和验证，形成自己独立的见解。

（四）写作能力

商务英语写作是商务沟通中不可或缺的技能，其要求学生能够以专业和清晰的方式表达自己。以下是商务英语写作教学的关键点。

1. 格式和结构

商务文档的格式和结构是其专业性和清晰度的关键。学生应掌握正确地构建信头、称呼、正文及结尾，以确保文档的逻辑性和条理性。信头通常包括公司的标志、地址和日期，而称呼则要恰当地反映收件人的职位或姓名。正文部分应该清晰地表达主要信息，包括目的、请求或建议，并且要组织得当，便于读者理解。结尾部分则需要礼貌地结束对话，并提供进一步联系的信息或行动呼吁。通过这些细节的学习和实践，学生能够制作出既规范又具有说服力的商务文档。

2. 语言风格

商务写作的语言风格要求严谨和正式，这是确保文档具有权威性和专业感的关键。学生需要学会运用恰当的词汇和句式来表达思想，同时避免任何可能显得随意或不专业的措辞。正式的语言风格不仅体现在对商务术语的正确使用上，还包括对语气和表达方式的精准把握。例如，使用"我们期待您的回复"代替"请快点回复我"，可以传达出更加专业和礼貌的态度。客观的语言风格要求学生在写作中保持中立，避免过度主观或带有个人情感色彩的表述，这样有助于增强文档的说服力和可信度。

3. 内容组织

学生应掌握如何将信息以逻辑性强、条理清晰的方式呈现。这包括明确地提出问题，深入分析问题的各个方面，并以合理的方式提出解决方案。文档应该遵循一个清晰的结构，通常包括引言、主体和结论。在引言部分，简要介绍话题和目的；主体部分详细阐述问题和论点，每个论点都应该有支持的论据；结论部分则总结全文，重申主要观点，并明确提出建议或行动方案。通过这种方式，文档不仅易于阅读和理解，还能有效地说服读者接受作者的观点或建议。

二、商务知识

商务英语教学的核心在于培养学生在商务环境中使用英语的能力，商务知识的掌握则是这一能力的基础。

（一）商务术语

商务术语构成了商务沟通的基础框架，对于学生来说，掌握这些专业词汇是进入商务世界的关键。商务术语广泛分布在财务、营销、人力资源等各个商务领域，是理解和参与商务活动的必备工具。

学生需要学习如何使用这些术语来精确地描述商务概念，如理解"净利润"是指公司在扣除所有成本和费用后的收益，"市场份额"反映了一个公司或品牌在特定市场中所占的比例，"供应链管理"涉及协调和管理产品从生产到交付给最终用户的整个流程。

掌握商务术语不仅仅是记忆词汇，更重要的是理解它们在实际商务操作中的应用。学生应该学会在商务报告、会议讨论、电子邮件交流等不同商务场景中恰当地使用这些术语。这要求学生不仅要有扎实的记忆，还要有灵活运用的能力。

为了加深对商务术语的理解，学生可以通过多种方式进行学习，包括阅读商务文章、参与案例研究、观看相关的教学视频等。此外，实际应用这些术语，如在模拟商务谈判或撰写商务计划中，也是提高理解和记忆的有效方法。

（二）商务流程

商务流程的理解涉及实际商务活动中的各个环节。学生要对商务谈判、合同签订、产品销售等关键流程有深入的了解，这样才能在实际应用中游刃有余。

商务谈判是商务流程中的一个重要环节，学生需要学习如何在谈判中清晰地表达自己的立场和需求。这包括使用恰当的英语表达来提出条件、讨论条款、解决分歧，以及最终达成一致。掌握谈判技巧不仅有助于提高沟通效率，也是建立商业关系和达成交易的基础。

合同签订是商务交易中的关键步骤，它涉及对合同条款的理解和表达。学生应该学会如何阅读和分析合同文本，识别关键条款，并能够用英语准确地讨论和修改这些条款。学生还需要了解合同签订过程中的法律术语和表达方式，以确保交易的合法性和有效性。

产品销售流程则涵盖从市场调研、产品定位到销售策略制定的一系列步骤。学生需要学习用英语描述产品特性、市场优势以及销售策略，并能够与客户进行有效的沟通。这不仅包括销售技巧的掌握，也包括对市场动态的敏感度和对客户需求的理解。

为了更好地掌握商务流程，学生可以通过案例研究、角色扮演和模拟练习等方式进行学习。通过这些实践活动，学生可以加深对商务流程的理解，提高使用英语进行商务沟通的能力。同时，教师应该提供及时的反馈和指导，帮助学生在实际应用中不断改进和提高。

（三）市场分析

市场分析是商务英语教学中赋予学生洞察市场动态和消费者行为的能力。在这一领域，学生不仅要学习如何识别和解读市场趋势，还要掌握进行市场调研的技能，以及如何将这些调研结果转化为有价值的见解。

学生需要学会运用各种工具和方法来收集市场数据，包括在线调查、消费者访谈和竞争对手分析。通过对这些数据的深入分析，学生能够识别潜在的市场机会和风险，为商务决策提供依据。

学生必须掌握如何使用图表和图形来展示市场数据，使复杂的信息变得直观易懂。这不仅涉及数据的可视化技巧，还包括如何选择合适的图表类型来最有效地传达特定信息。

撰写市场分析报告是市场分析能力的重要组成部分。学生应该学会如何构建报告的结构，包括引言、方法论、数据分析、结论和建议等部分。在报告中，学生需要清晰地表达自己的发现，逻辑地展开论点，并提出基于数据的合理建议。

为了提高市场分析能力，学生应该通过实际案例来练习这些技能。通过分析真实的市场情况，学生可以更好地理解理论与实践的结合，提高自己的分析和批判性思维能力。

三、跨文化交际能力

在全球化的商务环境中，跨文化交际能力在商务英语教学中不仅有助于促进国际商务关系的建立和发展，也是避免文化冲突和误解的关键。

（一）文化意识

在全球化的商务活动中，学生将面对来自世界各地的合作伙伴，他们各自拥有不同的文化背景和商务习惯。

学生需要学习不同文化中的商务礼仪，这包括问候方式、商务着装、餐桌礼仪等。例如，在一些文化中，商务会面时的正式握手是必要的，而在其他文化中，可能更倾向于使用鞠躬或其他非接触的问候方式。

了解不同文化中的交流风格对于商务沟通同样重要。一些文化可能更重视等级和权威，因此在沟通时需要表现出对上级的尊重，而在其他文化中，可能更倾向于平等和开放的讨论环境。学生需要学会如何根据文化差异调整自己的沟通方式。

社交礼节也是文化意识的一部分。在不同的文化中，建立和维护商务关系的方式可能大相径庭。了解如何在不同的社交场合中表现得体，可以帮助学生在国际商务中建立良好的第一印象。

为了提高文化意识，学生可以通过多种途径进行学习，包括阅读有关不同文化的书籍、观看文化纪录片、参与文化交流活动等。

（二）沟通技巧

在跨文化商务环境中，学生必须掌握一系列技巧，以确保他们能够在多元文化背景下有效沟通。

学生应该学会如何表达自己的观点，同时避免使用可能引起误解或冲突的言辞。这要求学生在选择词汇和构造句子时，要考虑到语言的精确性和敏感性。

肢体语言、面部表情和语调都是沟通的重要组成部分，其可以传达语言之外的丰富信息。学生需要学会如何读懂这些非语言信号，并在沟通中恰当地使用，以增强信息的传递效果。

不同的文化可能有着不同的沟通习惯，如直接或间接、高语境或低语境的沟通方式。学生应该学会识别这些差异，并能够灵活调整自己的沟通策略，以适应不同的文化环境。

有效的倾听不仅包括理解对方的话语，还包括理解对方的文化背景和观点。学生需要学会如何积极倾听，通过提问和反馈来展示对对方观点的理解和尊重。

最后，学生应该学会在保持自己文化身份的同时，适应和融入其他文化环境。这要求学生在尊重差异的基础上，寻找共同点，建立跨文化的联系和理解。

（三）团队协作

学生必须发展在多样化团队中有效工作的能力，这不仅涉及个人技能的提升，也包括对团队动态的理解和适应。

学生需要学会在团队中清晰地表达自己的想法和意见。这要求他们能够用适当的语言和表达方式来沟通，确保信息的准确传达。同时，学生应该学会倾听，尊重并理解来自不同文化背景的团队成员的观点和建议。

在多元文化团队中，由于文化差异，可能会出现意见不合或误解。学生需要学会识别和处理这些冲突，通过有效的沟通和协商找到解决方案。

建立信任和团队凝聚力对于团队的成功至关重要。学生应该学会在多元化的工作环境中与他人建立信任关系，通过共享目标和价值观来增强团队的凝聚力。

为了培养团队协作能力，学生可以通过参与团队项目、模拟商务活动和跨文化团队竞赛等方式进行实践。这些活动不仅提供了实际操作的机会，也帮助学生在真实的多元文化环境中学习和成长。

四、技术整合

技术的发展为商务英语教学带来了革命性的变化，使得教学方法更加多样化和高效。

（一）在线学习平台

在线学习平台正在成为商务英语教学中不可或缺的工具，其为学生提供了一个灵活且丰富的学习环境。这些平台通过提供互动课程、在线讨论区和虚拟图书馆等资源，极大地增强了学习的自主性和个性化。

互动课程是在线学习平台的核心组成部分，它们通常包括视频讲座、在线测试和即时反馈等元素。这些课程设计得既直观又互动，能够激发学生的学习兴趣，并帮助他们以自己的节奏掌握商务英语知识。

在线讨论区则为学生提供了交流思想和提问的平台。在这里，学生可以与同学和教师进行实时交流，分享学习经验，讨论商务英语的实际应用问题。这种互动不仅促进了学生之间的合作学习，也提高了他们的批判性思维能力。

虚拟图书馆为学生提供了广泛的阅读材料，包括商务英语教材、案例研究、学术论文等。这些资源不仅丰富了学生的学习内容，也使他们能够接触到最新的商务英语研究成果和实际应用案例。

在线学习平台的另一个显著优势是其可访问性。学生可以随时随地登录平台进行学习，无论是在家中、图书馆还是旅途中。这种灵活性使得学生能够根据自己的时间安排和学习需求，有效地安排学习计划。

在线学习平台还提供了个性化的学习体验。通过跟踪学生的学习进度和成绩，教师可以及时了解学生的学习状况，并提供针对性的指导和支持。这种个性化的学习方式有助于提高学生的学习效率和成就感。

（二）多媒体工具

多媒体工具在商务英语教学中的应用，为传统的语言学习带来了生动性和互动性。这些工具通过结合视觉和听觉元素，创造出一个立体的学习体验，从而提高学生的学习动力和参与度。

视频材料是多媒体工具中的重要组成部分。通过观看商务会议、产品演示、市场分析等视频，学生不仅能够观察到商务英语在真实场景中的使用，还能够学习到非语言交流的细微差别（如肢体语言、面部表情和语调变化）。这些视频为学生提供了一个接近真实商务环境的学习平台。

音频材料（如商务播客和访谈录音）能够增强学生对商务英语听力的理解。学生可以通过听取不同口音、语速和表达风格的商务英语，提高自己的听力技能，并学习如何在实际对话中捕捉关键信息。

多媒体工具可以用来模拟商务活动。例如，使用视频会议软件进行角色扮演，模拟商务谈判或产品推介，使学生能够在一个安全的环境中练习和提高自己的商务英语沟通技巧。这种模拟不仅有助于学生理解商务流程，还能够帮助他们建立信心。

多媒体工具还可以用于创建互动式学习材料（如在线测验和游戏），这些材料能够激发学生的参与感，同时检验他们对商务英语知识的掌握情况。

为了最大化多媒体工具的教学效果，教师应该精心选择和设计这些材料，确保它们与课程内容紧密相关，并且能够激发学生的学习兴趣。同时，教师应该引导学生如何有效利用这些工具，帮助他们发展批判性思维和自主学习能力。

（三）虚拟现实

虚拟现实（VR）技术在商务英语教学中的运用，正在革新传统的语言学习方法，为学生带来前所未有的沉浸式学习体验。通过创建三维的商务环境，VR技术使学生仿佛身临其境，参与到国际会议、商务谈判等实际场景中。

这种技术的优势在于其能够提供一种高度互动和模拟真实的学习环境。学生可以在虚拟世界中与来自不同文化背景的商务人士进行交流，这样的实践机会在传统教学中是难以实现的。在这些模拟场景中，学生不仅能够练习语言技能，还能够体验和学习如何在多元文化环境中进行有效沟通。

虚拟现实技术还能够增强学生的记忆效果。在沉浸式环境中学习的知识往往更加深刻和持久。学生通过亲身体验商务场景，对商务英语的理解和记忆将更加深入。

为了充分利用 VR 技术，教师可以设计各种教学活动，如虚拟商务旅行、产品发布会或跨文化团队项目。这些活动不仅能够提高学生的参与度，还能够帮助他们将所学知识应用于实际情境中。虚拟现实技术还可以用于评估学生的学习成果。通过追踪学生在虚拟环境中的表现，教师可以更准确地评估他们的商务英语沟通能力和跨文化交际技巧。

然而，要实现这些优势，需要对 VR 技术进行恰当的整合和应用。教师应该接受相关培训，了解如何设计和实施 VR 教学活动，并确保这些活动与教学目标和课程内容相一致。

（四）个性化学习

个性化学习是现代教育技术带来的一大突破，这种学习方法的核心在于利用技术手段，如学习管理系统，来实现教育的定制化和差异化。

学习管理系统（LMS）能够记录和分析学生的互动、作业提交和测试成绩，为教师提供宝贵的数据支持。这些数据帮助教师了解每名学生的学习状况，识别他们的强项和弱点。基于这些信息，教师可以设计个性化的学习计划，推荐适合学生能力水平的资源和活动。

个性化学习还意味着学生可以按照自己的节奏学习。一些学生可能需要更多时间来理解复杂的概念，而另一些学生可能迅速掌握并希望探索更深入的内容。技术平台可以提供不同难度级别的练习和材料，确保所有学生都能在自己的学习路径上取得进步。

个性化学习还鼓励学生发展自主学习的能力。通过访问在线资源、参与讨论板和利用其他互动工具，学生可以主动探索学习材料，提出问题并寻求解答。这种自主性是终身学习的关键，也是现代商务环境中必不可少的技能。

第四节 商务英语教学方法

一、交际教学法

交际教学法是一种以交际为中心的教学方法，旨在培养学生的语言交流能力和实际应用能力。在商务英语教学中，交际教学法发挥着重要的作用。

在商务英语教学中，交际教学法通过创造真实的商务情境和交际活动，培养学生在商务环境中进行有效沟通和交流的能力。交际教学法注重学生的参与和互动，使学生能够将所学的商务英语知识和技能运用到实际中。

交际教学法的核心目标是提高学生的商务交际能力。通过模拟真实的商务场景（如商务会议、谈判和演讲等），学生可以练习商务沟通的各个方面，包括口语表达、听力理解、书面沟通和跨文化交际等。学生将有机会运用所学的商务英语知识和技巧解决实际问题，以增强自信心和实际应用能力。

交际教学法强调学生的主动参与和互动。教师可以设计各种形式的交际活动（如角色扮演、小组讨论和团队合作等），以促进学生之间的互动和合作。这样可以提高学生的口语表达和倾听技巧，并培养团队合作能力和解决问题能力。

交际教学法还注重真实性和实践性。教师可以引入真实的商务文档和案例，让学生进行分析和讨论。通过解决实际问题，学生可以更好地理解商务英语的应用，并为将来的工作做好准备。

在商务英语交际教学中，教师需要扮演指导者和促进者的角色，鼓励学生积极参与和表达自己的观点。同时，教师应提供及时的反馈和指导，帮助学生提高交际能力。

（一）交际教学法特点

在商务英语交际教学中，教师应鼓励学生积极参与互动活动，培养他们的交际能力和自信心。交际教学法是一种注重实践性、情境导向、互动性、反馈和修正的教学方法。

1. 实践性

交际教学法强调学生的实践能力和应用能力。通过创造真实的商务情境和活动，让学生在实际场景中运用所学的商务英语知识和技能。例如，组织模拟商务会议、商务谈判和团队合作等活动，让学生亲身体验商务交流的挑战和应对策略。

2. 情境导向

交际教学法侧重创造真实的商务情境，使学生能够在具体情境中理解和应用商务英语，提高交际能力。教师可以设计各种情境（如商务邮件写作、电话交流和面试准备等），让学生在真实场景中进行语言表达和沟通。

3. 互动性

交际教学法鼓励学生之间的互动和合作。学生通过与同伴进行合作、讨论和角色扮演等活动，积极参与到交际过程中，提升沟通和交流技巧。这样的互动能够帮助学生更好地理解商务英语的应用，并通过与他人的合作提高团队合作能力和解决问题能力。

4. 反馈和修正

交际教学法强调及时反馈和修正。教师会给予学生准确的反馈和建议，帮助他们纠正错误并提高交际能力。通过有针对性的指导，学生可以意识到自己的不足之处，并进行相应的修正，从而逐渐提升自己的商务交际水平。

（二）交际教学法实施步骤

1. 情境引入

教师通过情境描述、图片或视频等方式向学生介绍一个商务场景，从而引发学生的兴趣和关注。同时激发学生的学习动机，让学生投入到交际活动中。

2. 目标设定

教师明确指定学生需要达到的交际目标，如完成一次商务谈判、撰写商务邮件等。这有助于学生明确任务，并为学习提供明确的方向。

3. 语言输入

教师提供相关的商务英语词汇、句型和语言模式，帮助学生掌握所需的语言工具。这可以通过教师的示范、语言示例和练习来实现。

4. 角色扮演和讨论

学生分成小组进行角色扮演或小组讨论，在教师的引导下运用所学的商务英语知识和技能进行交流。这可以帮助学生在真实的情境中练习商务交际，并与同伴进行互动。

5. 反馈和修正

教师给予学生及时的反馈和建议，帮助他们纠正错误、改进表达，并提供指导以提高交际能力。这可以通过教师的口头反馈、评估标准和指导性问题来实现。

6. 总结和归纳

教师与学生一起总结本次交际活动的经验和教训，归纳出有效的交际策略和技巧。这有助于学生加深对商务交际的理解，并为将来的交际实践做好准备。

（三）交际教学法在商务英语教学中的应用

1. 商务会议模拟

学生分成小组，在教师的引导下模拟商务会议。学生需要扮演不同的角色（如会议主持人、销售经理、客户代表等），并运用商务英语进行讨论、提问和解决问题。这样的模拟活动可以让学生熟悉商务会议的流程和技巧，提高他们的口语表达能力和沟通能力。

2. 商业谈判角色扮演

学生分成买方和卖方两组，在教师的指导下进行商业谈判的角色扮演。他们需要在实际情境中运用商务英语进行谈判，争取自己的利益。通过这样的活动，学生可以锻炼商务谈判的技巧和策略，提高辩论能力和协商能力。

3. 商务邮件写作

学生通过分析真实的商务邮件样本，掌握商务英语写作的规范和技巧。然后，他们需要撰写商务邮件，与同伴进行交流并修正。这样的活动可以帮助学生提高商务邮件的撰写能力，培养书面沟通技巧和专业性。

4. 商务演讲模拟

学生通过模拟商务演讲提升演讲技巧和表达能力。可以选择一个商务主题在课堂上进行演讲，接受同伴和教师的评估和反馈。这样的活动可以帮助学生培养清晰的思维和流畅的口语表达能力，增强演讲信心和影响力。

二、任务型教学法

任务型教学法在商务英语教学中具有重要的应用价值。它通过创造真实的商务任务情境，培养学生的语言能力和解决问题能力。

任务型教学法是一种在商务英语教学中广泛采用的教学方法。它通过设定具有实际应用性的任务，以学生为中心，培养他们的语言应用能力和解决问题能力。

在任务型教学法中，教师会为学生设计各种与商务场景相关的任务，如商务报告撰写、销售方案设计、商务谈判等。这些任务通常涉及真实商务情境和需求，并要求学生在完成任务的过程中运用所学的商务英语知识和技能。

任务设计注重学生的参与和互动。学生需要在小组或个人的基础上进行合作、讨论和协作，共同解决问题并完成任务。他们不仅要运用商务英语进行交流，还要分析信息、收集资料、提出解决方案等。

任务型教学法强调实践性和情境导向。通过完成任务，学生可以接触到真实的商务情境和挑战，并将所学的商务英语应用到实际问题中。这有助于提高学生的实际语言运用能力和解决问题能力。

（一）任务型教学法特点

1. 实践性

任务型教学法注重实践能力的培养。学生需要运用所学的语言知识和技巧解决实际问题、完成任务，从而增强语言应用能力。

2. 情境导向

任务型教学法强调创造真实的商务情境。学生需要在具体的情境中理解和应用商务英语，提高交际能力和沟通能力。

3. 合作性

任务型教学法鼓励学生之间的合作与协作。学生通过小组合作、讨论和分工合作等方式共同完成任务。这样的合作活动有助于提高学生的团队合作能力和沟通技巧，并培养他们的协作精神和解决问题的能力。

4. 反馈和评估

任务型教学法重视及时反馈和评估。通过及时的反馈和评估，学生可以了解自己的优势和不足，并有针对性地进行调整和提高。

（二）任务型教学法实施步骤

任务型教学法的实施步骤通常包括以下 6 个环节。

1. 任务设定

教师明确指定学生需要完成的具体任务，如撰写商务报告、进行销售演示等。任务要求应当具有实际应用性，能够激发学生的学习兴趣和动力。

2. 任务导入

教师通过引入真实的商务情境或案例，引起学生的兴趣和关注，引导学生理解任务。这可以通过描述商务场景、展示相关视频或图片等方式进行。

3. 任务分析

教师与学生一起分析任务要求和所需的商务英语知识和技能。学生可以提出问题并讨论解决方案。这有助于学生明确任务目标和所需资源，并为任务的顺利完成做好准备。

4. 资源准备

教师为学生提供必要的语言资源和商务材料，如商业案例、商务文档等。学生可以利用这些资源来完成任务。同时，教师可以提供相关的语言输入和技巧指导，帮助学生掌握所需的商务英语知识和技能。

5. 任务执行

学生分组或个人完成任务，在教师的指导下运用所学的商务英语知识和技能进行实际应用。学生可以进行讨论、角色扮演、模拟商务会议等活动。教师可以充当观察者和指导者的角色，提供必要的支持和反馈。

6. 反馈和评估

教师给予学生及时的反馈和建议，可以通过口头反馈、评估标准和指导性问题来实现。同时，教师进行全面评估，以了解学生的表现和发展情况，并为后续的教学调整提供参考。

（三）任务型教学法在商务英语教学中的应用

任务型教学法通过真实任务的设定和完成，培养了学生的实际应用能力和解决问题能力。学生在任务完成过程中不仅运用了所学的商务英语知识和技能，还提高了合作与沟通能力。

任务型教学法在商务英语教学中有着广泛的应用。

（1）商务报告撰写。学生需要收集信息、整理数据并运用商务英语写作技巧撰写报告。教师可以提供相关的商务案例和指导，帮助学生理解报告的要素和规范，并进行评估和反馈。

（2）销售演示。学生分成小组，根据教师的要求，设计和执行一次销售演示。他们需要准备销售文稿、制作演示材料，并运用商务英语进行演示。这样的活动可以锻炼学生销售技巧和口语表达能力，同时提高他们的团队合作和沟通能力。

（3）商务谈判模拟。学生需要在实际情境中运用商务英语进行谈判，争取自己的利益。

三、跨文化教育理论

跨文化教育理论在商务英语教学中起着重要的指导作用。它帮助学生理解和尊重不同文化背景下的商务实践，培养跨文化沟通能力和合作能力。同时，商务英语教师需要充分运用跨文化教育理论，引导学生积极参与跨文化交流和合作，为他们的职业发展打下坚实基础。

（一）跨文化教育理论定义

跨文化教育理论是教育学的一个分支，专注于研究和理解不同文化背景下的教育现象。其探讨不同文化之间的差异和相似之处，并提供方法和策略来促进人们在跨文化环境中的交流和合作。在商务英语教学中，跨文化教育理论旨在帮助学生理解和适应不同国家和地区的商务环境，培养他们的跨文化意识和能力。

（二）跨文化教育理论核心概念

1. 文化认知

跨文化教育理论着重于培养学生的文化认知能力，即对自身文化及他人文化特征的深刻洞察。

2. 文化冲突

不同文化之间存在着冲突和误解，学生需要学习如何处理文化冲突，并培养解决问题的能力。

3. 跨文化交流

跨文化教育理论强调跨文化交流的重要性。学生需要掌握有效的跨文化沟通技巧，包括非语言沟通、适应性语言和文化适应性。

4. 文化转换

跨文化教育理论鼓励学生进行文化转换，即在不同文化背景下灵活应对和适应。学生需要学习如何调整自己的行为和态度，以适应特定的商务文化环境。

（三）跨文化教育理论在商务英语教学中的应用

在商务英语教学中，跨文化教育理论可以应用于以下几个方面。

1. 跨文化案例研究

通过分析真实案例，学生可以了解不同文化背景下的商务实践和冲突。他们可以讨论并提出解决方案，以促进跨文化理解和合作。

2. 跨文化沟通培训

商务英语教学强调跨文化沟通的技巧和策略。学生可以通过角色扮演、模拟商务会议等活动，锻炼自己的跨文化交流能力，并学习如何适应不同商务文化环境。

3. 跨文化项目合作

学生可以分组进行跨文化项目合作。他们需要在合作过程中了解并尊重彼此的文化差异，学习如何建立有效的团队合作和解决跨文化问题。

4. 跨文化意识培养

商务英语教学可以引导学生思考自身的文化偏见和刻板印象，并帮助他们培养跨文化意识和敏感性。学生可以参与讨论和反思，以便更好地理解和尊重他人的文化。

四、实践性教学方法

实践性教学方法是指在商务英语教学中，通过创造真实的商务情境和实践活动，帮助学生运用所学的商务英语知识和技能解决实际问题和完成真实任务。这种教学方法注重学生的参与度和实践能力培养，旨在提升学生的商务英语应用能力和交流能力。

（一）实践性教学方法特点

实践性教学方法具有以下 4 个特点。

1. 实践性

实践性教学方法强调学生的实际应用能力。通过模拟商务活动、案例分析和项目合作等形式，让学生在真实商务情境中进行实践，提高他们的解决问题和应对挑战的能力。

2. 情境导向

实践性教学方法注重创造真实的商务情境。学生可以在模拟商务会议、角色扮演和商务谈判等活动中运用商务英语知识和技能，提升交际能力和沟通能力。

3. 合作性

实践性教学方法鼓励学生之间的合作和协作。学生可以通过小组合作、团队项目和角色分工等形式，共同完成商务任务，培养团队合作和协作能力。

4. 反馈和评估

实践性教学方法强调及时反馈和评估。教师可以给予学生准确的反馈和建议，帮助他们提高商务英语应用能力，并进行全面的评估以促进学生的发展。

（二）实践性教学方法实施步骤

实践性教学方法的实施通常包括以下 6 个步骤。

1. 情境设定

教师根据商务实践情境设计教学活动。可以选择模拟商务会议、商业谈判或案例分析等形式，创造真实的商务环境。通过情境设定，学生能够更好地理解和应用商务英语知识和技能。

2. 任务设定

任务应该与实际商务场景相关，并能够充分展现学生的商务英语应用能力。任务要求也应当具有一定的挑战性，同时要符合学生的水平和能力。

3. 资源准备

教师为学生提供必要的资源和材料，如商务文档、商业案例和行业数据等。这些资源可以帮助学生理解问题和完成任务。与此同时，教师可以引导学生独立查找和收集相关资源，培养他们的信息获取和分析能力。

4. 学习指导

教师通过讲解、示范和练习等方式对学生进行学习指导。教师可以介绍商务英语的相关知识和技巧，并提供实际应用中的范例。学生可以通过教师的指导更好地掌握商务英语的应用要点。

5. 任务执行

学生根据教师设定的任务要求执行任务。同时需要运用所学的商务英语知识和技能，分析问题，提出解决方案，并进行有效的沟通和交流。学生可以个人或小组合作完成任务，模拟真实的商务场景。

6. 反馈和评估

教师给予学生及时的反馈和评估。教师可以对学生的任务完成情况进行评估，包括语言准确性、表达流利性和解决问题能力等方面。教师还可以提供具体建议和指导，帮助学生改进和提高。

（三）实践性教学方法的应用

实践性教学方法可以应用于以下 4 个方面。

1. 商业案例分析

学生通过分析真实的商业案例，理解商务问题和挑战，并提出解决方案。通过小组讨论、角色扮演和模拟商务会议等活动，培养分析问题和提出解决方案的能力，同时提高团队合作和沟通能力。

2. 商务谈判模拟

学生分角色扮演买方和卖方，在教师的引导下进行商务谈判模拟。学生需要在实际情境中运用商务英语进行谈判，争取相关的利益。

3. 商务报告撰写

学生通过学习商务报告的结构和语言表达方式，完成一份真实的商务报告。他们需要收集信息、整理数据并运用商务英语写作技巧撰写报告。这样的活动可以培养学生的写作能力和专业性，同时提高他们的组织和表达能力。

4. 团队项目管理

学生分组进行团队项目管理。他们需要确定项目目标、制订项目计划，并运用商务英语进行团队协作和沟通。这样的活动可以培养学生的领导力、团队合作能力和解决问题能力，同时提高他们的商务英语交际能力。

第五节　商务英语评估和测试

一、评估和测试方式的选择和设计

选择和设计合适的评估和测试方式是确保评估准确性和有效性的关键。商务英语评估和测试是为了评估学生在商务英语学习中的表现和能力，并提供有效的反馈和评估结果。评估方式的选择和设计对于准确、全面地评估学生的商务英语水平至关重要。

（一）商务英语评估和测试的重要性

商务英语评估和测试的重要性体现在以下4个方面。

（1）评估和测试可以促进学习效果。通过定期的评估和测试，学生会更加积极主动地学习商务英语知识和技能。这种评估和测试的压力可以激发学生的学习动力，推动他们更加努力地学习。

（2）评估和测试是检验学习成果的重要手段。通过评估和测试，学生可以了解自己在商务英语学习中的成果和进展。同时可以发现自己的优势和不足之处，进一步调整学习策略，改进学习方法，以取得更好的学习效果。

（3）评估和测试可以提供及时的反馈和指导。学生通过评估和测试可以获得教师的反馈和建议，了解自己的错误和改进方向。这样的反馈和指导可以帮助学生发现和解决问题，提高他们的学习能力和语言应用能力。

（4）评估和测试有助于评估教学质量。通过评估学生的学习成果和表现，教师可以了解自己的教学效果，并进行相应的调整和改进。教师可以根据评估结果来优化教学内容、方法和策略，以提高教学质量和学生的学习体验。

（二）常见的商务英语评估和测试方式

以下是一些常见的评估和测试方式。

1. 英语水平测试

英语水平测试是衡量商务英语能力的重要基石。这些测试全面覆盖了语言的4个关键领域：听力、口语、阅读和写作。它们不仅评估学生对英语语言的理解能力，还包括了表达和沟通技巧。托福（TOEFL）和雅思（IELTS）作为国际认可的英语测试，为学生提供了一个展示其英语水平的平台。这些测试结果常被用于教育和职业领域，帮助学生和专业人士在全球范围内证明自己的英语能力。通过这些测试，学生可以了解自己在商务英语使用上的强项和弱点，为进一步的学习和提升提供方向。

2. 商务英语证书考试

商务英语证书考试是专门为商务专业人士设计的评估工具，旨在衡量他们在商务环境中使用英语的能力。剑桥商务英语（BEC）考试是这类考试中的佼佼者，它根据难度分为初级、中级和高级3个层次，以适应不同水平学生的需求。BEC考试内容广泛，不仅包括商务会议和谈判等口头交流技能，还涵盖了商务报告和案例分析等书面表达能力。通过这些考试，学生可以证明自己在商务沟通、市场分析、项目管理等关键商务领域的英语应用能力。

3. 专业技能测试

专业技能测试专注于评估个人在特定商务领域内运用英语的能力。这类测试深入探讨如金融、法律、市场营销等专业领域，要求学生不仅要掌握基础商务英语，还需熟悉专业术语和概念。学生需展示他们对行业特定词汇的理解，并能在实际情境中准确使用这些术语。专业技能测试通常要求学生撰写商务文档，如市场分析报告、法律合同草案或财务报表，以证明他们不仅理解专业内容，还能以英语进行有效沟通和文档编写。

4. 模拟商务场景

模拟商务场景是一种动态的评估方法，旨在评估学生在实际商务环境中使用英语进行沟通的能力。这种方法通过创建真实的商务活动，如会议、谈判和演示，让学生在控制的环境中展示他们的语言技能和商务策略。在这些模拟活动中，学生需要运用英语进行有效沟通，解决实际问题，并与他人进行互动。

评估人员，可能是语言教师或行业专家，他们会观察学生的表现，评估语言流利度、准确性，以及商务沟通策略。这种评估不仅关注语言能力，还包括参与者的商务知识、团队合作能力、问题解决技巧和领导力。

5. 在线语言学习平台

在线语言学习平台已经成为商务英语学习者的重要资源。这些平台提供定制化的商务英语课程，结合了互动式学习技术和丰富的教学材料，以满足不同学习者的需求。

除了课程学习，这些平台还配备自我评估工具，使学生能够定期检查自己的进步和掌握情况。自我评估工具通常包括模拟测试、练习题和反馈机制，帮助学生识别自己的强项和需要改进的地方。这种自我导向的学习方式鼓励学习者主动参与，提高学习效率。

（三）商务英语评估和测试方式的设计原则

商务英语评估和测试方式的设计需要遵循以下一些核心设计原则，以确保评估的有效性和实用性。

1. 目标明确

这种评估应专注于沟通技巧，包括但不限于书面表达、口头交流、信息解读和听觉理解。明确的目标有助于设计出针对性强、实用性高的测试内容，确保评估结果能够真实反映学习者在实际商务交流中的表现。

2. 实际应用

评估内容的设计必须紧密结合实际商务场景，确保学生能够通过评估过程熟悉并掌握商务沟通的各个方面。这意味着评估材料应包括真实的商务文档（如商务信函、会议纪要、市场研究报告等），这些材料能够模拟真实工作场景中可能遇到的交流挑战。

3. 综合能力

商务英语评估应全面考查学生的语言技能，这不仅包括语法和词汇的正确使用，还应关注发音的清晰度、口语的流畅性及表达的精确性。评估不仅要测试语言形式上的准确性，更要重视语言在商务沟通中的功能性和适宜性。这意味着评估应评估学生如何有效地使用语言来完成商务任务，如何在不同的商务场合中恰当地表达自己的观点，并确保沟通的效率和效果。

4. 多样化的题型

在设计商务英语评估时，应采用选择题、填空题、简答题、案例分析，以及角色扮演等多种题型，以确保能够全面地考查学生在不同商务情境下的语言应用能力。这种多元化的题型设计有助于激发学习者的思考，同时检验他们在实际商务沟通中的应变能力和解决问题的策略。

5. 公正性

评估工具的设计必须确保对所有参与者的公正性，这要求评估内容避免任何形式的文化偏见，确保不同文化背景的学生在评估中处于同等地位。题目应设计得具有普遍性，能够跨越文化差异，反映学生真实的商务英语能力。此外，评估标准应统一，评分过程应透明，以保证每名学生都能在相同的基础上接受评估。

（四）实践建议

选择和设计商务英语评估和测试方式时，教师应考虑明确评估目标和标准、多样化评估方式、定期评估和反馈、引入真实情境，以及学生自评和互评等原则。这些原则有助于确保评估的有效性和准确性，激发学生的学习动力和自主学习能力。以下是一些实践建议，帮助教师选择和设计商务英语评估方式。

1. 明确评估目标和标准

在设计评估方式之前，教师应明确评估的目标和标准，以确保评估的有效性和准确性。确定明确的评估标准可以帮助教师更好地衡量学生在不同方面的商务英语能力。

2. 评估方式多样化

教师可以结合多种评估方式来全面评估学生的商务英语能力。评估方式可以包括笔试、口试、项目和案例分析等不同形式。

3. 学生自评和互评

教师应鼓励学生进行自我评估和互相评估，以增强他们对自己学习成果的认知，培养他们负责任的学习态度。学生可以通过自评和互评发现自己的优势和不足，并制订个性化的学习计划和目标。

二、评估标准和指标的制定

评估标准和指标应该与商务英语学习目标一致，涵盖各个语言技能和知识领域，并具有明确的描述和评分标准。评估标准和指标的制定是确保评估结果准确、客观和可靠的关键步骤。制定评估标准和指标的过程应遵循明确目标、分析学习内容、验证和修订等步骤。

（一）评估标准和指标的制定原则

在设计具体评估任务时，教师应根据评估目标、内容和标准，选择适当的评估方式和形式，如笔试、口试、项目分析等。同时，评估过程中教师应注重提供及时的反馈和指导，帮助学生了解自己的学习进展和改进方向。选择和设计商务英语评估方式时，教师应考虑确定评估目标、分析学习目标和内容、制定评估标准和指标，并进行验证和修订。这些原则有助于确保评估的有效性和准确性，同时促进学生的持续学习和发展。

1. 确定评估目标

评估目标可以包括商务英语的语言技能、专业知识、跨文化交际能力等方面。

2. 分析学习目标和内容

教师仔细分析商务英语学习的目标和内容，以确定需要评估的语言技能、知识和能力。同时了解学生需要掌握的具体知识和技能，有助于确定评估重点和内容。

3. 制定评估标准和指标

教师应根据不同的学习目标和内容，制定相应的评估标准和指标。评估标准应该明确描述学生在不同语言技能和知识领域的期望表现，而指标是衡量学生实际表现的具体要素。评估标准和指标应具体、可操作，并与学习目标一致。

4. 验证和修订

验证和修订评估标准和指标是重要的步骤。教师可以与同行讨论和评审这两个步骤，以确保评估标准和指标的准确性、客观性和可靠性。经过验证和修订后的评估标准和指标更具有效性，能够更准确地评估学生的商务英语能力。

（二）常见的评估标准和指标类别

商务英语评估标准和指标可以分为以下 4 个常见的类别。

1. 语言技能

语言技能包括听力、口语、阅读和写作等。例如，在听力方面，评估指标可以包括听取并理解商务会议或电话交流中的关键信息和细节。

2. 商务知识和专业能力

涉及商务领域的相关知识和专业能力。例如，在市场营销方面，评估指标可以包括了解市场调研方法、制定市场营销策略和分析市场竞争等能力。

3. 跨文化交际能力

涉及在跨文化环境中进行有效交际的能力。评估指标可以包括了解不同文化背景下的商务礼仪、运用跨文化沟通策略和解决跨文化交际问题等能力。

4.实际应用能力

涉及将商务英语知识和技能应用于实际情境中的能力。评估指标可以包括在商务会议中进行有效演示和辩论、撰写商务报告和邮件等实际应用能力。

（三）实践建议

在选择和设计商务英语评估方式时，还应考虑以下原则。

1.明确学习目标和期望表现

在制定评估标准和指标之前，明确商务英语学习的目标和期望表现。这可以参考教材、课程大纲和行业标准。明确的学习目标有助于确立评估的方向和内容。

2.具体而明确的描述

评估标准和指标应有具体而明确的描述，以便学生和教师都能够理解和应用。例如，使用具体动词来描述期望的表现。这样的描述有助于学生了解自己需要达到的水平，并帮助教师进行准确的评估。

3.多样化的评估方法

教师应选择和设计多种评估方法，以确保全面评估学生的商务英语能力。不同的评估方法可以提供全面和客观的评估结果。可以结合笔试、口试、项目分析等形式，以覆盖不同的语言技能和知识领域。

4.标准化评分标准

对于主观评估的指标，制定明确的评分标准和描述可以为教师提供评估的客观性和可靠性，并确保不同评估人员之间的一致性。标准化的评分标准可以帮助教师进行公正的评估，避免受主观因素的影响。

5.及时反馈和指导

为学生提供及时的评估反馈和指导。评估结果应具备可理解性和实用性，以帮助学生了解自己的学习进展和改进方向。教师可以给学生提供具体建议和指导，帮助学生针对评估结果制订个性化的学习计划和目标。

三、评估工具和材料的开发

商务英语评估和测试的成功依赖于合适的评估工具和材料的开发。评估工具和材料应该能够准确、全面地评估学生在商务英语方面的表现和能力。

评估工具和材料的开发是确保评估结果准确、客观和可靠的关键步骤。开发过程应遵循明确目标、设计任务、制定指标、开发材料、验证和修订等步骤。常见的评估工具和材料类型包括阅读理解材料、听力理解材料、口语表达任务、写作任务和角色扮演等。教师应提供清晰的任务要求、丰富的材料资源，并选择多样化的评估形式。此外，验证和修订评估工具和材料是确保其有效性和可靠性的关键步骤。

（一）评估工具和材料的开发过程

在开发评估工具和材料时，教师和评估专家需要密切合作，以确保评估的有效性和准确性。评估工具和材料的设计应充分考虑商务英语的实际应用场景，且能够全面评估学生的商务英语能力，并提供有针对性的反馈和指导。

1. 明确评估目标

教师应明确评估的目标和用途。教师可以参考教材、课程大纲和学习目标来确定评估的内容和要求，以及需要评估的语言技能、知识和能力。

2. 设计评估任务

教师应根据评估目标，设计相应的评估任务。评估任务可以包括阅读理解、听力理解、口语表达、写作任务、角色扮演等。任务的设计应符合实际商务场景，且能够准确反映学生的商务英语能力。

3. 制定评估指标

教师应根据评估任务，制定相应的评估指标。评估指标应与商务英语学习目标一致，并具有明确的描述和评分标准。指标应具体明确，方便评估人员对学生的表现进行评估。

4. 开发评估材料

教师应根据评估任务和指标，开发相应的评估材料。评估材料可以包括阅读材料、听力录音、口语题目、写作任务等。材料的选择和设计应充分考虑商务英语的实际应用场景，并具备足够的难度和适应性。

5. 验证和修订

验证和修订评估工具和材料是确保评估的有效性和可靠性的重要步骤。教师可以通过试用和评估人员的反馈来进行验证和修订。评估工具和材料的验证和修订过程应充分考虑评估的准确性、客观性和可靠性。

（二）常见的评估工具和材料类型

教师可以根据评估目标和学习内容选择适当的评估工具和材料，并结合实际情境来设计评估任务，以更贴近实际商务环境的要求。综合使用评估工具和材料，可以全面评估学生在商务英语领域的能力和知识水平。商务英语评估和测试常见的评估工具和材料类型包括以下 5 种。

1. 阅读理解材料

为学生提供商务英语相关的文章或短文，以测试学生对商务文本的理解能力和关键信息的把握程度。学生需要读取文章内容并回答问题，展示他们对商务英语文本的理解和分析能力。

2. 听力理解材料

为学生提供商务英语相关的录音材料，要求学生听取并理解其中的商务信息和细节。学生需要听取录音并回答问题，展示他们在商务英语听力方面的理解和应用能力。

3. 口语表达任务

设计商务场景下的口语表达任务，要求学生进行商务交流、演示和辩论等。学生需要运用商务英语进行口头表达，展示他们在商务英语交际能力、口语流利度和语言准确性方面的能力。

4. 写作任务

提供与商务英语相关的写作任务（如商务邮件、报告、演示稿等），要求学生运用正确的商务英语表达技巧和逻辑结构。学生需要完成写作任务，展示他们在商务英语写作能力、语法和词汇运用方面的能力。

5. 角色扮演

设计商务场景下的角色扮演任务，要求学生在特定角色中进行商务交流和决策，展示他们在商务交际、合作和解决问题等方面的能力。

（三）实践建议

以下是一些建议，以帮助教师开发评估工具和材料。

1. 清晰的任务要求

评估工具和材料应提供清晰明确的任务要求，以便学生理解评估的目标和要求，并能够准确地回答问题或完成任务。

2. 丰富的材料资源

评估材料应该涵盖不同商务领域和情境，以便学生在评估中接触到多样化的商务内容。

3. 真实场景模拟

评估工具和材料可以模拟真实的商务场景，让学生在评估中体验和应用商务英语知识和技能。

4. 多样化的评估形式

选择和设计多种评估形式（如选择题、填空题、案例分析、演示任务等），以全面评估学生的商务英语能力。

5. 标准化评分标准

对于主观评估的项目，制定明确的评分标准和描述有助于提高评估的客观性和可靠性，并确保不同评估人员之间的一致性。

6. 验证和修订

在开发评估工具和材料后，验证和修订是确保其有效性和可靠性的重要步骤。试用和评估人员的反馈可以帮助发现和修正潜在问题。

四、评估结果的应用与反馈

评估结果的应用可以帮助学生了解自己的商务英语水平、发现不足之处并制订改进计划。评估结果的反馈也为教师提供了指导学生学习和调整教学策略的机会。评估结果的应用与反馈对于学生和教师都具有重要意义。应用与反馈可以通过成绩报告、反馈会议、书面报告、学习目标制定和学习资源推荐等方式进行。教师应提供清晰明确的反馈、积极正面的鼓励,并制订个性化的学习计划和提供具体的改进建议。定期跟踪学生的学习进展和利用技术支持也是有效应用与反馈的关键要素。

(一)评估结果的应用与反馈的重要性

评估结果的应用与反馈的重要性体现在以下 4 个方面。

1. 学生自我认知

评估结果的应用与反馈可以帮助学生了解自己在商务英语方面的实际水平,促使他们对自身的能力和不足有更准确的认知。

2. 学习动力提升

评估结果的应用与反馈可以激发学生的学习动力,促使他们更加积极地投入学习、努力提高自己的商务英语能力。

3. 学习方向指导

评估结果的应用与反馈可以为学生提供明确的学习方向和目标,帮助他们制订个性化的学习计划和策略。

4. 教学调整优化

评估结果的应用与反馈也为教师提供了宝贵的信息,帮助他们了解学生的学习状况,并相应地调整教学策略和教学内容,以便更好地满足学生的需求。

(二)应用与反馈的方式和方法

评估结果的应用与反馈可以通过以下方式和方法进行。

1. 成绩报告

根据评估结果,为学生提供成绩报告,明确展示学生在不同语言技能和知识领域的表现。成绩报告可以包括得分、等级或详细的评估结果描述。

2. 反馈会议

与学生进行面对面的反馈会议,详细解释评估结果,强调学生的优点和改进的方面,并提供具体的建议和指导。

3. 书面报告

编写书面报告,对学生的评估结果进行详细的描述和分析,同时提供有针对性的反馈和建议,帮助学生理解并改进自己的商务英语能力。

4. 学习目标制定

根据评估结果，与学生一起制订明确的学习目标和计划，帮助他们在特定的时间段内达到预期的商务英语水平。

5. 学习资源推荐

根据评估结果，向学生推荐适合他们提升商务英语能力的学习资源，如教材、参考书、在线课程等。

（三）实践建议

以下是一些建议，以帮助教师和学生有效地应用商务英语评估和测试的评估结果和反馈。

1. 清晰明确的反馈

评估结果的反馈应该具备清晰、明确和具体的描述，以便学生能够准确理解自己的优点和需要改进的方面。

2. 积极正面的鼓励

在反馈中，教师应该积极正面地鼓励学生，强调他们的优点和进步，并激励他们继续努力提高自身能力。

3. 制订个性化的学习计划

根据评估结果，教师可以与学生一起制订个性化的学习计划，包括目标设定、学习资源推荐和学习策略建议等。

4. 提供具体改进建议

评估结果的反馈应该提供具体改进建议，教师应帮助学生了解如何提高自己的商务英语能力，如加强听力训练、扩大词汇量、提高口语流利度等。

5. 定期跟踪和复评

教师应定期跟踪学生的学习进展，并进行复评，以确保学生得到持续的反馈和指导，并调整学习计划和策略。

6. 利用技术支持

教师应利用技术工具和平台，如在线学习管理系统或学习应用程序，为学生提供即时的评估结果和个性化的反馈。

第三章　商务英语教材与资源选择

第一节　商务英语教材选择原则

商务英语教材的选择对于商务英语教学起着至关重要的作用。优秀的商务英语教材能够提供丰富的内容、适应学生的需求、激发学生的兴趣，并帮助学生掌握商务英语的知识和技能。

一、教学目标的一致性

商务英语教材的选择应符合教学目标。教师应该明确商务英语教学的主要目标，如培养学生的商务沟通能力、跨文化交际能力、商务写作能力等。教师应根据不同的目标，选择相应的教材来支持教学。

教师应考虑学生的商务英语水平和需求。如果学生是初学者，那么教材应该从基础开始，注重词汇和常用句型的掌握，并逐渐引入相关的商务场景和交流技巧。对于有一定基础的学生，教材可以更加专业和深入，涉及更复杂的商务话题和实践案例。

教师应根据教学目标选择合适的教材内容。例如，如果教学目标是提高学生的商务演讲能力，那么教材应该包含相关的演讲范例、技巧和练习等内容；如果教学目标是培养学生的商务写作能力，教材则应包括商务写作的基本原则、模板和例文等内容。

教师还应注意教材的实用性和实践性。商务英语教学应注重实践和真实场景的模拟。教材可以包括商务会议、商务谈判、商务信函等实际情境，并提供相应的练习和案例分析。这样的教材可以帮助学生更好地理解和应用商务英语知识，提高实际应用能力。

教师还可以根据教学目标选择多样化的教学资源，如商务新闻、商业文章、商务演讲视频等。这些资源可以帮助学生接触到真实的商务语言和情境，并增加他们对商务英语的兴趣和理解。

商务英语教学是一个不断发展和变化的领域，教师应密切关注行业动态和新兴话题，并及时更新教材内容，以保持与实际商务环境的契合度。

在选择商务英语教材时，教师应明确教学目标，并考虑学生的水平和需求。教材内容应注重实用性和实践性，涵盖商务交流的各个方面。同时，教师应不断评估教材的有效性，并根据学生的反馈和需求进行调整和更新。

二、内容的实用性

教材中的对话、案例、文章等应该涵盖各种商务领域和情境，如市场营销、国际贸易、人力资源管理等。

　　商务英语教材应包含各种商务交流对话。这些对话应该是真实的商务场景中常见的对话，如电话沟通、会议讨论、销售演示等。通过学习这些对话，学生可以了解商务交流中常用的表达方式、语言风格和交流技巧，并能够在实际工作中更自信地进行商务对话。

　　商务英语教材应提供丰富的商务案例。这些案例可以涵盖各个行业和领域，如市场营销策划、跨文化谈判、人力资源管理等。通过学习这些实际案例，学生可以了解商务决策的过程、面临的挑战，以及解决问题的方法。同时，学生可以通过分析这些案例，培养批判性思维和解决问题能力。

　　商务英语教材还应提供相关的商务文章和报告。这些文章可以来自真实的商业媒体或学术期刊，涵盖当前的商务热点话题和行业趋势。通过阅读这些文章，学生可以了解商务领域的最新动态、专业术语和商业概念，并能够运用这些知识进行商务讨论和分析。

　　商务英语教材应提供各种练习和活动，以帮助学生巩固所学知识并应用到实际情境中。这些练习可以包括角色扮演、模拟商务会议、商务写作等。通过参与这些练习和活动，学生可以锻炼自己的口语表达能力、团队协作能力和写作能力，并在实践中不断提升自己的商务英语水平。

　　商务英语教材的内容应具有实用性，能够反映真实的商务场景和情境。通过学习教材中的对话、案例、文章和练习，学生可以更好地理解商务英语的应用，并将所学知识运用到实际工作中。教师可以根据学生的需求和兴趣，选择合适的教材，并结合多样化的教学方法，提高学生的商务英语能力和职业素养。

三、语言的地道性

　　商务英语教材的语言应具有地道性，符合商务英语的实际使用习惯和表达方式。教材中的对话、文章和例句应该体现出商务英语的正式性和专业性，帮助学生熟悉商务用语、常用表达和礼仪规范。教材还可以提供相关的语言技巧和策略，帮助学生提高商务交流的准确性和流利度。

　　商务英语教材应包含地道的商务用语和表达。这些用语和表达应反映出商务场景中常见的词汇、短语和惯用语。学生通过学习这些地道的商务用语，可以更好地理解和应用商务英语，并与商务伙伴进行有效的沟通。例如，在商务会议中，学生需要掌握相关的会议术语、表达礼仪和辩论技巧。

　　商务英语教材应提供商务文档及邮件的范例和模板。这些范例和模板可以帮助学生了解商务文档及邮件的结构、格式和语言风格。学生可以通过学习这些范例，掌握商务写作的技巧，撰写正式、清晰、专业的商务文件。例如，学生可以学习如何撰写商务报告、商务信函和商务提案等。

　　商务英语教材还应提供相关的语言技巧和策略。这些技巧和策略可以帮助学生在商务交流中更准确、流利地表达自己的想法。例如，教材可以包括商务演讲、有效提问、展示观点和辩论等技巧。学生可以通过学习这些技巧，提高自己的口语表达能力，并在商务环境中更自信地进行交流。

商务英语教材应注意更新和实际性。商务环境和语言使用习惯都在不断变化，教材应及时反映当前的商务趋势和实践。教材内容可以包括最新的商务术语、行业动态和国际商务实践。通过接触实际的商务资讯和案例，学生可以了解商务领域的最新发展和语言使用方式。

四、学生的参与度

商务英语教材可以设计各种互动活动，以鼓励学生积极参与。这些活动可以包括口语对话练习、角色扮演、团队合作等。通过与同伴进行实践性的交流和合作，学生可以更好地运用所学的商务英语知识，并提高沟通和合作能力。

商务英语教材可以设计小组讨论和项目任务，以培养学生独立思考和解决问题的能力。学生可以在小组内共同探讨和解决商务场景中的问题。通过这样的活动，学生可以加深对商务领域的理解，同时提高团队协作能力和领导能力。

商务英语教材可以包含练习题和案例分析。练习题可以涵盖商务沟通、写作、演讲等方面，帮助学生巩固所学知识，并提高应用能力。案例分析则可以让学生通过分析真实的商务案例，从中获得实际经验，并提出解决问题的建议和策略。

商务英语教材还可以提供多样化的学习资源，如多媒体资料、商务新闻、行业报告等。这些资源可以激发学生的兴趣，帮助他们了解实际商务环境和最新的商务动态。学生可以通过阅读和讨论这些资料，拓宽自己的商务知识面和视野。

商务英语教材通过设计互动活动、小组讨论、角色扮演等形式激发学生的兴趣和主动性，提高他们的学习参与度。学生积极参与，并运用所学知识解决实际问题。同时，教材可以包含练习题、案例分析和项目任务等，培养学生独立思考和解决问题的能力。这样的教材设计可以提高学生的学习动力和效果，使商务英语学习更加有趣和实用。

五、教学资源的丰富性

商务英语教材应该提供丰富的教学资源，以支持教师的教学活动。这些资源可以包括录音、视频、多媒体材料等，以帮助学生提高听力和口语能力。此外，教材还可以提供教师用的教学指南、测试题、答案和教学活动建议等，以便教师更好地组织和实施教学。

商务英语教材可以配套录音和视频资料，帮助学生提高听力理解能力。通过听取真实的商务场景对话、演讲和访谈等，学生可以接触到地道的商务英语表达方式，并提升自己的听力水平。录音和视频资料还可以提供不同语速和口音的素材，帮助学生适应不同的听力训练环境和交流情境。

商务英语教材可以提供多媒体材料，以增强学生的学习兴趣和参与度。多媒体材料可以包括图片、图表、动画等，用于展示商务概念、案例和信息。通过视觉化的呈现，学生可以更直观地理解商务英语的概念和原则，并加深记忆。

商务英语教材还可以提供相关的在线资源和学习平台。学生可以通过在线资源进行听力训练、口语练习和模拟商务场景的学习。学习平台可以提供个性化的学习路径和进度跟踪，帮助学生自主学习和监督学习成果。

商务英语教材应该提供丰富的教学资源，以支持教师的教学活动。录音、视频、多媒体材料等可以帮助学生提高听力和口语能力。教师可以通过这些教学资源提供多样化的教学体验，并更好地满足学生的学习需求和目标。

六、更新性和适应性

随着商务英语领域不断的发展变化，商务英语教材需要跟随时代的潮流和需求进行更新。教师在选择商务英语教材时，要注意教材是否具有更新性和适应性。教材应该反映最新的商务趋势、技术和话题等，以满足学生对商务英语的现实需求。

商务英语教材应及时反映最新的商务趋势和发展。商务环境不断变化，新兴行业和新的商业模式不断涌现。教材应包括最新的商务案例和成功实践，以帮助学生了解当前的商务动态和商业实践。例如，教材可以涉及电子商务、人工智能、可持续发展等热门话题，让学生了解并掌握相关的商务英语表达和概念。

商务英语教材应反映最新的商务技术和工具。随着科技的进步，商务领域也出现了许多新的技术和工具，如在线会议平台、数据分析软件等。教材应提供相关的词汇和用法，帮助学生理解和应用这些新兴技术和工具。教师还可以结合实际案例和练习，让学生熟悉这些技术在商务环境中的应用。

商务英语教材应关注跨文化商务和国际交流。随着全球化的发展，商务交流涉及不同国家和文化之间的互动。教材应提供相关的文化背景知识、礼仪规范和跨文化沟通技巧，帮助学生更好地理解和应对不同文化背景下的商务情境。

商务英语教材应注重灵活性和个性化。不同学生的学习需求和兴趣不尽相同，教材应提供多样化的学习内容和活动选择。教师可以根据学生的特点和目标，进行适度的调整和个性化设计。例如，通过选取学生感兴趣的商业案例或行业报道，提供给学生自主学习的机会和资源。

七、反馈和评估机制

商务英语教材有助于学生自我检测学习成果，明确学习目标，并通过反馈进行改进。

商务英语教材可以提供各种形式的练习题和练习活动，以巩固学生所学的知识和技能。这些练习题可以涵盖商务词汇、语法、表达方式等方面，通过完成这些练习，学生可以检验自己对知识的理解和掌握程度。商务英语教材还可以提供相应的答案和解析，帮助学生纠正错误并加深对知识点的理解。

商务英语教材可以安排测验和评估活动，帮助学生全面了解自己的学习进展和水平。这些测验可以包括听力、口语、阅读和写作等方面的测试，以评估学生在不同技能上的表现。教材还可以提供评分标准和评估指导，让学生清楚地知道自己的得分和评价，并找出需要改进的方面。

商务英语教材还可以设计评估活动，让学生在实际情境中运用所学的商务英语知识和技能。例如，学生可以通过模拟商务会议、商务谈判或商务写作等活动，展示自己的沟通能力、解决问题能力和专业素养。这样的评估活动不仅能够评价学生的综合能力，而且有助于培养学生的实践能力和应用能力。

商务英语教材应鼓励学生进行自我评估和反思。同时提供相关的指导和工具，帮助学生对自己的学习情况进行分析和评估。学生可以反思自己在学习过程中的优点和不足，制订相应的学习计划和目标，并采取措施改进自己的学习策略和方法。

商务英语教材应该提供有效的反馈和评估机制，帮助学生了解自己的学习进展和水平。同时教材可以提供答案、评分标准和评估指导，让学生明确自己的成绩和评价，并进行必要的改进。通过这样的反馈和评估机制，学生可以更好地了解自己的学习情况，制订适合自己的学习计划，并不断提高商务英语能力。

八、教师和学生的反馈

在选择商务英语教材时，教师和学生的反馈也是非常重要的参考因素。教师可以与学生进行讨论，听取他们对现有教材的看法和建议。此外，教师还可以参考同行教师的意见和经验，了解不同教材的优缺点，从而做出更明智的选择。

教师可以与学生进行定期的反馈和讨论。通过课堂讨论、问卷调查或小组讨论等形式，教师可以了解学生对教材的反馈和感受。同时教师可以询问学生对教材内容、难易程度、实用性等方面的意见，并鼓励他们提出改进建议。通过这样的反馈，教师可以了解学生的需求和兴趣，从而更好地满足他们的学习需求。

教师可以参考同行教师的意见和经验，与其他商务英语教师进行交流，分享彼此的教学经验和教材选择的心得，探讨不同教材的优缺点，以及教材对学生学习效果的影响。通过与同行教师的交流，教师可以获得更全面的信息和观点，从而更好地评估和选择适合自己教学需求的商务英语教材。

教师还可以参考专业机构和学术期刊的意见。专业机构和学术期刊通常会对商务英语教材进行评价和推荐。教师可以查阅相关评测报告、书评和研究论文，了解不同教材在教学实践中的表现和研究成果。这些评价和研究成果可以为教师提供有益的参考，帮助他们做出更明智的教材选择。

教师应综合考虑学生的反馈、同行教师的意见和专业机构的推荐，权衡教材的优缺点，选择最适合自己和学生的商务英语教材。教师可以根据自己的教学风格、学生的学习需求和教学目标，选择具有更新性、实用性和适应性的教材。

九、教材的适用性和灵活性

商务英语教材的选择应考虑教学环境和学生群体的特点。教材应适用于教学环境的要求，包括教学时间、教室设施和技术支持等方面。同时，教材应具有一定的灵活性，以满足不同学生群体的需求。

通过精心选择适合的商务英语教材，教师可以提供更好的教学体验，帮助学生高效地学习商务英语知识和技能，为他们未来的职业发展打下坚实的基础。同时，教师应根据实际情况和学生反馈进行必要的调整和改进，以不断提高教学效果和学习成果。

第二节　商务英语教材评估方法

商务英语教材评估是指对商务英语教材进行系统性的评估和分析，以确定其质量、适用性和有效性。通过评估教材，教师可以了解教材在教学过程中的效果，对教学活动做出调整和改进。教师可以通过综合运用各种教材评估方法全面评估商务英语教材的质量、适用性和有效性。这些评估方法可以帮助教师了解教材在教学过程中的效果和问题，并根据评估结果进行必要的调整和改进，以提高商务英语教学的质量和效果。同时，教师可以不断改进自身的教学方法和策略，以更好地利用教材促进学生的学习和发展。

一、内容分析

内容分析是商务英语教材评估的重要方法之一，通过对教材内容进行全面分析和评估，以确定其是否与教学目标一致、内容是否实用和地道，以及是否具有足够的深度和广度。内容分析可以从以下4个方面进行评估。

（一）教学目标

评估教材是否与教学目标保持一致，能否满足学生的学习需求。教材应涵盖所设定的教学目标，并提供相应的内容和活动来帮助教师实现这些目标。

（二）内容实用性

评估教材中的对话、文章、案例等是否具有实际应用价值，能否反映真实商务场景和情境。教材应提供与学生未来职业发展相关的内容，使他们能够学习和应用实际的商务英语知识和技能。

（三）地道性

评估教材的语言是否地道，是否符合商务英语的专业用语和表达方式。教材应提供地道的商务英语表达，帮助学生熟悉并运用商务英语中常见的词汇、短语和句型。

（四）深度和广度

评估教材对商务英语各个领域和话题的覆盖程度，是否具有足够的深度和广度。教材应涵盖商务英语的不同领域（如销售、市场营销、人力资源等），并提供深入的内容和案例来帮助学生更全面地理解商务英语的应用。

二、目标评估

目标评估是商务英语教材评估的重要环节，评估教材的目标设置和实现情况，以确定教材是否能够帮助学生达到预期的学习效果。目标评估可以从以下 4 个方面进行。

（一）教学目标的一致性

评估教材中设定的教学目标是否与课程教学目标保持一致。教材应对每个教学目标进行明确的描述，并提供相关内容和活动来帮助教师实现这些目标。教材中的练习和任务应与教学目标紧密相连。

（二）学生目标的实现

评估教材是否能够帮助学生实现自己的学习目标，如提高商务沟通能力、跨文化交际能力等。教材应提供与学生实际需求和兴趣相关的内容，使他们能够通过学习获得所需的知识和技能。

（三）目标分解和细化

评估教材是否对目标进行了适当的分解和细化，使学生能够逐步实现更高的学习目标。教材可以将复杂的概念和技能分解为易于理解和掌握的部分。这样的分解和细化有助于学生逐步建立知识和技能的基础，提高学习效果。

（四）目标可测性

评估教材中的目标是否具有明确的测量指标，以便教师对学生的学习成果进行评估和反馈。教材应提供评估工具和活动，使教师能够衡量学生在不同目标上的表现，并为他们提供及时的反馈和指导。这样的可测性有助于学生了解自己的学习进展，调整学习策略并持续改进。

三、学生反馈

学生反馈是商务英语教材评估的重要依据之一，通过收集学生的意见、建议和反馈，了解他们对教材的看法和建议，以确定教材在学生中的接受度和效果。学生反馈可以通过以下 4 种方式进行收集。

（一）问卷调查

设计针对教材的问卷调查，询问学生对教材内容、难易程度、兴趣度等方面的意见和评价。通过收集学生的反馈和建议，教师可以了解学生对教材的整体感受和具体问题，并根据调查结果进行相应的改进和调整。

（二）小组讨论

组织小组讨论，鼓励学生积极参与，让大家分享自己对教材的观点和感受。小组讨论可以促进学生之间的互动和交流，帮助他们发现教材中的优点和不足之处。教师可以引导讨论，提出问题，激发学生思考和表达，从而获得更具体的反馈。

（三）学习日志

鼓励学生撰写学习日志，记录他们对教材的使用情况、收获和困惑等方面的感受。学习日志可以让学生更深入地思考和反思自己的学习过程，并提供个人的观点和建议。

教师可以定期检阅学生的学习日志，了解他们的学习进展和对教材的看法，以便进行及时的指导和支持。

（四）反馈会议

组织学生与教师进行面对面的反馈会议，教师直接听取学生的意见和建议。这种交流方式可以提供更直接、即时的反馈，并促进学生与教师之间的互动和沟通。教师可以邀请学生分享他们对教材的喜好、困惑和改进建议，从而更好地理解学生的需求和期望。

四、教师观察

教师观察是商务英语教材评估的重要手段之一，教师通过观察学生在教材使用过程中的表现和反应，了解教材在教学实践中的效果和问题。教师观察可以从以下 3 个方面进行评估。

（一）学生参与度

观察学生在教材使用过程中的积极性和主动性，以确定教材对学生的吸引力和激发学习兴趣的效果。教师可以留意学生是否主动参与课堂活动、提出问题或分享观点，以及他们对教材内容的积极反应。学生的参与度反映了教材的互动性和学习动机的激发程度。

（二）学习效果

观察学生在教材指导下的学习效果，包括语言表达能力、商务沟通能力等方面的提升情况。教师可以通过听取学生的口头表达、阅读和写作作业的质量，以及观察学生在商务场景模拟中的表现等来评估学习效果。这样的观察可以帮助教师了解教材对学生语言和沟通能力的影响。

（三）学习困难

教师观察学生在教材使用过程中遇到的困难和问题，以便及时调整教学策略和方法。教师可以注意学生在理解教材内容、掌握专业术语或运用语言技巧等方面的困难。了解学生的学习困难可以帮助教师有针对性地提供支持和指导，使学生能够更好地克服困难并取得进步。

五、同行评议

同行评议是商务英语教材评估的一种重要方式，通过邀请其他商务英语教师对教材进行评估和审查，获得不同角度和专业视角的意见和建议。同行评议可以通过以下 3 种方式进行。

（一）教师研讨会

组织教师研讨会，教师可以分享自己的教学经验和教材使用情况，并接受其他教师的意见和建议。这样的研讨会可以促进教师之间的交流和互动，增进彼此的专业发展。教师可以分享成功的教学实践、面对困难的解决方案，以及对教材使用的反思和改进。

（二）同行评课

教师邀请同行听自己的课，对教学过程和教材使用进行评估和反馈。通过同行评课，教师可以获得来自其他教师的专业意见和建议，从而对自己的教学进行审视和改进。教师之间的互相观摩和反馈有助于共同提高教学水平和教材使用效果。

（三）学术会议

教师参加与商务英语教学相关的学术会议，与其他教师交流和讨论教材评估的经验和方法。学术会议提供了一个广泛的平台，教师可以与行业内的专家和同行分享自己的研究成果和教学实践。通过参加学术会议，教师可以了解最新的教育趋势和研究动态，进一步提升自己的专业素养和教学能力。

第三节　商务英语教材分类与推荐

商务英语教材选择需要考虑教学目标、学生需求和教学环境。通用商务英语教材适用于广泛的商务领域和职业，专业领域商务英语教材适用于特定行业的学习需求，而跨文化交际教材则注重跨文化商务交流的能力培养。教师可以根据具体情况和需求，选择适合自己教学的商务英语教材，并结合其他教学资源进行综合教学。商务英语教材的分类和推荐是为了帮助教师在选择商务英语教材时更好地理解不同类型的教材，并根据教学目标和学生需求做出合适的选择。

一、通用商务英语教材

通用商务英语教材是广泛适用于各种商务领域和职业的教材，旨在培养学生的商务沟通能力、写作技巧、听力和口语能力等。以下是 3 套常见的通用商务英语教材。

（一）*Market Leader*

Market Leader 是一套以商务英语教学为核心的系列教材，涵盖市场营销、国际贸易、人力资源管理等多个商务领域。该教材旨在帮助学生掌握商务英语的基本知识和技能，并提升他们在商务领域中的语言运用能力。

该教材通过丰富的实例和案例，将商务实践与语言学习相结合，使学生更好地理解商务英语的应用场景和专业术语。教材中的实例和案例涵盖真实的商务情境，帮助学生了解商务活动的具体操作和策略。

该教材注重培养学生的沟通能力和跨文化交际能力。通过各种口语和书面表达练习提高学生的商务沟通能力，包括会议讨论、演示报告、商务信函等方面的表达。此外，这套教材还注重跨文化交际的教学，帮助学生了解不同文化背景下的商务交流规范和礼仪，培养他们在国际商务环境中的适应能力。

该教材还提供了丰富的练习和评估材料，以帮助学生巩固所学知识并检验掌握程度。通过不同类型的练习（如听力理解、阅读理解、口语表达和写作等），学生可以全面地运用商务英语知识和技能。

该系列教材以全面的商务领域覆盖、丰富的实例和案例、注重沟通能力和跨文化交际的培养等特点，为学生提供了一套综合性的商务英语学习资源，有助于学生在商务环境中更加自信、流利地使用英语。

（二）*Business Result*

Business Result 是一套侧重培养学生商务交流技巧和沟通能力的教材。该教材涵盖商务会议、商务谈判、演讲等多个方面，旨在帮助学生在商务环境中自信、流利地进行英语交流。

该教材通过真实的商务情境和角色扮演活动，为学生提供了丰富的练习和案例。学生可以通过模拟商务会议、商务谈判等场景来提升沟通技巧和表达能力。这样的实践活动使学生能够更好地理解并应用商务英语的相关知识和技巧。

该教材强调实用性和互动性。除了书面表达，该教材还注重口语交流的训练，学生通过各种口语练习和角色扮演活动，提高商务口语表达能力。该教材还提供了丰富的听力材料，帮助学生提高商务听力理解能力。

该教材注重培养学生的跨文化交际能力和跨国团队合作能力。通过涉及不同文化背景和国际业务的案例和练习，学生可以了解不同文化的差异和交流规范，提升在跨国商务环境中的沟通和合作能力。

该教材还提供了定期的评估和反馈机制，帮助学生检验自己的学习成果并进行进一步的提高。通过各种形式的测试和评估，学生可以了解自己在商务英语方面的强项和需改进之处，并进行有针对性的学习和练习。

该教材以侧重培养学生商务交流技巧和沟通能力、真实的商务情境和角色扮演活动、强调实用性和互动性等特点，为学生提供了一套全面的商务英语学习资源，有助于学生在商务领域中自信地使用英语进行交流。

（三）*Business English Handbook*

Business English Handbook 是一本综合性商务英语参考书，该参考书涵盖商务写作、商务文化、商务用语等多个方面，旨在帮助学生提高商务英语的应用能力，并为他们在商务环境中的沟通和交流提供全面的支持。

该参考书提供了大量范例和技巧，帮助学生掌握商务写作的要点和技巧。从商务邮件、商务报告到商务提案，该参考书都提供了实用的写作指导和模板，使学生能够准确、清晰地表达自己的想法，并有效地与商务伙伴进行沟通。该参考书还关注商务文化，介绍不同国家和地区的商务礼仪、交际规范，以及不同文化背景下的商务实践。

该参考书提供丰富的商务用语和短语，帮助学生扩充商务词汇量。该参考书中的例句和练习可以帮助学生熟悉并巩固商务用语。

该参考书不仅提供了具体知识和技能，还鼓励学生进行反思和自主学习。参考书给学生提供了个人评估和反馈的机会，让学生能够评估自己的学习进展，并根据自己的需要进行有针对性的学习和练习。

该参考书以全面的商务英语内容、丰富的范例和技巧、关注商务文化和商务用语等特点，为学生提供了实用的商务英语知识，这有助于学生提高商务英语的应用能力和与商业伙伴进行有效沟通的能力。

二、专业领域商务英语教材

专业领域商务英语教材适用于特定的商务领域或行业，旨在帮助学生掌握相关的专业知识和术语，以满足特定行业的需求。以下是3套常见的专业领域商务英语教材。

（一）*English for Sales and Purchasing*

English for Sales and Purchasing 是一套专注于销售和采购领域的商务英语教材。该教材涵盖与销售和采购相关的对话、案例和练习，帮助学生掌握在商务环境中进行销售谈判、报价、订单处理等方面所需的商务英语技巧。

该教材通过真实的销售和采购情境，向学生展示了各种商务交流的场景。例如，学生可以学习如何与客户进行产品演示和推销，以及如何与供应商进行谈判和订购商品。这些对话和案例不仅展示了正确的表达方式，而且提供了实用的词汇和短语，帮助学生更好地应对各种销售和采购挑战。该教材还提供了丰富的练习和活动，帮助学生巩固所学内容并提高商务英语能力。这些练习涵盖听力、口语、阅读和写作等多个方面，让学生在实践中逐步提升自己的销售和采购沟通技巧。

该教材注重实用性和互动性。学生不仅可以通过课堂练习进行模拟销售和采购活动，而且可以进行角色扮演和小组讨论，以提高自身的沟通能力和团队合作能力。这样的互动式学习方式使学生更加积极主动地参与，从而更好地掌握商务英语的应用技巧。

该教材通过对销售和采购领域的详细介绍和训练，为学生提供了一套全面的商务英语资源。学生通过教材中提供的对话、案例和练习，提高自己在销售和采购方面的商务英语能力，为他们将来在商业领域中取得成功打下坚实基础。

（二）*English for Marketing and Advertising*

English for Marketing and Advertising 是一套专注于市场营销和广告领域的商务英语教材。该教材旨在帮助学生学习和掌握与市场调研、品牌推广、广告策划等相关的商务英语表达和技巧。

该教材提供了丰富的案例和练习，涵盖市场营销和广告领域的各个方面。学生可以通过这些案例了解真实的市场环境和行业实践，并学习如何运用商务英语进行市场调研、制定营销策略、推广品牌，以及策划广告活动等工作。该教材注重实践和互动，学生可以通过练习和角色扮演活动模拟真实的市场营销和广告场景，锻炼自己的商务英语表达能力。例如，学生可以扮演市场调研员进行问卷调查，或者扮演广告策划人员进行团队讨论和制订广告宣传方案。这样的实践活动使学生能够更好地运用商务英语，提高自己在市场营销和广告领域的沟通和表达能力。

该教材还注重词汇和短语的学习，为学生提供了丰富的市场营销和广告领域的商务用语。学生可以通过例句和练习来掌握这些专业词汇，并灵活运用于实际的工作场景中。

该教材通过案例和练习，帮助学生掌握与市场营销和广告领域相关的商务英语表达和技巧。该教材的实践性和互动性能够使学生更好地理解和应用商务英语知识，为将来在市场营销和广告领域中取得成功打下坚实的基础。

（三）*English for International Business*

English for International Business 是一套专注于国际商务领域的商务英语教材。该教材旨在帮助学生学习和掌握在国际商务环境中所需的商务英语知识和技能。

该教材涵盖跨文化交际、国际贸易、外国投资等多个方面的内容。通过真实的案例和训练活动，学生可以了解并适应国际商务环境中的各种挑战和情境。例如，学生可以学习如何与来自不同文化背景的商业伙伴进行有效的跨文化交流，并了解国际贸易的相关法规和程序。

该教材注重培养学生的跨文化意识和跨国团队合作能力。学生可以通过角色扮演和小组讨论等活动，增强对不同文化之间差异的理解，提高自己在跨国团队中的沟通和合作能力。这样的训练有助于学生在国际商务环境中更加成功地进行业务拓展和跨国合作。该教材还注重商务英语的实际应用和专业表达。学生可以通过案例和练习来学习和运用国际商务领域的专业术语和常用表达方式。

三、跨文化交际教材

跨文化交际教材着重于培养学生在商务环境中与不同文化背景的人进行有效交流的能力。以下是 3 套常见的跨文化交际教材。

（一）*Intercultural Business Communication*

Intercultural Business Communication 是一套专注于商务领域中的跨文化交际问题和挑战的教材。该教材旨在帮助学生理解不同文化之间的差异，并提供相关的案例和练习，以促进有效的跨文化交流。

该教材通过介绍不同国家和地区的商务文化和交际规范，帮助学生意识到在国际商务环境中跨文化交际所面临的挑战。学生将了解到不同文化对沟通方式、时间观念、礼节和谈判风格等方面的影响，并学习如何适应和处理这些差异。

该教材提供了丰富的实例和案例，让学生能够更好地理解并应用跨文化交际的概念和技巧。通过分析真实情境和角色扮演活动，学生可以体验在不同文化背景下进行商务交流的具体挑战。这样的练习有助于培养学生的灵活性和适应性，提高他们在跨文化环境中的交际能力。该教材还注重跨文化沟通技巧的培养。学生将学习如何避免造成误解和引起冲突，如何倾听并尊重他人的观点，以及如何运用适当的非语言表达方式进行跨文化交流。这些技巧对于成功地建立和维护国际商务关系至关重要。

该教材通过介绍商务领域中的跨文化交际问题和挑战，帮助学生理解和应对不同文化之间的差异，并提供相关案例和练习，以促进有效的跨文化交流。该教材的重点在于培养学生的跨文化意识和跨文化沟通技巧，以使他们能够在国际商务环境中更加成功地进行业务拓展和合作。

（二）*Business Across Cultures*

Business Across Cultures 是一套专注于跨文化商务交流的教材，旨在为学生提供理论和实践方面的知识，涵盖文化价值观、礼仪规范、商务谈判等多个方面。

该教材通过介绍不同国家和地区的商务文化和价值观，帮助学生了解不同文化之间的差异，并学习如何在跨文化环境中进行有效的商务交流。学生将了解到不同文化对于时间观念、沟通方式、决策风格等方面的影响，以及如何尊重和适应不同文化的期望和惯例。

该教材提供了丰富的案例和训练活动，帮助学生运用所学知识并进行实践。通过角色扮演、小组讨论和模拟情境等活动，学生可以在模拟的商务场景中锻炼跨文化交际能力。这样的实践活动有助于学生理解并应用跨文化交流的技巧，提高在跨文化环境中的表达能力和沟通效果。该教材还强调商务谈判的跨文化特点和策略。学生将学习如何在不同文化背景下进行商务谈判，并了解到不同文化对于谈判方式、态度和目标的影响。通过分析案例和参与模拟谈判，学生可以提高谈判技巧和意识，为成功地进行跨文化商务谈判打下基础。

该教材通过理论和实践的结合，帮助学生理解和应对跨文化商务交流所面临的挑战。该教材的重点在于培养学生的跨文化意识和跨文化沟通技巧，以使他们能够在国际商务环境中更加成功地建立和维护商业关系。

（三）*Cross-Cultural Business Communication*

Cross-Cultural Business Communication 是一套侧重帮助学生理解全球商务中的文化差异，并提供相关技巧和策略以进行有效的跨文化商务沟通的教材。

该教材通过深入探讨不同文化背景下的商务实践，帮助学生认识和理解各种文化之间的差异。学生将学习如何在不同文化背景下进行商务交流，包括言语、非言语表达以及社交礼仪等。同时，该教材提供了丰富的案例和实例，以真实场景为基础，帮助学生了解和应对在跨文化商务环境中可能遇到的挑战。

该教材还提供了针对跨文化商务沟通的技巧和策略。学生将学习如何适应并应对不同的沟通风格、价值观和商务习惯。他们还将学习如何构建信任、处理冲突和解决问题，以实现有效的跨文化合作和商务交流。该教材注重培养学生的文化敏感性和适应能力。学生将了解如何尊重和欣赏不同文化的独特性，并学习如何在跨文化环境中展示尊重和灵活性。与不同文化背景的同伴合作可以增强学生的跨文化团队合作能力和领导力。

该教材的重点在于培养学生的文化敏感性和适应能力，为他们在国际商务环境中取得成功的跨文化交流打下坚实基础。

除了以上推荐的教材，教师还可以根据自己的教学经验和学生需求，结合其他教材或资源进行综合教学。此外，教师也可以使用多种教材的组合，以满足不同教学目标和教学阶段的需求。

第四节 多媒体与网络资源利用

随着科技的快速发展，多媒体和网络资源在商务英语教学中扮演了重要角色。通过利用多媒体和网络资源，学生能够更加有效地学习商务英语的知识和技能，并更好地适应商务环境的需求。

一、多媒体资源优势

多媒体资源在商务英语教学中发挥着重要作用。丰富的内容呈现、真实案例和情境、互动性强，以及灵活性和可定制性等优势使得多媒体资源成为一种有效的教学工具，以此增强学生的理解和应用能力，并增强他们的学习动力和兴趣。

（1）多媒体资源通过图像、音频和视频等形式直观地展示实际商务场景，使学生更易于理解和记忆。例如，通过演示商务会议或展示市场调研报告的视频，学生可以更加深入地了解这些场景，并将所学知识与实际应用相联系。

（2）多媒体资源提供真实案例和情境，帮助学生更好地理解商务英语知识的实际运用。通过模拟真实的商务交流情境（如电话谈判、客户服务对话等），学生可以锻炼沟通技巧和应对策略。这种实践性的学习方式能够增强学生的实际应用能力，并使他们更加自信地应对各种商务挑战。

（3）多媒体资源具有较强的互动性。学生可以通过点击、拖拽等方式与多媒体资源进行交互，参与其中并积极探索。例如，在一个模拟的商务情境中，学生可以选择适当的回答或行动，从而获得实时反馈和指导。这样的互动式学习体验可以增强学生的参与感、学习兴趣和学习动力。

（4）多媒体资源具有灵活性和可定制性。教师可以根据教学目标和学生群体的需求进行资源定制和调整。例如，教师可以根据学生的水平和兴趣选择合适的视频和音频资源，或者通过添加互动元素来增强资源的可操作性。这种定制化的教学方式可以更好地满足不同学生的学习需求，为他们提供个性化的学习体验。

二、网络资源优势

网络资源在商务英语教学中具有诸多优势。无时空限制、及时更新、丰富多样的资源，以及社交和合作学习等特点使得网络资源成为一种强大的学习工具，同时提高学生的灵活性，拓宽视野，并增加与他人的互动和合作机会。

网络资源是指通过互联网获取的各种商务英语学习资源。与传统教材相比，网络资源具有以下4项优势。

（1）网络资源的无时空限制使得学生能够随时随地访问学习资料，自主安排学习时间和地点，提高了学习的灵活性和便利性。学生可以根据自己的时间安排进行学习，无须受传统课堂时间和地点的限制，从而更好地适应个人的学习节奏和需求。

（2）网络资源可以及时更新商务英语资讯和实例，使学生紧跟商务领域的发展动态。通过访问商务网站、关注商业博客或加入商务英语社交媒体群体，学生可以获取最新的商务新闻、行业趋势、成功案例等信息。这些实时更新的资源使学生能够了解当前商务环境的变化，不断拓宽知识面和视野。

（3）网络资源提供了丰富多样的学习资料和工具。学生可以通过在线课程、学习社区、商务英语应用软件等途径获得各种形式的学习资源。在线课程提供系统化的商务英语教学内容，学习社区为学生提供了互动和合作学习的平台，而商务英语应用软件则提供了实践和练习的机会。这些多元化的资源能够满足不同学生的学习需求，提供个性化的学习体验。

（4）网络资源促进了学生之间的社交和合作学习。通过在线论坛、博客、社交媒体等平台，学生可以与其他学习者分享经验和资源，进行讨论和互助。这种社交和合作学习的方式有助于学生之间的互动和知识交流，提高学习效果和成果。同时，学生可以借助网络资源与商务专业人士进行交流和合作，拓展自己的人际网络范围，获得职业发展机会。

三、多媒体与网络资源应用场景

多媒体和网络资源在商务英语教学中发挥着重要作用。通过商务会话模拟、商务演讲和报告范例展示、商务写作指导，以及商务文化与跨文化交际的学习，学生可以获得丰富的实践经验和专业知识，并提高自己在商务领域的沟通、表达和交流能力。

多媒体和网络资源在商务英语教学中具有广泛的应用场景，以下是4个典型的例子。

（一）商务会话模拟

商务会话模拟通过多媒体资源展示商务会话的典型场景，并提供相应的对话内容和词汇。学生可以观看实际商务对话的视频或听取录音，模仿其中的表达方式、语调和礼仪，从而提高自己的商务沟通技巧和专业术语的运用能力。

（二）商务演讲和报告

多媒体资源可以用于展示商务演讲和报告的范例，包括幻灯片、图表、视频等形式。学生可以观察和分析这些范例，学习如何组织和呈现商务信息，包括清晰的结构、生动的表达和有效的可视化工具的运用。

（三）商务写作

通过网络资源，学生可以获取商务写作的范文和指导。网上提供了大量的商务信函、报告等文体的样本，学生可以学习这些范文的格式、语言和表达方式，并进行实践练习，提高自己的商务写作能力。

（四）商务文化与跨文化交际

多媒体和网络资源可帮助学生了解不同国家和地区的商务文化差异。通过观看相关视频、阅读文章或参与在线讨论，学生可以了解不同文化的商务礼仪、价值观和商务实践。此外，网络资源还提供了跨文化交际的技巧和策略，帮助学生适应和成功进行跨文化谈判和合作。

四、有效利用多媒体与网络资源

在商务英语教学中，合理选择多媒体和网络资源、设计互动式学习活动、培养自主学习能力以及结合实践应用，是有效利用这些资源的关键策略。通过合理的资源选择和设计，教师可以激发学生的学习兴趣和积极性，提高他们的商务英语能力和实践能力。

为了有效利用多媒体和网络资源，以下是4条建议。

（1）在商务英语教学中，合理选择多媒体和网络资源是非常重要的。教师需要根据教学目标和学生需求，选择与商务英语教学紧密相关的资源。这些资源可以包括商务英语教材、在线课程、商务新闻网站、行业报告等。通过选择合适的资源，教师能够提供丰富的学习材料，增强学生的学习兴趣和动力。

（2）设计互动式学习活动也是利用多媒体和网络资源的有效方式。教师可以结合多媒体资源的互动性，设计课堂活动和任务，鼓励学生积极参与。例如，通过观看商务演讲视频，学生可以学习并模仿专业演讲者的表达方式和技巧，进而在角色扮演中实践并逐步改进自己的演讲技巧。通过在线讨论和合作项目，学生可以分享思路和观点，从而提高学习效果。

（3）培养学生的自主学习能力也是关键。教师应引导学生学会自主搜索和筛选网络资源，培养他们的信息素养和评估能力。学生可以学习如何利用搜索引擎、订阅商务英语博客等，获取最新的商务英语资讯和学习资源。这种自主学习的能力将使学生在课堂之外也能不断扩展自己的知识和技能。

（4）多媒体和网络资源应结合实践应用，提高学生的商务英语实际运用能力。教师可以引导学生将所学知识与实际商务场景相结合，进行实践应用。例如，学生可以使用多媒体和网络资源来研究并分析真实商务案例，提出解决方案，并进行演示或报告。这样的实践活动将帮助学生将所学知识转化为实际应用能力，并增强他们在商务环境中的竞争力。

第五节　商务英语教材的自主开发与定制

商务英语教学是培养学生商务沟通能力和跨文化交际技巧的重要环节。教材作为商务英语教学的核心资源，对学习者的学习效果起着至关重要的作用。传统的商务英语教材可能无法完全满足教师和学生的需求，因此，自主开发与定制商务英语教材成为一条重要的途径。

一、自主开发与定制商务英语教材的意义

自主开发与定制商务英语教材能够适应不同的教学需求，强调实用性，提供新颖内容，并鼓励教学方法创新。

（一）适应不同的教学需求

商务英语教学的目标和要求因学生群体、学习背景、行业特点等而异。这样可以确保教材内容与学生的实际学习需求相匹配，提高教学的适应性和有效性。

（二）强调实用性

自主开发与定制教材可以更加注重实际商务场景的模拟和应用。教材中包含的真实商务案例、商务会话模拟、商务演讲和写作任务等可以帮助学生更好地掌握和提高商务英语的实际运用能力。

（三）提供新颖内容

通过自主开发与定制教材，教师可以及时更新和添加最新的内容，使学生紧跟商务领域的发展动态，为学生提供更具现实性和时效性的学习材料，帮助学生了解最新的商务趋势、行业动态和专业知识。

（四）鼓励创新教学方法

传统教材可能固定了一种教学模式，无法充分满足学生的多样化学习需求。通过自主开发与定制教材，教师可以根据教学目标和学生需求设计新的教学活动和任务，开创新的教学方法和策略。例如，可以引入项目式学习、合作学习、实践案例分析等教学方式，激发学生的学习兴趣和积极性，提高他们的参与度和学习效果。

二、自主开发与定制商务英语教材的步骤

自主开发与定制商务英语教材需要经过一系列的步骤。这些步骤可以帮助教师设计出符合教学目标和学生需求的教材，并不断改进和更新教材，提高教学效果和学习成果。自主开发与定制商务英语教材需要经过 6 个关键步骤，以确保教材的质量和有效性。

（一）确定教学目标和需求

教师首先要明确商务英语教学的目标和学生的需求。可以通过课程规划、学生调查、需求分析等方式来了解学生的背景和学习目标。确定教学目标后，教师可以有针对性地开发和定制教材。

（二）收集教学资源

教师需要收集相关的教学资源，包括商务英语教材、参考书、商务案例、实例和多媒体资料等。这些资源可以从出版社、学术期刊、商业网站、行业协会等渠道获取。收集丰富的资源有助于为教材提供合适的内容和案例。

（三）设计教材结构和内容

在明确教学目标和收集完教学资源之后，教师需要设计教材的结构和内容。教材结构应该清晰、有条理，并根据不同的教学单元进行组织。教材内容设计应围绕教学目标展开，包括语言知识、实际应用和交际技巧等。同时，要考虑教材的难度、学生的兴趣和学习风格等因素。

（四）编写和整理教材

在教材设计完成后，教师需要编写和整理教材的具体内容。这包括编写教材的文本、例句、练习题和答案等。教材的语言表达应准确、简洁，并且符合商务英语的规范和惯例。同时，要注意教材的版面设计和排版，使其易于阅读和使用。

（五）测试和反馈

教师应该对教材进行测试和评估，以评估教材的质量和有效性。通过对学生的测试和听取他们的反馈意见，可以了解教材的优点和不足之处。教师可以收集学生的反馈意见，并根据需要进行教材的调整和改进。

（六）更新和维护

商务英语是一个不断发展和变化的领域，因此，教师需要定期更新和维护教材。及时收集最新商务英语资讯、行业趋势和实例，以确保教材的时效性和可靠性。教师还应根据学生的反馈和评估结果对教材进行修订和更新，以保持其适应性和有效性。

三、注意事项

在自主开发与定制商务英语教材时，教师需要注意以下 5 个方面。

（一）与学校或机构合作

教师可以与所在的学校或机构合作，在资源获取、教材设计和发布等方面获得支持和帮助。学校或相关机构可以提供教学资源、技术、版权许可等方面的支持，使教师能够更好地进行教材开发和定制工作。

（二）注重教材质量

教师需要确保教材的质量。首先，教材的语言表达应准确、规范，并符合商务英语的要求。其次，教材内容应丰富、有趣、实用，能够满足学生的学习需求和教学目标。此外，需要考虑教材的教学有效性，包括教学顺序、练习题的设计和评估方式等。

（三）尝试多样化的教学方法

教师可以尝试不同的教学方法和策略，以提高教学效果和学生的参与度。除了传统的课堂教学外，教师可以采用项目式学习、合作学习、案例分析、角色扮演等教学方法，以激发学生的兴趣和积极性。通过多样化的教学方法，教师可以更好地满足不同学生的学习需求，并促进他们在商务英语领域的全面发展。

（四）充分利用技术工具

教师可以利用现代技术工具（如多媒体、网络资源和在线学习平台等），增强教学的互动性和灵活性。多媒体资源可以用于展示商务场景、实例和演示，使学生更加直观地理解和掌握商务英语知识。网络资源可以提供丰富的学习资料和交流平台，使学生能够随时随地获取学习资源并进行在线讨论和合作。教师可以利用这些技术工具创造丰富多样的学习环境，增强学生的学习动力和参与度。

（五）积极反馈和改进

教师应鼓励学生提供反馈意见，并根据反馈结果进行教材的改进。学生的反馈可以包括对教材内容的评价、教学方法产生的效果和对学习体验的感受等。通过听取学生的反馈和建议，教师可以不断改进教材，提高教学质量和学习效果。

第六节　商务英语教材的使用

商务英语教材的使用与评估对于提高商务英语教学质量至关重要。通过有效地运用商务英语教材、精心设计教学策略，并进行全面的评估，可以有效提升学生的商务英语能力，培养他们在商务领域的沟通和交流技能。

一、商务英语教材的重要性与特点

商务英语教材在商务英语教学中起着至关重要的作用。这些教材不仅帮助学生掌握商务英语所需的语言技能，还提供了商务交流背景下的相关知识和技能。以下是商务英语教材的重要性与特点。

（一）专业内容涵盖广泛

商务英语教材涵盖商务领域的各个方面，内容涵盖广泛且多样化。在商务英语教材中，学生可以接触到商业沟通的各种形式（包括书面沟通、口头表达、会议演讲等），掌握有效沟通的技巧和策略。此外，商务英语教材还涵盖商务谈判的相关内容（包括谈判技巧、策略、文化因素等），帮助学生在商务谈判中表现得游刃有余。市场营销是商务领域中至关重要的一个方面，商务英语教材也会涉及市场营销的基本概念、策略和实践，帮助学生了解市场营销的基本原理并提升表达能力。综合而言，商务英语教材的广泛内容涵盖商务领域的方方面面，为学生提供了全面丰富的商务英语知识，帮助他们在商业环境中自信和成功地应用英语进行交流和沟通。

（二）实用性强

商务英语教材的实用性非常强，其中通常包含与真实商务场景相关的案例、对话和练习，旨在帮助学生将所学知识直接应用于实际工作中。通过这些案例和对话，学生可以模拟各种商务情境（如商务会议、客户谈判、商务信函撰写等），从而培养他们在商务环境中交流和应对挑战的能力。这种实践性的教学方法不仅使学习过程更加生动有趣，而且能够让学生更深入地理解商务英语知识，并将其运用到实际工作中。通过进行与真实商务场景相关的练习，学生能够提升沟通技巧、商业谈判能力和解决问题的能力。有些商务英语教材还包含商务文档的编写规范、商业礼仪等实用内容，帮助学生了解商务文书的书写技巧和商务活动中的行为准则，使其能够更加专业和自信地与商业伙伴交流。商务英语教材的实用性强，为学生提供了直接应用于实际工作场景的学习体验。

（三）行业术语和惯用语

商务英语教材是学生熟悉商务沟通的重要资源，其中包含大量行业术语和商务惯用语。这些术语和惯用语涵盖各个商务领域的专业术语和表达方式，帮助学生深入地了解商务行业的特点和要求。通过学习这些行业术语，学生能够准确地表达自己的意图和想法，与同行进行有效沟通，从而提升交流效果和专业形象。商务英语教材中的商务惯用语对学生在商务沟通中提高效率和准确性起着重要作用，这些惯用语是商务交流中常用的固定表达方式，具有简洁、准确、地道的特点，能够帮助学生自然、流利地进行商务对话和书面沟通。熟悉并灵活运用这些商务惯用语，不仅能够提高表达的效率和准确性，而且能够增强学生的商务交流能力和信心。通过商务英语教材中的行业术语和商务惯用语的学习，学生不仅增加了商务英语词汇量，而且提升了在商务环境中应对各种沟通与挑战的能力。

（四）跨文化交际

商务英语教材在涉及跨文化交际方面起着关键作用，能帮助学生理解不同文化背景下的商务交流规范和礼仪。商务英语教材通过介绍不同文化的商务交流方式、价值观念和社会礼仪，帮助学生更好地理解和尊重对方的文化背景，减少文化冲突和误解，提升商务交流的成功率和效果。通过学习跨文化交际的内容，学生可以了解不同文化之间的交际差异，包括语言习惯、非语言沟通、商务礼仪等方面的差异，从而更好地适应跨文化商务环境。此外，有些商务英语教材还介绍跨文化管理的概念，帮助学生了解如何在多元文化团队中协调工作、解决问题，提高跨文化团队的合作效率和效果。通过学习跨文化交际的内容，学生不仅能够提升跨文化意识和能力，还能够增强与国际商务伙伴合作的信心和实力，为未来的商务交流打下坚实的跨文化基础。综上所述，商务英语教材中涉及跨文化交际的内容对于学生的商务发展和国际交流至关重要，有助于提升他们在跨文化环境中的沟通技能。

二、商务英语教材的有效使用策略

在教学过程中，如何有效使用商务英语教材至关重要。以下是一些有效使用策略。

（一）前期准备

教学的前期准备至关重要。教师应该仔细研究商务英语教材的内容，确保对每一部分内容都有充分的理解和掌握。在研究教材内容的过程中，教师应确定教学目标和重点，明确学生需要掌握的关键知识和技能。通过设定清晰的教学目标，教师能够更好地引导学生学习，确保教学的针对性和有效性。此外，教师还应该准备相关的教学辅助材料和活动，以提升课堂互动和学习体验。为课堂教学做好充分的准备工作能够帮助教师更好地引导学生学习，营造积极的学习氛围，提高教学效果和学习成果。因此，前期准备是教师成功开展商务英语教学的重要步骤，也是确保教学顺利进行和学习成果显著的关键环节。

（二）互动式教学

在商务英语教学中，互动式教学是一种非常有效的教学方法。设计小组讨论、角色扮演等互动活动，可以激发学生的参与度，促进学生的口语表达能力和实践能力的提升。在小组讨论中，学生可以与同学展开交流和讨论，分享自己的看法和经验，从而促进思维碰撞和知识共享。在角色扮演活动中，学生可以扮演在不同商务场景下的角色，模拟真实的商务对话和交流，锻炼表达能力和沟通技巧。这种互动式教学方法不仅使学习过程更加生动有趣，而且能够提高学生的学习积极性和参与度，激发学生学习的兴趣和动力。互动式教学不仅可以提升学生的口语表达能力和交际技巧，而且能够培养学生的团队合作意识和解决问题的能力，为他们将来在商务领域的交流和合作打下良好基础。因此，互动式教学是促进学生全面发展和提高商务英语能力的重要教学方法。

（三）案例分析

案例分析是商务英语教学中一种重要的教学方法，学生能够通过分析和讨论实际商务案例学习实践商务英语应用技能。通过案例分析，学生可以将所学的商务英语知识和技能应用于真实的商务情境中，从而更好地理解和掌握相关概念和技巧。在案例分析中，学生通常需要阅读和分析真实商务案例，了解案例中涉及的商务问题、挑战和解决方案。通过讨论和分析案例，学生可以深入思考案例背后的商务原理和策略，培养批判性思维和解决问题的能力。此外，案例分析还能帮助学生提高商务英语的实际运用能力，让他们在模拟商务情境中练习表达、沟通和协商的能力。通过与同学一起讨论案例，学生还能够分享不同的观点和经验，拓宽自己的视野和思维方式。总的来说，案例分析是一种能够激发学生学习兴趣、培养实践能力和提升综合素质的有效教学方法，有助于学生在商务英语学习中更好地理解和应用所学知识，为未来的职业发展奠定坚实基础。

（四）多媒体辅助

多媒体辅助在商务英语教学中发挥着重要作用。结合多媒体技术（如视频、PPT等），可以有效展示真实商务场景，帮助学生更直观地理解教材内容。通过视频展示商务会议、商务谈判、市场营销活动等实际场景，学生可以了解实际商务交流中的情境和表达方式，加深对商务英语应用的认识和理解。PPT作为一种图文并茂的辅助工具，通过图片、图表、文字等形式呈现商务案例、数据分析和商务策略，帮助学生系统地理解商务概念和原则。此外，多媒体辅助还可以为学生提供丰富的听力材料（如商务对话录音、商务演讲视频等），帮助学生锻炼听力技能和理解商务英语的语音语调。通过多媒体辅助教学，可以激发学生的学习兴趣，提高学习效率，增强学生的记忆和理解能力。同时，多媒体辅助能够营造生动的教学氛围，促进学生之间的互动和合作，提升课堂教学的活跃度和趣味性。综合而言，多媒体辅助在商务英语教学中扮演着重要角色，能够帮助学生更好地理解和运用商务英语知识，提升他们的学习体验和成效。

（五）定期复习与测试

定期复习与测试是商务英语教学中至关重要的环节。通过设立定期复习与测试环节，教师可以帮助学生巩固所学知识，检验学习效果，并及时调整教学方向，以提升教学效果。定期复习可以帮助学生回顾和强化已学知识，避免遗忘和知识断层。通过定期复习，学生可以逐渐形成系统化的知识结构，提高信息的长期记忆和应用能力。同时，定期测试是一种有效的评估学生学习成果的方式。通过测试，教师可以了解学生对知识的掌握情况和学习进度，及时发现学生学习的薄弱环节和问题，并有针对性地进行教学调整和辅导。定期的复习和测试还可以激励学生保持学习动力和积极性，促进学生自主学习和自我提高。通过定期复习和测试，学生可以更好地掌握自己的学习状况，发现问题并加以解决，提高学习效率和成绩。同时，教师可以通过定期复习和测试了解教学效果，及时调整教学策略和方法，确保教学内容与学生需求相匹配，提高教学质量。因此，定期复习与测试是商务英语教学中不可或缺的重要环节，有助于促进学生的学习效果和教学质量的提升。

三、商务英语教材的评估方法与要点

对商务英语教材进行评估是提高教学质量的关键环节。以下是一些常用的商务英语教材评估方法与要点。

（一）内容适配性

内容适配性是评估商务英语教材质量的重要标准之一。评估教材内容是否符合学生的实际需求意味着要考查教材是否与学生的学习背景、学习水平和学习目标相匹配，是否能够满足学生在商务英语学习中的实际需求。同时，评估教材内容是否与商务英语教学目标一致意味着要确认教材是否能够有效地帮助学生达到预设的学习目标和能力要求。教材内容应该涵盖商务英语教学的各个方面（如商务沟通、商务写作、商务会议等），以确保学生能够全面掌握商务英语所需的语言技能和专业知识。只有教材内容与学生的需求和教学目标保持一致，才能够确保教学的有效性和学习的实效性。因此，在评估商务英语教材时，要重点关注教材内容的适配性，确保其能够有效地满足学生的需求和教学目标，从而提高教学质量和学习效果。

（二）语言难度

评估商务英语教材中的语言难度是确保教学有效性的重要环节。教材中的语言难度应该适中，以确保符合学生的语言水平和理解能力。教材中的语言应该涵盖各个层次和类型（包括基础的商务词汇、常用句型、专业术语等），同时应该有一定的挑战性，这有助于学生扩展词汇量、提高阅读理解能力和表达能力。通过适度挑战和引导，学生能够逐步提升商务英语能力，更好地应对商务环境中的沟通和交流需求。因此，在评估商务英语教材时，要注意教材中的语言难度是否适中，是否能够有效提高学生的商务英语能力，以确保学生在学习过程中能够获得充分的挑战和提升，达到预期的学习目标。

（三）教学设计

评估商务英语教材的教学设计至关重要，需要教师确保教学设计合理，注重培养学生的听、说、读、写能力，并具有系统性和连贯性。教材的教学设计应该综合考虑商务英语四项基本技能（即听力、口语、阅读和写作）的培养，确保学生在各方面都得到全面的培养和提升。教材设计应该注重实践性和应用性，通过丰富多样的练习和活动，帮助学生运用所学知识解决实际商务问题，提高实际应用能力。此外，教材的教学设计还应具有系统性和连贯性，各个单元内容之间应该有明确的联系和衔接，以确保学习过程有序进行，学习内容有层次地展开，帮助学生建立完整的商务英语知识体系。通过评估教材的教学设计是否符合上述标准，可以确保教材能够有效提高学生的商务英语能力，培养学生的综合语言技能，为他们在商务领域的交流和应用打下坚实基础。

（四）教学资源

评估商务英语教材提供的教学资源是确保教学质量和学习效果的重要方面。教材应当提供丰富多样的教学资源（包括练习题、案例分析、听力材料等），以满足不同学生的需求和学习风格。练习题可以帮助学生巩固所学知识，检验理解程度；案例分析能够让学生在实践中应用商务英语知识；听力材料则有助于提高学生的听力理解和语言表达能力。此外，丰富的教学资源还包括模拟考试、课堂活动设计、在线学习平台等，为学生提供全方位的学习支持和练习机会。通过评估教材提供的教学资源是否充足、多样化，是否能够满足不同学生的需求，可以确保教学内容的全面性和有效性，从而提升学生的学习体验和学习成效，促进他们在商务英语学习中取得更好的进步和成就。

（五）反馈机制

建立学生与教师之间的反馈机制是确保商务英语教学质量持续提升的关键环节。通过定期收集学生对教材的意见和建议，教师可以了解学生对教学内容、教学方法和教材设计的看法，及时发现问题并改进。学生的反馈可以帮助教师更好地了解学生的学习需求和反应，从而调整教学方案，优化教学效果，提高教学的针对性和实效性。建立有效的反馈机制还可以促进教师与学生之间的沟通和互动，建立良好的师生关系，增强学生的学习动力和参与度。教师可以根据学生的反馈及时调整教学策略，灵活应对不同学生的学习需求，个性化地指导学生的学习过程，从而提升教学效果和学生的学习体验。反馈机制的建立不仅有助于优化商务英语教学，而且有助于培养学生的批判性思维和自我反思能力，提高他们的学习成效和终身学习能力。

第四章 英语习语研究与应用

第一节 习语的定义、特点与分类

在英语中，习语是丰富而重要的一部分，掌握习语能够提高英语交流的流利性和地道性。

一、定义及特点

习语是一种固定的表达方式，由一组词汇组成，其整体意思往往不能通过逐字逐句理解。习语的意义常常与其字面意义相差甚远，需要根据上下文来理解其真正的含义。以下是习语的 4 个特点。

（一）固定性

习语的结构和词汇组合是固定的，不能随意更改或替换其中的词语。习语的使用必须保持其原始的形式，否则可能导致意思改变或不易理解。例如，"break a leg"（祝好运）这个习语的字面意思并不符合实际情况，但在英语中却是表示祝福的常用表达。

（二）非透明性

习语的意义不能从其字面意思推断出来，需要根据语境和习语的习惯用法进行理解。习语的含义通常是基于文化、历史或社会背景产生的，因此，对于非母语人士来说，学习习语需要了解其背后的文化内涵。

（三）形象生动

习语通常使用比喻的修辞手法，使表达更加形象生动，以增强语言的表现力，吸引听者的注意力。例如，"let the cat out of the bag"（泄露秘密）这个习语通过比喻的方式描述了揭示秘密的行为，使表达更加具体、形象。

（四）地域性

习语在不同的地区和文化背景中使用也有所不同，因此在学习习语时需要注意其使用范围和文化背景。有些习语广泛流行，而有些习语可能只在特定的地方或社群中使用。学习习语时，需要了解其所属的文化背景，并注意在适当的情境中使用。例如，"hit the sack"（上床睡觉）这个习语在美国常见，而在其他使用英语的国家可能不常用。

二、分　类

习语可以根据字面含义与实际含义的差异、形式和结构、主题和领域、使用频率和常见程度等进行分类。通过了解习语的定义和分类，学生可以更好地理解和运用英语习语，提升语言表达的准确性和丰富性。

（一）根据字面意思与实际含义之间的差异分类

根据习语的字面意思和实际含义之间的差异，可以将习语分为以下 3 类。

1. 直接习语（Direct Idioms）

直接习语的字面意思和实际含义比较接近，容易理解。这些习语通常是基于日常生活中的经验和观察产生的。例如，"break the ice"（打破僵局）的字面意思是打破冰块，但实际含义是指打破尴尬或紧张的气氛，使人们感到更加轻松和舒适。

2. 转喻习语（Metaphorical Idioms）

转喻习语的字面意思与实际含义之间存在明显的转喻关系，需要根据上下文来理解其真正的含义。这些习语常常使用比喻的修辞手法，使表达更加形象生动。例如，"kick the bucket"（去世）的字面意思是踢桶子，但实际含义是指一个人去世了，其源自古代公开处决的方式，被告人站在桶子上，当桶子被踢掉时被执行死刑。

3. 非透明习语（Opaque Idioms）

非透明习语的字面意思与实际含义之间的联系并不明显，需要根据惯用用法来理解。这些习语通常是基于特定文化、历史或社会背景产生的。例如，"kick the habit"（戒掉恶习）的字面意思是踢掉习惯，但实际含义是指改掉某种不良的习惯或瘾癖。这个习语源自戒毒过程中强调要摆脱对毒品的依赖，逐渐停止使用毒品。

（二）根据形式和结构分类

习语可以根据其形式和结构来分类，其中包括动词短语习语、名词短语习语、形容词短语习语和副词短语习语。

1. 动词短语习语（Verb Phrase Idioms）

这种习语由一个动词和其他词语组成。动词在习语中起关键作用，决定了习语的意义和用法。例如，"take a rain check"（推迟计划），意思是推迟某项计划或活动。

2. 名词短语习语（Noun Phrase Idioms）

这种习语由一个名词和其他词语组成。名词在习语中扮演重要的角色，描述了习语表示的概念或情况。例如，"a piece of cake"（轻而易举的事），意思是一件非常容易完成的事情。

3. 形容词短语习语（Adjective Phrase Idioms）

这种习语由一个形容词和其他词语组成。形容词在习语中描述了所指对象的特征或状态。例如，"in the same boat"（处于同一困境），意思是人们共同面临相似的问题或困难。

4. 副词短语习语（Adverb Phrase Idioms）

这种习语由一个副词和其他词语组成。副词在习语中修饰动词、形容词或其他副词，起到限定或描述的作用。例如，"by the skin of one's teeth"（勉强或幸免于难），意思是侥幸成功，差点失败。

（三）根据主题和领域分类

习语可以根据其涉及的主题和领域来分类。以下是根据主题分类的习语类型。

1. 动物习语（Animal Idioms）

这类习语与动物相关，常用动物作为比喻或隐喻来表达特定的意义。例如，"as quiet as a mouse"（安静如鼠），表示非常安静或不发出声音。

2. 食物习语（Food Idioms）

这类习语与食物相关，常用食物作为比喻来表达特定的意义。例如，"spill the beans"（泄露秘密），意思是无意中透露了某个秘密。

3. 身体习语（Body Idioms）

这类习语与身体部位相关，通过使用身体部位的比喻来表达特定的意义。例如，"put one's foot in one's mouth"（说错话），意思是说了一些不合时宜或令人尴尬的话。

4. 自然习语（Nature Idioms）

这类习语与自然环境相关，通过使用自然现象的比喻来表达特定的意义。例如，"it's raining cats and dogs"（下大雨），表示下着非常大的雨。

这些习语在日常英语中经常被使用，了解它们的含义和用法有助于提高语言表达的准确性和丰富性。在学习习语时，需要注意其固定的搭配和惯用用法，并结合上下文进行理解和运用。

（四）根据使用频率和常见程度分类

习语还可以根据其使用频率、专业性和地域性来分类。以下是根据这些特点进行分类的习语类型。

1. 常用习语（Common Idioms）

这类习语在日常英语交流中常见，经常被人们使用。它们在口语和书面语中都很常见，并具有广泛的适用性。例如，"break a leg"（祝好运），用于表示对某人的祝福或鼓励。

2. 专业习语（Technical Idioms）

这类习语在特定领域或行业中常见，通常用于特定的专业讨论或描述。它们可能包含特定的术语、行业背景或专业知识。例如，"think outside the box"（打破传统思维），常用于商业和创新领域，表示要超越传统思维方式去寻找创新解决方案。

3. 地方习语（Regional Idioms）

这类习语在特定地区或方言中使用较多，可能在其他地区的英语中不太常见。这些习语反映了当地文化、风俗和口语表达方式。例如，"bless your heart"（表示同情或怜悯），该表达方式在美国南部地区常用，是一种委婉的同情或怜悯的表达方式。

第二节 英语习语的语言功能与文化含义

英语习语不仅具有丰富的语言功能，而且承载着深厚的文化含义。掌握习语能够提高英语交流的地道性和流利性，同时有助于了解不同文化的价值观、信仰和行为准则。在跨文化交际中，习语发挥着重要的作用，促进文化交流和融合，增进互相理解和尊重。因此，学习和使用习语是使人成为一名优秀的英语交际者的关键因素之一。

一、语言功能

（一）提供形象生动的表达

人们可以通过习语用简洁而有力的方式传达复杂的意思和情感。例如，"it's raining cats and dogs"（下大雨），这个习语使用了隐喻，将雨水形容为猫和狗，形象地描述了雨势的强烈程度。这样的习语让语言更具表现力，并丰富了人们的交流方式。

（二）增强语言的表现力

习语作为一种语言现象，为人们的表达提供了丰富的表现力。习语不仅能够传递具体的意思，而且能够潜移默化地传达情感、态度和观点。使用习语可以让人们的语言更加生动有趣，使人们的交流更加丰富多样。

（1）习语可以传达情感。许多习语通过比喻的修辞手法将情感与具体形象联系起来。例如，"heartbroken"（心碎），这个习语用于形容极度悲伤和失望的感受。这样的习语可以在短短几个词语中传达出复杂的情感，使得人们的表达更加深刻和生动。

（2）习语可以表达态度和观点。习语常常包含特定的文化、历史或社会背景，反映出人们对某些事物的看法和评价。例如，"actions speak louder than words"（行动胜于言辞），这个习语强调实际行动的重要性，表达了对言辞和承诺的怀疑态度。通过使用习语，人们可以简洁地表达自己的观点和态度，让对方更好地理解自己的立场。

（3）习语还可以建立共鸣和情感联系。习语往往具有一定的文化背景和地域特色，因此，当人们使用特定的习语时，能够与拥有相同文化背景的人产生共鸣，并建立情感联系。例如，"to have one's head in the clouds"（头脑在云中），这个习语用来形容一个人不切实际，总是做一些不切实际的梦或幻想，而没有关注现实问题。使用这个习语可以表达对某人梦想家性格的理解，同时可能在轻松的语境中提醒对方注意现实。习语的使用，充分展示了人们的个性和文化背景，并促进人与人之间的沟通和理解。

习语为人类的语言增添了丰富的表现力。通过使用习语，人们可以相互传达情感，表达态度和观点，建立共鸣和情感联系。习语使得人们的交流更加生动有趣，丰富了人们的语言体验，并促进了跨文化交流与理解。

（三）提供隐含意义和间接表达

习语之所以具有强大的表达能力，部分原因是它们往往具有隐含意义。习语的字面意思与实际含义相差甚远，这使得人们可以用习语进行间接表达，避免直接谈及敏感或不适宜的话题。通过使用隐喻和转喻，习语在交流中起到了缓冲和调节的作用。

（1）习语通过隐喻和转喻将抽象的概念转化为具体的形象，使得表达更加生动形象。例如，"kick the bucket"（去世），这个习语的字面意思与实际含义之间没有直接联系。然而，通过这个习语，人们可以用一个比喻的方式来间接表达死亡，使话题变得更加容易接受和理解。

（2）习语的隐含意义可以帮助人们传递情感、态度和观点，同时减少冲突和误解的可能性。习语常常携带着一定的文化、历史或社会背景，反映了人们对某些事物的看法和评价。通过使用习语，人们可以在不直接说出来的情况下，暗示自己的立场或态度，避免直接冒犯或引发争议。

（3）习语的隐含意义也有助于在交流中保持礼貌和社交的规范。有些话题可能敏感或不适宜直接提及，但通过使用习语，人们可以间接地暗示或启发对方理解自己想要表达的意思。这种间接的方式有助于维持良好的人际关系和社交氛围。

（4）习语的隐含意义可能因文化和语言背景而异。不同地区和文化中的习语可能具有不同的隐含意义，因此在跨文化交流中需要谨慎使用习语，以避免产生误解或冲突。

二、文化含义

（一）反映文化价值观和信仰

习语是一种传统的口头表达方式，反映了特定文化中的价值观和信仰。习语可以传达关于社会道德、家庭观念、宗教信仰等方面的文化信息。例如，"blood is thicker than water"（血浓于水），这个习语强调了家庭关系的重要性，在西方文化中被广泛使用。

（二）体现社会习俗和风俗

习语与特定的社会习俗和风俗密切相关。通过学习习语，人们能够了解不同文化中的社会规范和行为准则。习语反映了一个社会或文化中被认可的价值观和行为方式，因此，习语不仅是语言表达的一部分，也是文化传承和社会共识的体现。

习语中的社会规范和行为准则可以让人们对某个文化背景有深入了解。例如，"when in Rome, do as the Romans do"（入乡随俗），这个习语告诉人们在不同文化环境中应该尊重并遵循当地的习俗和行为规范。同时反映了对他人文化的尊重和包容的价值观，其在跨文化交流中起到了重要的指导作用。

通过学习习语，人们还可以了解到不同文化中对待礼貌、家庭、友谊等方面的态度和行为准则。例如，"an arm and a leg"（付出巨大的代价）通常用来描述某件事情非常昂贵或需要付出很多努力才能得到。这个习语隐喻性地表达了在某些情况下，为了得到想要的东西，人们可能不得不牺牲或付出极其宝贵的东西。它反映了一种文化观念，即某些目标或物品的价值可能非常高，以至于获取它们需要付出极大的代价。这种习语可以帮助人们理解在不同文化中对待亲情关系的态度和行为规范。

习语还可以提供关于社交礼仪和行为规范的指导。例如，"mind your manners"（注意你的礼仪），这个习语强调在社交场合中要注意礼貌和行为得体。

不同地区和文化中的习语可能存在差异，因此在跨文化交流中需要谨慎使用习语，并确保准确理解其文化背景和含义。了解习语所涉及的社会规范和行为准则有助于增进与他人的沟通和理解，并促进跨文化交流的成功。

习语与特定的社会习俗和风俗密切相关。通过学习习语，人们能够了解不同文化中的社会规范和行为准则，体验不同文化的价值观和思维方式。习语是文化传承和社会共识的一部分，为人们提供了在跨文化交流中尊重和理解他人的指导原则。

（三）表达历史和文学传统

习语作为一个文化的标志，反映了一个国家或地区的历史和文学传统。通过学习和使用习语，人们可以深入了解特定文化的故事、传说和民间智慧。

习语往往与特定文化的历史和文学传统有着紧密的联系，可能源自经典文学作品、神话传说或重要历史事件，承载着文化的记忆和智慧。例如，"Achilles' heel"（阿喀琉斯之踵），这个习语源自希腊神话中的故事。根据传说，阿喀琉斯是希腊神话中的英雄，他的母亲为了让他刀枪不入，将他浸入冥河中，但他的脚跟没有接触到水，成为他唯一的弱点。因此，"Achilles' heel"这个习语被用来指代一个人或物体的弱点或易受攻击的地方。

习语还可以反映出特定文化的价值观和智慧，可能包含对生活、道德、人际关系等方面的理解和建议。通过学习习语，人们可以了解不同文化中的智慧和生活哲学。例如，"actions speak louder than words"（行动胜于言辞），这个习语强调实际行动的重要性，反映了一种重视行动而非空谈的价值观。

通过学习和使用习语，人们可以更深入地了解特定文化的故事和传统，帮助人们理解和欣赏不同文化的独特之处，并促进跨文化交流和理解。在学习习语时，人们还能够发现不同文化的共通之处和相似之处，加深对世界多样性的认识。

习语作为文化的标志之一，体现了一个国家或地区的历史和文学传统。习语带给人们更深入的文化体验，促进了跨文化交流和理解。

（四）建立文化共同体

习语作为一个文化共同体的象征，可以加强社群之间的联系和认同感。通过使用共同的习语，人们能够建立情感连接，减少沟通障碍，增进交流与理解。习语在跨文化交际中起到促进文化交流和融合的重要作用。

习语是一个文化共同体的标志和象征。当人们使用习语时，他们不仅传达了特定的意思，而且表达了对自己所属文化的归属感和认同感。通过共享习语，社群成员能够建立情感连接，形成一种特殊的群体认同。

使用共同的习语可以让人们减少沟通障碍，提高交流效果。习语在语言交流中具有紧凑、简洁和形象生动的特点，能够用简短的话语表达复杂的意义。当人们在交流中使用共同的习语时，他们能够更快地理解对方的意图和观点，促进有效沟通。

习语在跨文化交际中发挥着重要的作用。人们学习和使用其他文化的习语展示了对该文化的尊重和关注。这种跨文化的习语使用促进了文化交流和理解，有助于不同文化之间的融合与和谐。

习语也可以帮助人们更好地理解和欣赏其他文化的独特之处。通过学习其他文化的习语，人们能够深入了解其历史、传统和价值观。这样的学习过程不仅促进了人们对文化多样性的认识，而且有助于培养开放的思维方式和跨文化的敏感性。

三、英语习语在跨文化交际中的作用

英语习语在跨文化交际中具有重要的作用。习语增进了人与人之间的互相理解，增强了交际的地道性，促进了文化交流和融合，增强了交流的趣味性，同时丰富了语言表达。通过学习和运用习语，人们可以建立更紧密的人际关系，拓宽视野，丰富文化体验。

（一）增进互相理解

通过学习和理解习语，人们能够更好地理解他人的文化价值观、信仰和行为方式。习语反映了一个社会或文化中被认可的价值观和行为方式，习语的使用促进了对他人文化的理解和尊重。这有助于建立跨文化的互相理解和共鸣。

（二）增强交际的地道性

在与母语人士交流时，使用恰当的习语可以增强交际的地道性和流利性。习语是特定文化中的惯用表达方式，通过熟练运用习语，人们可以更好地融入目标文化，与母语人士进行更自然、地道的交流。

（三）促进文化交流和融合

通过共享习语，不同文化之间可以建立情感连接和共同体感觉。习语作为一个文化的象征，可以加强社群之间的联系和认同感。习语的使用和学习促进了文化交流和融合，为构建一个多元、包容的世界做出了贡献。

（四）增强交流的趣味性

习语往往具有趣味性和幽默性，使用习语可以使交流更加有趣、活跃，并增强沟通的吸引力。习语的形象生动和多层含义常常引发笑声和共鸣，使得交流过程更加轻松、愉快。

（五）丰富语言表达

习语作为一种特殊的表达方式，丰富了语言表达。习语以简洁而有力的方式传达复杂的意思和情感，帮助人们用更具体、形象的方式来表达自己的观点和感受。

第三节　商务英语中的习语应用

商务英语中的习语应用可以增强交流的地道性和有效性，帮助人们更好地理解和

参与商务活动。习语能够加强沟通效果，建立专业形象，促进商务谈判和协商，并增加商务信函和演讲的吸引力。了解常见的商务习语及其用法，注意习语的适度使用和文化背景，可以使商务交流更加地道和成功。

在商务交流中，使用习语可以增强沟通的地道性和有效性。商务英语中的习语是一种常见的表达方式，能够帮助人们更好地理解和参与商务活动。

一、习语在商务英语中的应用

（一）增强交流效果

在商务英语中，习语的运用可以使商务交流更加地道和流利，进而提高交流效果。习语能够传达特定的含义和情感，帮助人们更好地理解和回应对方的意图。举例来说，"get down to business"（开始认真工作），这个习语可以引导会议或谈判迅速进入正题，避免浪费时间。这个习语常用于商务场景，通过简洁的表达方式传递出集中注意力、专注工作的意思。习语的使用不仅可以凸显说话者的商务素养，而且可以促进合作伙伴之间的互动与理解。因此，在商务交流中灵活运用习语将对双方的沟通产生积极影响。

（二）建立专业形象

在商务环境中，使用恰当的习语可以展现出专业素养和商业智慧。运用习语表达观点和意见，能够给他人留下积极的印象，并建立起良好的商务形象。例如，"think outside the box"（打破传统思维），这个习语显示了创新能力和开放思维的重要性。人们在做商务决策和解决问题时，超越常规思考方式，寻找创新的解决方案将成为一种竞争优势。这个习语传达了勇于挑战既定惯例、追求独特思维的信息，能够让他人对说话人的专业能力产生肯定和认可。因此，在商务交流中灵活运用习语，特别是强调创新与开放思维的习语有助于树立个人商业形象。

（三）加强商务谈判和协商

在商务谈判和协商中，习语的运用可以增加谈判的灵活性和巧妙性。适当地使用习语可以缓解紧张气氛，促进双方之间的沟通和理解。例如，"give and take"（互相让步），这个习语强调了在谈判过程中必须做出妥协的重要性。它传达了一个积极的信息，即双方都需要做出一定的让步来达成共识。这个习语可以帮助缓解谈判中的紧张局面，鼓励双方以合作的态度来推动谈判的进展。通过使用这样的习语，谈判双方可以意识到彼此的需求和利益，并探索寻找双赢的解决方案。因此，在商务谈判和协商中巧妙地运用习语，特别是强调妥协和合作的习语，将有助于增强谈判的效果并促进双方的合作。

（四）增强商务信函和演讲的吸引力

在商务信函和演讲中使用习语可以增加其吸引力和说服力。习语能够使表达更加生动有趣，提升写作和口头表达的品质。例如，在商务信函中使用"cut to the chase"

（直截了当）这个习语，可以使写作更加简洁明了。这个习语传达了迅速进入主题、避免冗长废话的意思。使用这个习语可以使信函的内容更加精练和直接，吸引读者的注意力并清晰地传达要点。同样，在商务演讲中运用习语可以增添魅力和说服力。适当地使用习语可以使演讲更具活力和幽默感，吸引听众的关注并帮助他们更好地理解和记住演讲内容。因此，在商务信函和演讲中巧妙地运用习语，特别是强调简洁明了的习语，有助于提升表达的吸引力和效果，增强与读者或听众之间的沟通。

二、常见的商务习语及其用法

以下是一些常见的商务习语及其用法。

（1）call it a day（今天到此为止）：表示结束工作或会议。

Let's wrap up the meeting and call it a day. We can continue tomorrow.

（2）get down to business（开始认真工作）：表示进入正题或开始处理重要事务。

Now that we have introductions out of the way, let's get down to business.

（3）cut to the chase（直截了当）：表示直接进入核心问题或内容。

Let's cut to the chase and discuss the main challenges we are facing.

（4）think outside the box（打破传统思维）：表示寻找创新的解决方案或观点。

We need to think outside the box to come up with a unique marketing strategy.

（5）put all one's eggs in one basket（孤注一掷）：表示将所有资源或希望集中在一个地方或计划上。

It's risky to put all our eggs in one basket. We should diversify our investments.

（6）stay on top of things（保持掌握局势）：表示时刻关注和掌握最新情况，保持领先。

In this fast-paced industry, it's important to stay on top of things to remain competitive.

（7）hit the ground running（立即开始工作）：表示立即开始并全力以赴。

As soon as you join the team, we expect you to hit the ground running.

（8）keep someone in the loop（让某人了解最新情况）：表示与他人保持信息共享和沟通。

Please keep me in the loop regarding any updates on the project.

（9）get the ball rolling（开启事务）：表示开始进行某项活动或计划。

Let's get the ball rolling on our new marketing campaign. We have a lot to do.

（10）cut corners（节约成本）：表示采取捷径或省略步骤以降低成本。

We should never cut corners when it comes to quality control. It can harm our reputation.

这些习语在商务场景中经常被使用，具有一定的共识。学习和灵活运用这些习语，可以增强商务英语交流的效果和地道性。当使用这些习语时，要确保上下文适合，并且了解其准确的含义和用法，以便有效地与商业伙伴进行沟通。

三、使用商务习语的注意事项

使用商务习语可以使交流更加地道和流利，但要注意适度使用，了解文化背景，关注上下文和语境，并进行持续学习和积累。正确运用习语将提高商务交流的效果，增加与商业伙伴之间的共鸣和理解。

（一）适度使用

习语的使用应该根据具体情况和目标受众来决定。过度使用习语可能会导致误解或减弱交流的效果。确保习语使用不过于频繁，以免让对方感到困惑。

（二）了解文化背景

习语在不同的文化背景中可能有所不同，使用时需要确保对方能够理解其含义。了解对方的文化背景，避免使用地域特定的习语，以免造成误解或冒犯。

（三）注意上下文和语境

习语的意义往往依赖于上下文和语境，使用时需要确保与整个句子或段落一致。确保习语在特定语境下具备合适的意义，避免产生歧义或误解。

（四）学习和积累

商务习语是一个广阔而丰富的领域，需要通过不断的学习和积累。需要通过阅读商务文献、参加商务活动等方式来增加习语库。掌握更多的习语可以增强商务交流的效果，但要确保准确理解其含义和用法。

第五章 英语语言文化翻译原理与实践

第一节 语言文化翻译基本原理

语言文化翻译是将一种语言和文化转化为另一种语言和文化的过程。在全球化时代，跨文化交流变得越来越频繁，语言文化翻译扮演着重要的角色。然而，语言和文化具有复杂性，之间存在着差异，因此，翻译工作并非易事。语言文化翻译是一项复杂而关键的工作，需要译者综合运用等效性、适应性和忠实性等原则。等效性原则强调词语、句子结构和文化的对应关系，以确保信息的准确传达。适应性原则强调根据目标语言的语言规范和习惯进行调整和改变。忠实性原则强调尊重原文的意义和风格，并保持对源语言的忠实。译者还需要考虑文化因素，以便更好地传达文化背景和含义。通过综合运用这些原则和考虑文化因素，人们可以实现有效的语言文化翻译。

一、等效性原则

（一）词语等效性

词语等效性是指在翻译过程中，尽可能地寻找与源语言词汇相对应的目标语言词汇。这一原则旨在保持信息的准确传达和表达方式的相似性。

在实现词语等效性时，译者需要考虑以下 4 个因素。

1. 上下文和语境

选择合适的词语应基于上下文和语境。同一个词语在不同句子或语境中可能有不同意义，因此，译者需要根据具体情况来确定最恰当的翻译。

2. 词义和语法结构

译者需要理解源语言词汇的准确含义和语法结构，并在目标语言中找到对应的词汇和结构。这有助于保持原始信息的准确性和完整性。

3. 文化差异

不同语言和文化之间存在着差异，因此，译者还需要考虑文化因素。有些词语在某种文化背景下可能很常见，但在另一种文化中可能并不常用。译者需要选择适合目标语言文化的词语。

4. 翻译目标和风格

译者应该根据翻译的目标和所需的风格选择合适的词语。不同的翻译目标可能要求不同的表达方式，例如，保持文学作品的诗意或传达商务文件的正式性。

（二）句子结构等效性

句子结构等效性是指在翻译过程中，尽可能地保持源语言和目标语言句子的相似结构。这有助于确保翻译的流畅性和可理解性。然而，由于语言结构的差异，有时需要进行适当调整。例如，将英语中的"John is reading a book"翻译为中文的"约翰正在读一本书"，保持了句子结构的等效性。

1. 主谓宾结构

保持主谓宾结构在目标语言中的相对位置。例如，在英语中，句子通常以主语开头，然后是谓语动词，最后是宾语。在目标语言中，译者应尽量保持相似的句子结构。

2. 从句和状语的位置

从句和状语在句子中的位置也应尽可能保持一致。如果源语言中的从句位于主句之前或之后，译者需要在目标语言中找到相应的位置。

3. 并列结构

保持并列结构的一致性，即将并列关系的元素放在类似的位置上。例如，在英语中，使用连词"and"连接并列的名词、动词或形容词。在目标语言中，译者应寻找相应的连词或结构来保持句子结构的等效性。

4. 语序和修饰词的位置

在一些语言中，修饰词的位置可能与源语言有所不同。译者需要根据目标语言的习惯和规范，调整修饰词的位置，以保持句子结构的等效性。

（三）文化等效性

文化等效性是指在翻译过程中，尽可能地传达源语言文化背景和特点。这意味着译者需要了解并考虑目标语言的文化因素，以便更好地传达原文的意思和情感。例如，将英语中的"Thanksgiving"翻译为中文的"感恩节"，保持了文化等效性。

1. 习俗和节日

不同的文化有不同的习俗和节日。在翻译涉及习俗和节日的内容时，译者应尽量选择与目标语言文化相似的词汇和表达方式，以便读者能够理解和感受到源语言的文化内涵。

2. 文化隐喻和象征

每种语言都有其独特的文化隐喻和象征体系。译者需要了解源语言和目标语言之间的差异，并寻找适当的表达方式来传达源语言中的隐喻和象征含义。

3. 社会和历史背景

社会和历史背景对于文化的形成起着重要作用。译者需要了解源语言文本所处的社会和历史背景，并在目标语言中选择与之相符合的表达方式，以便更好地传达文本的意思和情感。

4.偏好和价值观

不同文化具有不同的偏好和价值观。译者在翻译时应考虑目标语言读者的偏好和价值观，并尽量选择与之符合的表达方式，以便更好地传达源语言文本所包含的情感和观点。

二、适应性原则

适应性原则是指在翻译过程中，根据目标语言的语言规范、习惯和风格进行调整和改变。这意味着译者需要根据目标语言的表达习惯和惯用法来选择合适的翻译方式。适应性原则强调翻译的自然性和可接受性。例如，将英语中的"I am fine"翻译为中文的"我很好"，根据中文的表达习惯，适应性地使用了"很好"来表达。

在实现适应性原则时，译者需要考虑以下4个方面。

（一）语法和结构

每种语言都有独特的语法规则和结构。译者应根据目标语言的语法要求来调整源语言句子的结构和语序，以使翻译更符合目标语言的表达习惯。

（二）词汇和惯用表达

不同语言之间的词汇使用和惯用表达方式也存在差异。译者应选择目标语言中最常用、最自然的词汇和表达方式，以确保翻译的自然性和可理解性。

（三）文化背景和习俗

文化背景和习俗对于语言使用和表达方式有重要影响。译者应根据目标语言的文化背景和习俗，进行相应的调整和转换，以便更好地传达源语言的意思和情感。

（四）口译的实时调整

在口译过程中，译员需要根据听众的理解能力、背景知识和文化差异进行实时调整和解释。译员应根据具体情况选择合适的表达方式，并确保信息的准确传达和有效交流。

三、忠实性原则

忠实性原则是指在翻译过程中，尽可能保持对源语言意义的忠实，并尊重原文的风格和特点。这意味着译者应该尽量避免添加或删减信息，并努力保持原文的情感和语气。忠实性原则强调了翻译的准确性和可信度。在追求忠实性时，译者也要注意平衡，避免死板的字面翻译。有时候，为了更好地传达信息，译者需要进行适当的调整和改变。例如，将英语中的"It's raining cats and dogs"翻译为中文的"大雨滂沱"，既保持了忠实性，也进行了习语的转换。

（一）语义准确性

译者应努力理解源语言的含义，并将其准确地转化为目标语言。避免添加或删减信息，以确保翻译的准确性和忠实性。

（二）文体和风格

不同的文本有着不同的文体和风格。译者应尽量保持原文的风格和特点，包括使用相似的词汇、句式和修辞手法，以使翻译更贴近原文的语气和情感。

（三）文化因素

译者需要了解并考虑源语言和目标语言之间的文化差异。在保持忠实性的同时，要适应目标语言读者的文化背景，以便更好地传达原文的意义和情感。

（四）可读性和流畅性

尽管忠实性原则强调对原文的忠实，但译者也应注意翻译的可读性和流畅性。有时候，为了更好地传达信息，需要进行适当的调整和改变，以使翻译更自然、易懂。

四、文化因素

在处理文化因素时，译者应避免将自己的文化观点和偏见带入翻译中。尊重和理解源语言文化是确保翻译准确性和地道性的关键。此外，译者还可以进行背景调研、与本土人士交流和参考相关资料，以提高对目标文化的理解和适应。

在语言文化翻译中，文化因素也是非常重要的。以下是一些常见的文化因素，译者在翻译过程中需要特别注意。

（一）价值观和信仰

不同文化有着不同的价值观和信仰体系。译者需要了解并尊重这些差异，在翻译中传达源语言文本所包含的价值观和信仰。

（二）社会习俗和礼仪

不同文化有着各自独特的社会习俗和礼仪。译者需要遵守和传达这些习俗和礼仪，以确保翻译的准确性和符合目标文化的规范。

（三）历史和传统

每个文化都有其独特的历史和传统。译者需要考虑这些因素，并在翻译中传达文化背景和含义，以便更好地传达原文的意思和情感。

（四）幽默和隐喻

幽默和隐喻是文化特定的表达方式。译者需要理解和传达这些文化内涵，并根据目标语言的文化背景选择合适的表达方式，以确保翻译的幽默效果和隐喻的传达。

（五）民俗和节日

不同文化有不同的民俗和节日。译者需要了解并传达这些文化元素，以使翻译更贴近目标文化读者的理解和感受。

第二节　英语与汉语的文化差异及翻译策略

英语和汉语作为两种具有广泛影响力的语言，其背后的文化差异需要在翻译过程中得到充分的考虑。译者需要了解并适应不同的文化背景，选择合适的翻译策略来确保翻译的准确性和地道性。通过综合运用文化适应、同义词和近义词选择、解释和补充说明、平衡字面翻译和意译，以及请教专家和咨询资源等策略，有效地应对英语与汉语之间的文化差异，实现优质的翻译工作。

一、文化差异

（一）礼貌和尊重

英语和汉语在礼貌和尊重的表达方式上有所不同。在英语文化中，人们通常更加直接和开放地表达意见和想法。而在汉语文化中，人们普遍更注重面子和礼节，倾向于使用含蓄和委婉的语言。因此，在进行翻译时，译者需要根据文化背景选择合适的翻译策略，以确保尊重原文的情感和意图。有时候，直译可能无法准确传达源语言的含义和情感。译者可以进行意译，使用更符合目标语言文化习惯的表达方式，以保持尊重和礼貌。

1.委婉表达

在进行翻译时，译者可以使用汉语中常用的委婉和含蓄的表达方式，以保持与源语言相似的尊重和礼貌。

2.考虑社交关系

在汉语文化中，人们注重维护社交关系。译者可以根据文化背景选择适当的翻译策略，以避免直接冲突或伤害他人的感情。

3.文化解释和注释

有时候，某些文化特定的表达方式可能需要进行解释或注释，以便目标语言读者能够理解其背后的文化内涵。

（二）社会关系、地位等理念

英语和汉语在社会关系、地位、尊重、家族观念、礼仪礼节的理念方面也存在差异。在英语文化中，人们通常更加注重个人独立和平等。而在汉语文化中，人们更注重集体、家庭和长辈的地位。因此，在翻译过程中，需要注意适应文化背景，避免产生误解或冲突。

1.社会关系

英语和汉语的社会关系观念有所不同。译者应根据目标语言的社会关系理念选择合适的翻译方式，以传达源语言中涉及社会关系的信息。

2. 地位和尊重

在翻译中，译者需要注意传达源语言中涉及地位和尊重的信息，以使目标语言读者能够理解和尊重不同的文化观念。

3. 家族观念

在涉及家庭和家族观念的内容时，译者需要考虑汉语文化中家族的重要性，并使用合适的表达方式传达这种观念。

4. 礼仪和礼节

鉴于英语和汉语文化对于礼仪和礼节的重视程度不同，译者应根据目标语言的习俗和礼仪规范选择合适的翻译方式，以尊重并传达源语言中的礼仪要求。

（三）时间观念

英语和汉语在时间观念上也存在着一些差异。在英语文化中，时间被视为有限的资源，人们注重准时和效率。而在汉语文化中，人们更注重人际关系和灵活性，对时间的看法相对宽松。在进行翻译时，需要考虑这些差异，以确保传达正确的意思和情感。

1. 时间表达方式

英语中通常使用具体的时间表达方式，如 "on Monday" 或 "at 9 o'clock"，而汉语中更多地使用相对的时间表达方式，如 "下周一" 或 "早上九点"。译者应根据目标语言的习惯选择合适的表达方式。

2. 弹性和灵活性

在涉及时间安排的内容中，译者可以根据目标语言文化的灵活性，做出适当的调整，以便更好地传达源语言中的意思和情感。

3. 文化解释和注释

有时候，某些与时间相关的文化差异可能需要进行解释或注释，以便目标语言读者能够理解其背后的文化内涵。

4. 语气和态度

在翻译中，译者应注意源语言中可能存在的强调准时性或宽松态度的语气和态度，以保持与原文相似的情感色彩。

（四）谚语和习语

谚语和习语在英语和汉语中都是常见的表达方式，但由于文化背景不同，其内容和使用方式也存在差异。汉语的谚语和习语更加注重道德教化和哲理智慧。

在英语文化中，谚语和习语通常使用比喻的修辞手法，使得表达更加形象生动，常用于强调智慧、道德或经验教训，以便传递某种寓意或启示。英语的谚语和习语常常与日常生活和自然界相关，如 "Every cloud has a silver lining"（守得云开见月明）或 "A bird in the hand is worth two in the bush"（一鸟在手，胜过二鸟在林）。

而在汉语文化中，谚语和习语更加注重道德教化、哲理智慧和传统价值观，常用于强调人际关系、家庭观念、孝道和社会伦理等方面。汉语的谚语和习语常常体现中国古代哲学思想和文化传统，如"吃得苦中苦，方为人上人"（经历了最苦最艰难的时刻，才能成为最优秀的人）或"礼尚往来"（在礼节上讲究有来往）。

在进行翻译时，译者需要理解并传达谚语和习语的文化内涵，以便更好地传达原文的意思和情感。这可能需要运用适当的比喻或类似的表达方式，以确保翻译的准确性和有效性。此外，译者还可以提供背景信息、注释或解释，帮助目标语言读者理解源语言文化中的特定概念或价值观。

二、翻译策略

（一）文化适应

在翻译过程中，译者需要根据不同的文化背景进行适应和调整。译者应该了解源语言和目标语言之间的文化差异，并尽量使用与目标文化符合的表达方式和惯用语。这有助于确保翻译的准确性和地道性。

具体而言，译者可以通过以下 4 种方式实现文化适应。

1. 研究目标文化

译者应该对目标文化进行深入研究，了解其价值观、习俗、礼仪等方面的特点。

2. 学习目标语言的文化特点

除了语言本身，译者还应了解目标语言所涵盖的文化特点，包括成语、习语、谚语等。

3. 避免直译

遇到与目标文化不符合的表达方式时，译者应避免机械地直译，而是选择更贴近目标文化的表达方式。

4. 请教本土人士

请教以目标语言为母语的本土人士，获取他们的观点和建议，以便更好地理解目标文化并进行准确的翻译。

（二）同义词和近义词的选择

由于英语和汉语之间存在差异，某些词若直接翻译可能会导致误解或信息丢失。因此，在进行翻译时，译者可以选择使用同义词或近义词来传达相似但不完全一样的含义，这有助于更好地捕捉源语言的意图和情感。

1. 查阅词典和参考资料

查阅专业词典、词语搭配手册等资源，寻找合适的同义词或近义词。

2. 考虑语境

根据句子的语境和上下文，选择最符合源语言意思的同义词或近义词。

3. 请教其他翻译专家

与其他经验丰富的翻译专家交流，分享彼此的经验和建议。

（三）解释和补充说明

有时候，为了更好地传达源语言的意思，译者可能需要进行解释和补充说明。这可以通过添加括号、注释或附加说明来实现。这有助于消除文化差异带来的理解障碍，并确保翻译的准确性和清晰度。

1. 添加括号

在需要解释或补充说明的词语、短语或句子后面加上括号，注明其含义或提供进一步的解释。

2. 注　释

在翻译文本旁边添加注释或脚注，对特定词语、文化背景或习俗进行解释。

3. 附加说明

在适当的地方添加附加的说明或说明性的文字，以帮助读者更好地理解源语言的意思和情感。

（四）平衡字面翻译和意译

在翻译过程中，需要平衡字面翻译和意译之间的关系。字面翻译可以保持源语言的准确性，但有时候可能会导致目标语言不自然或难以理解。因此，译者需要根据具体情况进行取舍，并使用适当的意译来传达源语言的意思和情感。

1. 考虑上下文

仔细阅读源语言的上下文，理解其意图和情感，选择最适合的翻译方式。

2. 灵活运用翻译技巧

运用各种翻译技巧（如比喻、类比、近义词替换等），以保持翻译的准确性和地道性。

3. 根据目标读者的背景进行调整

考虑目标读者对源语言文化的了解程度，进行适当的调整和解释。

（五）请教专家和咨询资源

在面对特别复杂的文化差异时，译者可以寻求专家和咨询资源的帮助。这些资源可以提供更深入的指导，以确保翻译的准确性和地道性。

1. 寻找专家咨询

与翻译领域的专家、学者或母语人士交流，获取他们的观点和建议。

2. 参考相关资料

阅读与源语言文化和目标语言文化相关的图书、论文或其他资料，深入理解其差异和特点。

第三节　商务英语翻译技巧与要点

商务英语翻译是在商务环境中进行的翻译工作，涉及商务文件、会议、合同等各种商务活动。商务英语翻译需要关注细节、保持地道性和专业性，以确保准确传达商务信息。不断地学习和积累，并寻求专业人士的意见和建议，可以持续提升自己的商务英语翻译能力。

一、商务英语翻译的技巧和策略

在商务英语翻译中，译者需要注重精确理解源语言意思、考虑目标受众和文化差异、保持地道性和专业性、注意语言风格和流畅度、注重细节和准确性、保护商业机密和保密性，以及不断学习和积累。这些技巧和策略有助于实现准确、地道且有效的商务英语翻译，促进商务交流和跨文化合作的顺利进行。

（一）精确理解源语言意思

商务英语翻译的首要任务是准确理解源语言的意思。译者应仔细分析句子结构、语法和逻辑关系，确保对源语言含义的准确理解。如果有任何不确定或模糊之处，译者应查阅相关资料或咨询专业人士来获得更多背景知识。

1. 分析上下文

仔细阅读整个文档或段落，理解上下文的信息背景和逻辑关系。

2. 注意关键词和短语

注意抓住原文中的关键词和短语，这些通常是传达重要信息的关键。

3. 查阅专业资料

利用在线词典、行业术语手册等工具，查找相关词语和概念的定义和解释。

4. 咨询专业人士

在面对特定领域或专业术语的难题时，咨询相关领域的专家或从业者，以获取更准确的解释和指导。

（二）考虑目标受众和文化差异

在商务英语翻译中，需要考虑目标受众的背景和需求。了解目标受众的专业领域、文化背景和对专业术语的理解程度，以便选择合适的表达方式和词语。同时，需要注意文化差异，避免使用可能引起误解或冲突的表达方式。

1. 研究目标受众

了解目标受众的文化习惯、价值观、行业特点等信息，以便更好地适应他们的需求。

2. 选择合适的表达方式

根据目标受众的专业背景和文化背景，选择恰当的商务词汇、习惯用语和惯例，以确保翻译的准确性和地道性。

3. 避免文化冲突

注意避免使用可能与目标文化冲突或不当的表达方式，尊重目标受众的文化背景和敏感性。

（三）保持地道性和专业性

商务英语翻译需要保持地道性和专业性，以符合商务环境的要求。译者应该熟悉商务英语的特点和用法，选择恰当的商务词语和惯用语。同时，译者应了解商务行业的术语和常用表达，以确保翻译的准确性和专业性。

1. 精通商务英语

深入了解商务英语的特点、用法和常见表达方式，包括商务信函、商务会议和商务演讲等方面。

2. 阅读商务文献

阅读商务类图书、报纸、杂志等，了解商务行业的发展动态和最新表达方式。

3. 学习商务术语

学习并熟悉相关行业的专业术语和常用表达方式，以确保翻译的准确性和地道性。

4. 关注商务实践

关注商务实践和商业文化，了解商务交流中的常见做法和礼仪要求。

（四）注意语言风格和流畅度

商务英语翻译需要注重语言风格和流畅度。译者应该根据源语言的语言风格和目标受众的需求，选择相应的翻译方式和词语。同时，需要注意语法结构和段落组织，以保持翻译的连贯性和易读性。

1. 分析源语言的语言风格

了解原文的语言风格，是正式、半正式还是非正式，以便选择相应的表达方式。

2. 考虑目标受众的需求

根据目标受众的专业背景和文化习惯，选择适当的语言风格和表达方式。

3. 确保语法和结构的准确性

审查翻译稿，确保语法结构正确、段落有序，以保持翻译的连贯性和流畅度。

4. 编辑和润色

对翻译稿进行编辑和润色，使其更符合商务英语的要求，增加可读性和专业性。

（五）注重细节和准确性

商务英语翻译需要注重细节和准确性。译者应该仔细审查翻译稿，确保每个细节都得到正确传达。对于数字、日期、单位和名称等关键信息，尤其需要核对准确。任何错误或疏漏都可能影响商务交流的效果和结果。

1.仔细审查翻译稿

对翻译稿进行反复审查，确保每个单词和句子都准确无误。

2.核对关键信息

核对数字、日期、单位和名称等关键信息，以确保其传达的正确性。

3.使用校对工具

使用拼写检查、语法检查和其他校对工具，辅助译者发现并纠正可能存在的错误。

4.请教专家和同行

与其他翻译专业人士进行交流和分享，互相校对和审查翻译稿，以确保翻译的准确性和一致性。

（六）保护商业机密和保密性

商务英语翻译通常涉及商业机密和保密信息。译者需要遵守商业道德和保密协议，保护客户的商业利益和敏感信息。在进行商务英语翻译时，需要谨慎处理和传递相关信息，确保其安全性和保密性。

1.熟悉保密协议

了解客户的保密要求和相关协议，遵守保密责任和义务。

2.采取安全措施

妥善管理和保护翻译稿和相关文件，避免信息泄露和不当使用。

3.不外传商业机密

严禁将客户的商业机密透露给他人，包括与其他客户或竞争对手之间的比较和交流。

4.尊重客户利益

在商务英语翻译中，始终以客户利益为先，遵守商业道德和职业操守。

（七）不断学习和积累

商务英语翻译是一个不断学习和积累的过程。译者应该持续关注商务领域的新动态和发展，了解行业术语和表达方式的变化。通过阅读商务文献、参与商务活动和交流，提升译者的商务英语翻译能力。

1.持续学习

关注商务领域的最新发展和趋势，不断学习新的商务英语词汇和表达方式。

2.参加培训和研讨会

参加与商务英语翻译相关的培训班、研讨会或行业交流活动，与其他翻译专业人士分享经验和知识。

3.阅读商务文献

定期阅读商务类图书、报纸、杂志等，了解商务行业的最新动态和商务英语的应用。

4. 寻求反馈和评估

与客户或同行交流，寻求反馈和评估，以进一步提高商务英语翻译能力。

二、商务英语翻译要点

商务英语翻译需要注意尊重专业人士的意见和建议，可以借助翻译工具和资源，要确保一致性，要仔细校对和审读，应保持时效性，并遵守商业道德和法律规定。遵循这些要点，译者可以提高商务英语翻译的质量和效率，满足客户的需求，并建立良好的专业声誉。

（一）尊重专业人士的意见和建议

在翻译过程中遇到专业术语或特定领域的难题时，译者可以寻求相关专业人士的意见和建议。他们的专业知识和经验可以帮助提高翻译的准确性和地道性。

（二）使用翻译工具和资源

商务英语翻译可以借助各种翻译工具和资源，如在线词典、术语数据库和翻译记忆库等。这些工具和资源可以提供辅助信息和参考资料，提高翻译效率和质量。

（三）确保一致性

商务文件通常是长篇文档或多个文件的集合，为了保证整体翻译的一致性，译者应注意统一术语、风格和格式，并使用一致的表达方式，以确保翻译的连贯性和易读性。

（四）校对和审读

翻译完成后，需要进行仔细校对和审读工作。译者应检查译文的语法、拼写、标点符号和格式等方面，确保没有错误或疏漏。如果可能，可以邀请其他翻译专业人士或母语人士进行审校，以获得更准确的反馈和建议。

（五）保持时效性

商务领域通常要求及时交付翻译文件。译者应根据约定的时间表和客户的要求，合理安排工作进度，并尽量遵守交付期限。如果需要延迟交付，应提前与客户沟通并说明原因。

（六）遵守商业道德和法律规定

在商务英语翻译中，译者需要遵守商业道德和法律规定。尊重客户的商业机密和保密协议，不泄露客户的商业信息。此外，译者还应遵守国际、国家和地区的相关法律法规，确保翻译的合法性和合规性。

第六章 二语习得理论与外语教学方法

第一节 二语习得理论概述

二语习得是指通过学习和使用第二语言（非母语）来获取语言能力的过程。二语习得理论旨在解释和理解人们在学习第二语言时所经历的认知和语言发展过程。行为主义理论、认知理论、社会交互理论和自然顺序理论对于理解和促进二语习得具有重要的意义。

一、行为主义理论

行为主义理论强调通过刺激和反馈的重复训练来形成语言习惯和语言能力。根据行为主义理论，语言学习是一种条件反射，学生通过模仿和重复产生正确的语言表达。行为主义理论的代表人物是美国心理学家斯金纳（B. F. Skinner），他提出了操作条件反射理论。这种理论认为，语言学习通过外部刺激和奖励来促使正确的语言行为的形成。该行为主义理论对于教授基础语言知识和技能有一定的指导意义，如语音、词汇和句法结构的训练。而行为主义理论忽略了学生内部的认知和心理过程，未能完全解释二语习得的复杂性。所以语言学习涉及更多的认知因素和个体差异，仅仅依靠刺激和反馈的重复训练是不够的。

（1）行为主义理论没有考虑学生的思维和理解过程。语言学习不仅是简单的模仿和重复，还涉及对语言结构和规则的理解和应用。学生需要通过思考和分析来理解语言的含义和用法，而这些认知过程无法完全被外部刺激和奖励所解释。

（2）行为主义理论忽视了学生的情感和动机因素。语言学习是一项复杂的任务，需要学生具备足够的动力和兴趣。仅仅依靠外部刺激和奖励无法真正激发学生的积极性和主动性，从而影响学习效果。

（3）行为主义理论没有考虑学生的个体差异。个体差异包括学习风格、认知能力、背景知识等方面，这些因素对于语言学习的效果具有重要影响，行为主义理论未能完全考虑这些因素。每名学生都有自己独特的学习方式和发展轨迹，仅仅依靠统一的刺激和反馈可能无法满足不同学生的需求。尽管行为主义理论在教授基础语言知识和技能方面有一定的指导意义，但它不能完全解释语言学习的复杂性。在二语习得的研究中，认知心理学和社会交互理论等其他理论被广泛应用，以更好地解释语言学习的过程和结果。

二、认知理论

认知理论强调学生在获取和组织信息时的认知过程。该理论认为，学生通过自我思考、推理和解决问题来构建语言知识和语言能力。认知理论的代表人物是瑞士心理学家让·皮亚杰（Jean Piaget）。

皮亚杰提出了认知发展阶段理论，认为儿童的认知能力会随着年龄的增长而逐渐发展。这种理论也适用于二语习得，二语习得研究者认为，学生在习得第二语言时会经历不同的认知发展阶段。根据皮亚杰的观点，学生需要根据自身认知水平的发展，逐渐从简单的语言表达开始，逐步转向更复杂的语言结构和意义。

（1）认知理论强调学生的主动参与和思考，对于教育者来说具有指导意义。在教授第二语言时，教育者需要提供具有挑战性的任务和促进学生思考和解决问题的机会。教育者可以设计启发性的学习活动，激发学生的兴趣和好奇心，引导他们进行自主学习和探索。此外，合作学习也是认知理论的重要应用之一。通过小组合作和互助学习，学生可以共同解决问题、分享知识和经验，从而加深对语言的理解和运用。

（2）认知理论强调了学生的元认知能力，即对自己的学习过程和学习策略的认知。学生需要了解自己的学习风格和偏好，以及适合自己的学习策略。教育者可以帮助学生培养良好的元认知能力，引导他们反思学习过程，发展有效的学习策略，并提供适当的支持和反馈。

（3）认知理论存在一些限制。认知理论强调了学生的内在思维过程，但没有充分考虑情感和动机因素的影响。学生的情感状态和动机水平对于语言学习的积极性和效果具有重要影响。因此，在教学过程中，教师需要关注并激发学生的情感投入和学习动机。

（4）认知理论也没有完全解释二语习得的个体差异。每名学生都有自己独特的学习方式和发展轨迹，因此在教学中教师需要灵活运用不同的教学方法和策略，以满足不同学生的需求。

三、社会交互理论

社会交互理论认为，语言习得是通过与他人的社会交互和合作来实现的。该理论强调了社会环境对语言习得的影响。学生通过与母语人士和其他学生的互动来获取语言知识和表达能力。社会交互理论的创始人是苏联心理学家列夫·维果茨基（Lev Vygotsky），而詹姆斯·兰道夫（James P. Lantolf）是将社会交互理论应用于第二语言习得领域的学者之一。

社会交互理论认为，语言习得不仅是个体内部的过程，也是与他人的互动密切相关的社会活动。在社会交互中，学生参与真实的沟通情境，与他人进行交流和合作。这种交互过程提供了丰富的语言输入和输出机会，促进了语言的习得和应用。

（1）教师在社会交互理论中扮演着重要角色。教师应提供创造性和有意义的社会情境，鼓励学生参与讨论和交流，并提供及时的反馈和指导。教师可以充当语言模型的角色，展示正确的语言表达和交际方式，从而激发学生的兴趣和积极性。

（2）在社会交互理论中，学生之间的合作也被认为是二语习得的重要组成部分。学生可以通过合作学习解决问题、分享知识和经验，相互促进语言的发展。教师可以设计小组活动和项目任务，鼓励学生合作并共同构建语言知识。

（3）社会交互理论还强调了反馈的重要性。及时的反馈可以帮助学生纠正错误，增强语言的准确性和流利度。教师可以给予学生积极的鼓励和指导，帮助他们改进语言表达和交际能力。同时，学生之间的互相反馈可以促进语言习得的进程。

（4）社会交互理论对于教学实践有着重要的指导意义。在教授第二语言时，教师应创造一个具有支持性的、积极的、互动的学习环境。教师可以设计各种交际活动（如角色扮演、小组讨论等），激发学生的兴趣和参与度。同时，教师应提供及时的反馈和指导，帮助学生纠正错误，扩展词汇和句型。

（5）社会交互理论也存在一些限制。在某些情况下，学生可能无法接触到母语人士或其他具有高水平语言能力的学生。此时，教师需要采取其他方式来创造语言输入和输出的机会，如利用多媒体资源、虚拟交流平台等。同时，教师应注意平衡个体学习和合作学习之间的关系，确保学生既能够通过与他人的互动获得丰富的语言输入，又能够独立思考和表达。

四、自然顺序理论

自然顺序理论（The Natural Order Hypothesis）是第二语言习得领域的一个理论，它认为语言结构的习得是按照一定的自然顺序进行的。这个理论是由多位学者共同研究和提出的，其中斯蒂芬·克拉申（Stephen D. Krashen）是这一理论的重要代表人物之一。克拉申的理论包括多个假设，其中之一就是自然顺序假设。根据克拉申的观点，无论是儿童还是成人，无论是母语还是第二语言，语言结构的习得都是按照一定的自然顺序进行的。

自然顺序理论认为，学生在习得第二语言时会按照一定顺序逐步掌握不同的语言结构和功能。这个顺序是内在的，不受外部教学的干预或教师的指导。学生首先会习得基础的语言结构，如词汇、发音和简单的句型。随着语言习得的深入，学生会逐渐掌握更复杂的语法规则和表达方式，以及更高级的词汇和语用能力。

（1）自然顺序理论认为这种顺序是普遍存在的，不仅适用于儿童习得母语，而且适用于学习第二语言的过程。虽然不同学生之间可能存在一些个体差异，但总体而言，学生会经历相似的发展阶段和顺序。

（2）自然顺序理论对于教学有重要的指导意义。教师应该根据学生的发展阶段和需要，提供适当的语言输入和任务。教师了解学生可能经历的不同发展阶段可以帮助其设计有效的教学策略和课程。

（3）在教学实践中，教师可以根据学生的发展水平和需要，提供渐进式的语言输入和练习。自然顺序理论并不意味着所有学生都会按照同样的顺序和速度习得第二语言。每名学生都有自己独特的学习风格和发展轨迹，因此在教学中教师需要灵活运用不同的教学方法和策略，以满足不同学生的需求。

（4）自然顺序理论也并不意味着教师无法对学习进程进行干预或提供指导。尽管学生会按照一定的内在顺序习得语言，但教师可以通过提供合适的输入和反馈，创造有利于语言习得的环境。教师可以设计多样化的教学活动（如角色扮演、讨论和交流等），鼓励学生积极参与，并提供及时的反馈和指导，以促进他们的语言发展。

第二节　外语教学方法选择与实施

外语教学方法是指在教授和学习外语过程中所采用的教学策略和方法。选择适当的外语教学方法对于提高学习效果和学生的语言能力至关重要。

选择适当的外语教学方法和有效地实施教学是提高学生外语能力的关键。教师根据学生的特点、学习目标和教学环境，可以选择不同的教学方法，如语法－翻译法、直接法、阅读法、沉浸式教学法和交际法等。在实施外语教学方法时，需要教师设定明确的学习目标、创造积极的学习氛围、结合多种教学资源、提供及时的反馈和指导，并促进学生的自主学习和反思。

一、外语教学方法选择

选择外语教学方法时，需要考虑学生的特点、学习目标和教学环境。没有一种方法适用于所有学生和情况，教师可以根据不同的因素来灵活选择和调整教学方法。

（一）语法－翻译法（Grammar-Translation Method）

语法－翻译法是传统的外语教学方法之一，其重视语法规则和词汇的记忆和应用。这种方法通过翻译文本和进行语法分析来教授语言知识。该方法适合注重阅读和写作能力的学生，但可能忽略了口语交流和听力理解的训练。

在语法－翻译法中，教师通常会引导学生逐句翻译文本，关注语法规则和词汇的使用。学生需要记忆和应用大量语法规则和词汇，以便准确地进行翻译和语法分析。这种方法强调了语法的准确性和词汇的丰富性，有助于培养学生的语言表达能力和写作能力。

语法－翻译法也存在一些局限性。这种方法过于注重语法和词汇的记忆和应用，可能忽略了语言的实际运用和交流能力。学生可能在口语交流和听力理解方面缺乏训练，难以流利地应用所学的语言知识。

语法－翻译法偏重书面语言的训练，可能无法满足学生实际语言运用的需求。在现实生活中，人们需要更多地掌握口语交流和听力理解的能力。而语法－翻译法主要注重写作和阅读能力的培养，可能无法提供足够的口语和听力训练。

语法－翻译法强调准确性，但对于学生的语言流利度和自信心的培养可能不够。语法－翻译法过于侧重语法规则和词汇的记忆和应用，可能使学生在语言表达时过于拘谨和不流畅。

语法－翻译法在某些情况下仍然具有一定的价值。例如，对于学习古代文学或专业领域的学生来说，掌握准确的语法规则和词汇是非常重要的。语法－翻译法可以帮助学生深入理解文本，并进行精确的翻译和分析。

语法－翻译法也可以作为其他教学方法的辅助手段。结合其他方法（如交际法、任务型教学等）可以更全面地培养学生的语言能力。例如，在教学中引入真实的交际活动，让学生运用所学的语法和词汇进行口语交流和听力理解。

（二）直接法（Direct Method）

直接法强调直接使用目标语言进行交流和学习。教师使用目标语言进行教学，应尽量避免使用学生的母语。该方法鼓励学生通过情境演练、对话和问答等方式进行语言学习。直接法注重口语交际能力的培养，但可能对语法知识的系统学习和理解重视程度不足。

直接法是一种强调语言应用的教学方法，旨在提高学生的口语交际能力和语言自信心。教师使用目标语言作为主要教学语言，创造各种情境和活动，以便学生能够直接使用目标语言进行交流。这种方法注重学生的参与和互动，通过模拟真实的语言环境，促进学生的语言运用能力和交际技巧的发展。

直接法强调语言学习的自然性和实用性。学生通过情境演练、对话和问答等活动，直接运用所学的语言知识进行交流。这样可以使学生更加熟悉和自如地运用目标语言，增强他们的口语表达能力和交际能力。

直接法也存在一些局限性。直接法对于一些语法规则和语言结构的系统学习和理解可能不足，学生可能在语法知识方面存在一定的缺陷，难以准确运用目标语言的语法规则。

直接法强调口语交际能力的培养，但可能忽略了其他语言技能的训练，如听力理解和阅读能力。学生可能在听力和阅读方面缺乏相应的训练和发展，从而影响他们对整体语言的理解和掌握。

在教学实践中，可以结合直接法与其他教学方法，以满足学生全面发展的需求。例如，可以通过组织角色扮演、小组讨论和真实情境的模拟等活动来培养学生的口语交际能力。同时，要重视语法知识的系统学习和理解，通过有针对性的语法教学活动和练习来帮助学生掌握语言规则和结构。

（三）阅读法（Reading Method）

阅读法强调通过大量阅读来提高语言能力。该方法注重阅读技巧和语境理解，通过阅读不同类型的文本来扩展词汇和理解语法结构。阅读法适合强调阅读理解和写作能力的学生，但可能忽略了口语交流和听力理解的训练。

（1）阅读法是一种以阅读为核心的教学方法，通过大量阅读来提高学生的语言能力。学生通过阅读各种类型的文本（如文章、故事、新闻等）来扩展词汇量、理解语法结构和掌握语言表达方式。这种方法注重培养学生的阅读技巧和语境理解能力，帮助他们在阅读过程中获取语言知识并运用到实际情境中。

（2）阅读法有助于学生扩展词汇量和提高语言理解能力。通过阅读大量文本，学生可以接触到丰富的词汇和语言表达方式，提升词汇水平和语感。同时，阅读可以让学生更好地理解和应用语法规则和句型结构。

（3）阅读法也存在一些局限性。阅读法注重的是阅读理解和写作能力的培养，可能忽略了口语交流和听力理解的训练。学生可能在口语表达和听力理解方面缺乏相应的训练和发展。

（4）阅读法对于一些学生来说可能过于枯燥和乏味。大量阅读练习可能会使学生失去兴趣和动力，影响他们的学习效果。因此，在教学中需要灵活运用不同的教学方法和资源，以激发学生的学习兴趣和积极性。

（5）阅读法对学生的阅读水平和理解能力要求较高。对于初级学生来说，阅读可能存在一定难度，难以有效地获取语言知识和理解文本。因此，教师需要根据学生的实际水平和需求，适度调整阅读材料和任务，以提供合适的挑战和支持。

尽管阅读法存在一些限制，但它仍然具有一定的价值。通过阅读不同类型的文本，学生可以扩展词汇量、理解语法结构，并提升阅读理解和写作能力。阅读法也可以培养学生的阅读技巧和独立学习能力，使他们能够在日常生活和学习中更好地应用所学的语言知识。

在实际语言教学中，可以结合其他教学方法，以满足学生全面发展的需求。例如，通过组织讨论和互动活动，培养学生口语交流和听力理解的能力。同时，教师可以提供适当的辅助材料和练习，以帮助学生更好地理解和运用阅读材料中的语言知识。

（四）沉浸式教学法（Immersion Method）

沉浸式教学法是一种创造真实语言环境的方法，学生置身于使用目标语言的环境中。这种方法通过生活和学习的全程都使用目标语言来促进语言习得。沉浸式教学法适合有机会接触目标语言环境的学生，可以有效提高听说能力，但可能需要长时间来掌握语法规则和培养书面表达能力。

沉浸式教学法强调在真实的语言环境中进行学习和交流。学生置身于使用目标语言的情境中，与母语人士或其他具有高水平语言能力的学生进行交流和互动。这种方法追求学生的全程沉浸，通过身临其境的体验来促进语言的习得。

沉浸式教学法注重口语交际能力的培养。学生需要在真实的语言环境中进行口语交流，提高听说能力和交际技巧。由于整个学习过程都使用目标语言，学生不仅可以学到正确的语音、词汇和句型，而且可以了解语言使用的文化背景和语境。

沉浸式教学法也存在一些局限性。这种方法需要学生有机会接触目标语言环境。对于身处非目标语言国家或地区的学生来说，难以实现真正的沉浸式学习。虽然可以通过参加语言交流活动、文化交流项目等方式来增加与目标语言环境的接触，但仍然存在一定的限制。

由于整个学习过程都使用目标语言，学生可能需要更长的时间来掌握语法规则和培养书面表达能力。沉浸式教学法注重口语交际能力的培养，可能相对忽略了其他语言技能的训练，如阅读理解和写作能力。因此，在教学中需要结合其他教学方法和资源，以满足学生全面发展的需求。

尽管沉浸式教学法存在一些限制，它仍然具有一定的价值。在接触真实的语言环境时，学生可以获得丰富的语言输入和实际的语言应用经验，提高他们的语言学习效果。沉浸式教学法还可以帮助学生更好地理解和运用目标语言的文化背景和语境，增强他们的跨文化交际能力。

在实际语言教学中，可以结合沉浸式教学法与其他教学方法，以满足学生全面发展的需求。例如，在沉浸式环境中进行口语交流和互动活动，同时要重视阅读理解和写作能力的培养，通过有针对性的教学活动和练习来帮助学生掌握语言规则和培养书面表达能力。

（五）交际法（Communicative Approach）

交际法强调通过真实的交际活动来促进语言习得。该方法注重学生的积极参与和真实情境的模拟，鼓励学生运用目标语言进行真实的交流。交际法适合强调实际应用和交流能力的学生，但可能需要额外的语法讲解和课堂指导。

交际法是一种以交流为核心的教学方法。该方法注重学生的实际语言运用能力。在交际法中，教师创造各种真实情境，并鼓励学生通过对话、讨论和角色扮演等方式进行真实的交流。这种方法强调学生的积极参与和互动，培养他们的口语表达能力和交际技巧。

交际法注重学生的实际语言运用能力。学生通过参与真实的交际活动（如模拟日常对话、讨论话题、演绎场景等）运用所学的语言知识进行交流。这样可以使学生更好地理解和掌握目标语言的实际运用方式，提高他们的语言表达能力和交际能力。

交际法也存在一些局限性。由于交际法注重实际语言运用，可能需要额外的语法讲解和课堂指导。学生在交流中可能会遇到一些语法问题，需要教师给予适当的解释和指导，以帮助他们理解和运用语言规则。

交际法可能忽略了其他语言技能的训练，如阅读理解能力和写作能力。尽管这种方法强调口语表达能力和交际能力的培养，但对于学生全面发展的需求来说，还需要结合其他教学方法和资源，以提高学生的综合语言能力。

交际法对于不同学生的适应性有一定的局限性。学生的学习风格、个体差异和背景知识等因素可能会影响他们对交际法的接受和效果。某些学生可能需要更多的语言指导和支持，以便更好地参与交际活动并获得进一步的语言习得。

尽管交际法存在一些限制，但它仍然具有一定的价值。通过真实的交际活动，学生可以在实际情境中应用所学的语言知识，提高他们的口语表达能力和交际技巧。交际法还可以培养学生的合作能力和跨文化交际能力，使他们在日常生活和学习中更好地应用所学的语言知识。

在实际语言教学中，教师可以将交际法与其他教学方法结合起来，以满足学生全面发展的需求。例如，在交际活动中引入一些语法讲解和练习，帮助学生理解和运用语言规则。同时，教师要重视阅读理解能力和写作能力的培养，通过有针对性的教学活动和练习来提高学生的综合语言能力。

二、外语教学方法实施

（一）设定明确的学习目标

在实施外语教学方法之前，教师需要设定明确的学习目标。学习目标应该具体、可测量，并与学生的需求和兴趣相匹配。明确的学习目标可以帮助教师确定适当的教学内容和方法。设定明确的学习目标对于外语教学至关重要，它是指导教师教学和学生学习的基准，能够帮助教师确定课程设计和教学策略。明确的学习目标还有助于学生了解自己的学习目标和期望，以及评估自己的学习进展。

1. 学习目标应该具体而清晰

学习目标应该明确描述学生预计在学习过程中能够达到的语言技能或知识水平。例如，一个具体的学习目标可能是"学生能够流利地用目标语言进行日常生活交流"，或者"学生能够理解和分析简单的目标语言文章"。

2. 学习目标应该是可测量的

这意味着教师和学生可以通过特定的评估工具来判断学生是否已经达到了学习目标。例如，通过口语表达任务、听力理解测试或写作作业来评估学生的语言能力。

3. 学习目标应该考虑学生的需求和兴趣

了解学生的学习目标和期望，以及他们的背景和兴趣爱好，这有助于教师设计相关和有意义的教学内容。这样可以增强学生的学习动机和参与度，并提高他们的学习成效。

为了设定明确的学习目标，教师可以采取以下方法。

（1）分析学生的需求和水平。了解学生的背景、目标和现有的语言水平，以确定他们的学习需求和目标。

（2）确定可测量的目标。将学习目标转化为具体且可测量的表达方式，以便教师和学生评估学习进展。

（3）考虑学生的兴趣和喜好。了解学生的兴趣和喜好，以便设计相关和有吸引力的教学内容，增强学生的学习动机。

（4）与学生共同制定目标。与学生合作，让他们参与到目标设定的过程中，使他们理解和认同设定的目标，并更有动力地实现目标。

（5）定期评估和调整目标。定期评估学生的学习进展，并根据需要调整和修订学习目标，以确保学习目标与学生的学习需求和实际情况相匹配。

（二）营造积极的学习氛围

在教学过程中，教师应营造积极的学习氛围，鼓励学生参与和表达。教师可以使用游戏、角色扮演、小组讨论等活动来提高学生的兴趣和参与度。积极的学习氛围有助于激发学生的学习动力和自信心。营造积极的学习氛围对于学生的学习效果和学习体验至关重要。教师可以通过鼓励学生参与和表达、创设有趣的学习活动、赋予学生自主学习的权利、提供及时的反馈和认可，以及尊重学生的个体差异等方式来营造积极的学习氛围。这样可以激发学生的学习动力和自信心，促进他们全面发展。

（1）营造积极的学习氛围对于学生的学习效果和学习体验至关重要。积极的学习氛围能够激发学生的学习兴趣和主动性，使他们更愿意参与到课堂活动中，发挥出他们的潜力。

①鼓励学生参与和表达。教师应该给予学生充分的机会来参与课堂活动，并鼓励他们表达自己的观点和想法。教师可以采用开放性问题、小组讨论、角色扮演等方式激发学生思考和积极参与。

②创设有趣的学习活动。教师可以使用游戏、竞赛、故事等有趣的学习活动吸引学生的注意力并增强他们的参与度。这些活动可以使学习过程更加轻松和愉快，激发学生的学习兴趣。

③赋予学生自主学习的权利。教师应该鼓励学生独立思考和解决问题。给予学生一定选择权和自主决策的权利，在学习过程中培养他们的自信心和责任心。

④提供及时的反馈和认可。教师应该及时给予学生反馈，并肯定他们的努力和进步。这种正向的反馈和认可可以激发学生的自信心，增强他们对学习的积极性。

⑤尊重学生的个体差异。教师应该尊重学生的个体差异，关注每名学生的需求和兴趣。通过灵活地调整教学策略和活动满足不同学生的学习需求，提高他们的参与度和学习效果。

（2）营造积极的学习氛围对于学生的学习成果和发展具有重要影响。积极的学习氛围可以激发学生的学习动力，增强他们对学习的自信心，并促进他们全面发展。

（3）营造积极的学习氛围需要持之以恒的努力。通过持续关注学生的需求和反馈，灵活调整教学策略和活动，教师可以不断改善学习氛围，提高学生的学习体验和学习成果。

（三）结合多种教学资源

教师教学可以结合多种教学资源，如教科书、多媒体资料、互联网资源等。多样化的教学资源有助于丰富教学内容和提供不同类型的语言输入。此外，教师还可以鼓励学生使用自己的兴趣爱好和实际生活经验来进行语言学习。

（1）多样化的教学资源是丰富教学内容的重要手段之一。教师可以选择合适的教科书和课程材料，以确保学生在学习过程中获得系统和全面的语言知识。教科书提供了一个有组织的框架，帮助教师设计教学计划和安排教学活动。同时，教师可以通过多媒体资料和互联网资源来增加教学的多样性和灵活性，以满足学生不同的学习需求和兴趣。

（2）多样化的教学资源还可以提供不同类型的语言输入。通过使用多种教学资源，教师可以提供丰富的听力材料、阅读材料和口语表达机会，以帮助学生扩展词汇量、理解语法规则和提高语言表达能力。例如，教师可以使用录音和视频材料来提供真实的语言输入和模拟真实情境，以帮助学生更好地理解和运用目标语言。

（3）鼓励学生利用自己的兴趣爱好和实际生活经验进行语言学习。通过与学生交流和了解他们的兴趣爱好，教师可以引导学生运用目标语言来描述自己的兴趣、讨论感兴趣的话题，或者参与相关的项目和活动。这样可以使学生更加主动地参与到语言学习中，增强他们的学习动机和学习效果。

（4）为了有效地利用多样化的教学资源，教师可以采取以下策略。

①选择合适的教学资源。教师应根据学生的需求和教学目标，选择合适的教科书、多媒体资料和互联网资源。这些资源应该符合课程要求，并能够满足学生的学习需求。

②设计多样化的教学活动。教师可以设计各种不同类型的教学活动（包括听力训练、阅读理解、口语表达等），以利用多样化的教学资源。这些活动可以帮助学生全面发展各方面的语言能力。

③激发学生的学习兴趣。教师可以根据学生的兴趣和实际生活经验，设计与之相关的教学活动。结合学生的兴趣爱好，增强他们的学习动机和参与度。

④引导学生独立使用资源。教师应该培养学生独立使用教学资源的能力。通过教授学生如何搜索、评估和应用互联网资源，帮助他们在学习中更有效地利用多样化的教学资源。

（四）提供及时的反馈和指导

在实施外语教学方法时，教师应及时提供反馈和指导。反馈可以是口头或书面的，可以针对学生的发音、语法、词汇或交流能力进行。及时的反馈和指导有助于学生纠正错误和加强学习效果。这种个性化的关注和支持有助于学生建立自信、改善语言技能，并在语言学习中取得更好的成绩。

（1）提供及时的反馈和指导是外语教学中不可或缺的一部分。帮助学生了解他们在语言学习中的进展和不足之处，并为他们提供具体的改进建议。

（2）反馈可以是口头反馈或书面反馈。口头反馈可以通过教师与学生的交流来进行，如在课堂上给予学生鼓励、肯定或指导。教师可以就学生的发音、语法用法、词汇选择等方面提供具体的反馈。书面反馈可以通过批改学生的作业、写评论或评估表等形式来进行。无论是口头反馈还是书面反馈，都应该明确、具体，并与学生的学习目标相匹配。

（3）指导是指对学生的错误进行纠正和解释，以及提供相关的语言模型和例句。当学生在语言使用中出现错误时，教师可以通过纠正错误并给予解释来帮助他们理解正确的语言用法。同时，教师可以提供相关的语言模型和例句，以帮助学生更好地掌握语言规则和表达方式。

（4）为了有效提供反馈和指导，教师可以采取以下策略。

①及时性：及时提供反馈可以让学生立即了解他们的学习情况，有助于快速纠正错误并加深对正确方法的理解。

②个性化：个性化反馈能够考虑每名学生的独特性，包括他们的学习风格、能力水平和兴趣点，有助于提高学生的学习动机和效率。

③具体性：具体明确的反馈能够帮助学生理解具体哪些地方做得好，哪些地方需要改进，以及如何改进，这样学生就可以有针对性地进行学习。

④鼓励性：鼓励性的反馈能够增强学生的自信心，即使是指出错误，但同时强调

学生的努力和进步，也会激发他们继续学习的动力。

（五）促进自主学习和反思

在外语教学中，教师应鼓励学生进行自主学习和反思。学生可以自主选择学习材料、制订学习计划，并进行学习成果的评估。同时，学生可以通过反思和总结来提高学习效果和深化理解。鼓励学生进行自主学习和反思可以培养学生的学习能力和自主性，使他们能够更有效地管理和组织自己的学习。此外，学生通过反思和总结，可以更深入地理解学习内容，并不断提高自己的学习效果和成绩。

（1）自主学习是指学生能够独立制订学习目标、选择学习材料和方法，并积极参与到学习过程中。教师应该鼓励学生发展自主学习的能力，培养他们的学习动机和自我管理能力。教师可以通过以下方式促进学生的自主学习。

①提供学习资源和指导。教师可以为学生提供丰富的学习资源（如图书馆资料、电子学习平台、网上课程等），以便学生根据自己的需求选择合适的学习材料。同时，教师可以提供指导，帮助学生了解如何有效地利用这些资源。

②引导学生制订学习计划。教师可以引导学生制订个人学习计划，包括设定学习目标、规划学习时间和选择学习策略等。通过制订学习计划，学生可以更好地组织和管理自己的学习。

③鼓励学生合作学习。教师可以鼓励学生进行小组合作学习，让他们共同制订学习目标、分工合作、互相学习和反馈。这样可以培养学生的合作能力和团队意识，并促进他们提高学习效果。

④提供学习评估机会。教师可以为学生提供学习评估的机会，让他们对自己的学习成果进行反思和评估。这可以通过测试、作业、项目报告等形式来实现。学生可以根据评估结果调整学习策略和目标，不断提高学习效果。

（2）反思是指学生对自己的学习过程进行思考和总结。通过反思，学生可以深化对学习内容的理解，发现问题并寻找解决办法，从而提高学习效果。教师可以通过以下方式促进学生反思。

①提出问题，引导反思。教师可以在课堂上提出问题，引导学生思考和回顾学习过程中遇到的问题、困难以及解决办法。通过讨论和分享，学生可以从彼此的经验中获得启发和反思。

②鼓励学生写反思日记。教师可以鼓励学生写每次学习后的反思日记，记录自己的学习过程、困惑和收获。这样可以帮助学生更深入地思考和总结自己的学习经验，发现自己的不足，找到改进方向。

③提供反馈和指导。教师在给予学生反馈和指导的同时，可以引导学生对自己的学习进行反思。通过与学生的交流和讨论，教师可以帮助学生分析问题所在，并提供相关的解决方案和建议。

④促进同伴评价和互动。教师可以鼓励学生进行同伴评价和互动，让他们互相分享学习体会和经验，并提供互相反馈。这样可以促进学生之间的合作和学习共同体的形成。

第七章 商务英语学习者的需求分析

第一节 强烈的工作需求

随着经济全球化的发展，商务英语的重要性日益突出。商务英语学习者是那些在商业环境中工作或追求职业发展的人士。他们对于提高自身的商务英语能力有着强烈的需求。

商务英语学习者具有一定的职业背景和工作经验，面临着时间压力和直接应用的需求。他们迫切需要提升自己的商务沟通能力、掌握专业商务知识和术语、提高商务谈判和演示技巧、增强跨文化意识和国际商务素养，以及加强商务写作和报告撰写能力。

一、商务英语学习者工作需求

（一）提升商务沟通能力

商务英语学习者迫切需要提升自己的商务沟通能力。他们需要改善口语表达能力，以便与客户、合作伙伴和团队成员进行有效的沟通。

1. 口语练习

教师可以设计各种口语练习活动，如角色扮演、模拟商务会议或商务演讲等。通过这些活动，学习者可以在真实的情境中练习商务英语的口语表达，并增强自信心和流利度。

2. 商务词汇和表达训练

教师应注重商务词汇和表达方式的训练，帮助学习者掌握商务英语中常用的词汇和短语，以及适当的商务礼仪和沟通方式。通过反复练习和模仿，学习者可以提高商务口语的准确性和专业性。

3. 听力材料和练习

教师可以提供丰富的商务听力材料，如商务谈判录音、商业演讲或电话会议的录音等。学习者可以通过听取这些材料完成相应的听力理解练习，提高自己的听力理解能力和反应速度。

4. 听说训练

教师可以设计各种听说训练活动，如听取商务对话并回答相关问题、听写商务讲座内容或进行口头总结等。这些活动可以帮助学习者将听力和口语技能结合起来，提高他们在商务环境中的沟通能力。

5. 商务交际技巧

教师可以教授学习者一些商务交际技巧，如如何建立良好的商业关系、如何有效地进行商务谈判和如何处理商务冲突等。这些技巧有助于学习者在商务沟通中更加自信和成功。

（二）掌握专业商务知识和术语

商务英语学习者需要掌握与商务领域相关的专业知识和术语。他们需要了解并正确运用商务术语、商业名词和商务文件的写作格式，以便在商业交流和文件撰写中准确传达信息。

1. 专业词汇和术语教学

教师应重点教授与商务领域相关的专业词汇和术语（包括特定行业的术语、商业名词和常用缩写等）。通过课堂教学和练习，学习者可以逐步掌握并正确运用这些专业词汇和术语。

2. 商务文件写作指导

教师可以提供商务文件写作的指导和范例，如商业电子邮件、商务报告、商务计划书等。教师应注重商务文件的结构、格式和语言风格，让学习者了解并掌握正确的商务写作技巧。

3. 实践项目和任务

教师可以组织学习者参与实践项目和任务，如编写商务邮件、准备商务报告、分析商业案例等。

4. 阅读和听力材料

教师可以提供与商务领域相关的阅读和听力材料，如商业新闻、商务讲座、商业文献等。通过阅读和听取这些材料，学习者可以进一步了解商务领域的专业知识和术语，并加强对其应用的理解。

5. 个性化指导

教师应根据学习者的具体需求和目标，提供个性化的教学和指导。不同行业和领域的商务术语和写作要求各有不同，教师可以根据学习者的需求，提供针对性的教学和学习资源。

（三）提高商务谈判和演示技巧

商务英语学习者希望提高自己的商务谈判和演示技巧。他们需要学习有效的谈判策略、沟通技巧和演示技巧，以在商务会议、客户拜访和合同谈判等场合中取得成功。

1. 谈判策略教学

教师应教授学习者一些有效的谈判策略和技巧，如确定目标、分析对手、寻找共同利益、提出合理的建议和妥协等。学习者可以在案例分析和角色扮演活动中运用这些策略，提高自己的商务谈判能力。

2. 沟通技巧培养

教师可以教授学习者一些重要的沟通技巧，如积极倾听、明确表达、善于提问和应对异议等。通过练习和模拟，学习者可以提升自己的口头表达能力和人际交往技巧，使自己在商务谈判中更加自信和成功。

3. 演示技巧指导

教师可以提供演示技巧的指导，帮助学习者进行有效的商务演示。这包括清晰的结构安排、生动的语言表达、合适的图表和视觉辅助工具应用等。通过反复练习和反馈，学习者可以提高自己的演示能力和说服力。

4. 角色扮演和模拟活动

教师可以设计各种角色扮演和模拟活动，让学习者在真实情境中练习商务谈判和演示。例如，学习者可以扮演销售代表、采购经理或谈判专家，让自己在与其他学习者的互动中提升自己的商务技巧和应对能力。

（四）增强跨文化意识和国际商务素养

由于商务活动涉及不同国家和地区的合作伙伴，商务英语学习者迫切需要增强跨文化意识和国际商务素养。因此，他们需要了解不同文化背景下的商务礼仪、价值观和商业实践，以建立良好的商务关系并避免文化冲突。

（五）加强商务写作和报告撰写能力

商务英语学习者需要加强商务写作和报告撰写能力。他们需要学习商务电子邮件、商业信函、商务报告和市场营销文案等的写作规范和格式要求，以便在工作中能够准确表达自己的意见和想法。

1. 写作规范和格式指导

教师应教授学习者商务写作的规范和格式要求，包括书信格式、段落结构、语言风格和标点符号等。通过示范和练习，学习者可以掌握正确的商务写作技巧和表达方式。

2. 商务写作范例和模板

教师可以提供商务写作范例和模版（如商务电子邮件、商业信函、商务报告等），让学习者参考和借鉴。学习者可以根据范例和模板进行修改和适应，以满足不同的商务写作需求。

3. 实践项目和任务

教师可以组织学习者参与实践项目和任务（如编写商务邮件、准备商务报告、分析市场营销案例等）。在实践项目和任务中，学习者可以运用所学的商务写作知识和技巧来撰写和表达，提升自己的实践能力和写作水平。

4.语言表达和逻辑思维训练

教师可以进行语言表达和逻辑思维的训练，帮助学习者准确表达自己的观点和想法。这包括使用清晰简洁的语言、合理组织结构和论证、注重逻辑连贯性等方面的训练。

5.个性化指导

教师应根据学习者的具体需求和目标，提供个性化的商务写作指导。不同行业和领域的商务写作要求可能有所差异，教师可以针对学习者的需求，提供相应的案例分析和实践指导。

二、满足商务英语学习者工作需求的方法

（一）提供实际案例和真实场景模拟

实际案例和真实场景模拟有助于学习者更好地理解和运用商务英语，培养他们在实践中的应用能力。以下是一些具体方法和活动。

1.角色扮演

教师可以组织学习者进行角色扮演，让他们扮演不同的商务角色，如销售代表、谈判代表、项目经理等。通过模拟商务场景，学习者可以运用所学的商务英语与其他学习者互动，并解决实际情境中可能出现的问题。

2.案例分析

教师可以选择一些实际商务案例，让学习者进行分析和讨论。通过分析案例，学习者可以了解真实的商务环境和挑战，并提出适当的解决方案。这有助于学习者将理论知识与实际情况相结合，提高他们的解决问题能力和商务思维。

3.模拟商务交流

教师可以组织模拟商务交流活动，如商务会议、电话谈判、客户拜访等。通过模拟这些场景，学习者可以运用所学的商务英语进行交流和协商，并获得实际操作的经验。教师可以提供反馈和指导，帮助学习者改进他们的沟通技巧和表达能力。

4.实践项目

教师可以组织学习者参与实际商务项目，如撰写商务邮件、准备商务报告、开展市场调研等。在这些实践项目中，学习者可以运用所学的商务英语知识和技能提高他们在实际工作中的应用能力和专业水平。

（二）强调实践和反馈

商务英语学习者需要进行大量实践和反馈。教师可以组织学习者参与商务实践项目，如撰写商务邮件、准备商务报告、进行市场调研等。

通过商务实践项目，学习者有机会将所学的商务英语知识和技能应用于实际工作中。他们可以通过撰写商务邮件与客户沟通，通过准备商务报告向团队或上级汇报，

通过进行市场调研来获取相关信息。在这些实践项目中，学习者需要运用正确的商务用语、专业的写作风格和准确的表达方式。教师可以为学习者提供具体的任务要求，并给予实时的指导和反馈。

在实践过程中，教师可以指导学习者注意商务写作的规范，包括邮件格式、报告结构和语言风格。教师还可以检查学习者的写作内容，指出存在的问题并提供改进建议。通过及时的反馈和指导，学习者可以逐渐改善商务英语表达能力。

教师还可以引导学习者进行同行评审或小组讨论，以促进学习者之间的互动和交流。学习者可以相互检查和修改彼此的写作，并分享经验和观点。这种合作和反馈机制有助于学习者从不同角度审视自己的写作，并提高他们的商务英语表达水平。

（三）注重个性化学习计划

根据学习者的职业背景和工作需求，教师可以制订个性化的学习计划，以满足学习者的需求并提高学习效果。个性化的学习计划应包括以下几方面。

1. 确定学习目标

与学习者一起讨论并确定明确的学习目标。这些目标应与学习者的职业背景和工作需求相符。例如，学习者可能希望提高商务写作能力、加强商务谈判技巧、提升跨文化沟通能力等。确定具体的学习目标有助于学习者更有针对性地进行学习和实践。

2. 选择适当的课程和学习材料

根据学习者的学习目标，教师可以为其推荐或提供适合的商务英语课程和学习材料。这些课程和材料可以涵盖商务写作、商务口语、商务谈判、跨文化交际等不同领域的内容。选择适当的课程和材料有助于学习者系统地学习所需的知识和技能。

3. 灵活安排学习时间和方式

关于学习者的工作时间和个人时间安排，教师应提供灵活的学习时间和方式。这可以包括提供在线学习资源，允许学习者根据自己的节奏进行学习，并安排适当的学习任务和截止日期。安排灵活的学习时间和方式可以使学习者更好地管理自己的学习进度，并将学到的知识和技能应用于实际工作中。

4. 定期评估和调整

教师应对学习者定期进行评估，了解他们的学习进展和需求，并根据情况进行相应的调整。这可以包括重新设定学习目标、更换学习材料、调整学习计划。定期评估和调整有助于确保学习者在学习过程中始终保持动力和兴趣，并根据情况进行相应的调整，如设定更具体的目标、选择更适合的学习材料或优化学习计划等。

（四）提供专业商务素材和资源

专业的商务素材和资源可以满足学习者对实际应用的需求。学习者可以借助这些素材和资源，深入了解商务领域的实际情况和案例，并进行相关的讨论和分析。这样可以使学习者更加贴近真实商务环境，提高他们的商务英语应用能力和职业竞争力。学习者还可以通过阅读和分析这些素材扩展自己的商务词汇，改善自己的表达方式，提升自己的商务写作能力和口语表达水平。

这些素材和资源可以包括以下内容。

1. 商务新闻

教师应提供最新的涵盖不同行业和地区的商业动态和趋势的商务新闻。学习者通过阅读这些新闻，了解全球商业环境和市场变化，从而更好地理解商务英语的实际应用。

2. 商业协议

教师可以提供商业协议的范例和模板，让学习者了解商务合作中常见的条款和条件。学习者通过分析这些协议，并讨论其中的法律和商业问题，加深对商务合作的理解和认识。

3. 市场调研报告

教师可以给学习者分享一些市场调研报告，介绍不同产品或服务的市场潜力、竞争情况和消费者需求等。学习者可以通过分析这些报告了解市场趋势和机会，并运用所学的商务英语知识撰写市场调研报告。

4. 商务案例

教师可以选择一些商务案例让学习者进行分析和讨论。这些案例可以涵盖各种商务领域，如市场营销、人力资源、国际贸易等。学习者可以从案例中了解实际商业问题和挑战，并运用所学的商务英语知识提出解决方案。

第二节　实用性导向

商务英语学习者具有一定的职业背景和工作经验，对于学习商务英语的实用性导向需求非常强烈。他们希望通过学习提升商务沟通能力、掌握专业商务知识和术语、提高商务谈判和演示技巧、增强跨文化意识和国际商务素养。为了满足他们的实用性导向需求，教师和培训机构可以制定实际应用的学习目标、提供实际案例和真实场景模拟、强调实践和反馈、注重个性化学习计划、提供专业商务素材和资源。通过这些努力，教师可以更好地满足商务英语学习者的实用性导向需求，提高他们的商务英语能力。

一、商务英语学习者的实用性导向需求

商务英语学习者追求实用性导向的教学，以满足他们在工作中的实际需求。以下是商务英语学习者的实用性导向需求。

（一）提升商务沟通能力

商务英语学习者希望通过学习提升其商务沟通能力，这包括口语表达和听力理解两个方面。一方面，商务英语学习者希望改善口语表达能力，以便与客户、合作伙伴和团队成员进行有效的沟通。在商务环境中，清晰、流利且有说服力的口语表达是至

关重要的。另一方面，商务英语学习者还需要加强听力理解能力，以更好地理解他人的意图和要求。在商务环境中，准确理解他人的信息对于有效沟通至关重要。为了满足学习者的需求，教师可以采取以下措施。

1. 提供商务口语训练

教师可以组织学习者进行商务口语练习，如角色扮演、小组讨论或模拟商务会议等。通过这些活动，学习者可以练习使用商务用语，提高口语表达的流利度和准确性。

2. 强调商务交际技巧

除了语言表达，教师还应注重商务交际技巧的培养。这包括学习者的身体语言、声音的节奏和语调、适当的礼仪等。教师可以提供指导，并组织相关的训练活动，帮助学习者在商务场景中更好地展示自己的专业形象和交际技巧。

3. 提供商务听力材料

教师可以提供商务听力材料，如商务会议录音、商务谈判模拟或商务讲座等。通过学习这些材料，学习者可以锻炼听力技巧，提高对商务场景中各种口音和语速的理解能力。

4. 进行听力练习和活动

教师可以组织听力练习和活动，如听取商务电话录音并回答相关问题，或者进行商务对话听写等。这样的活动可以帮助学习者培养集中注意力、捕捉关键信息和理解上下文的能力。

（二）掌握专业商务知识和术语

商务英语学习者希望掌握与商务领域相关的专业知识和术语，这对于他们在商业交流和文件撰写中准确传达信息至关重要。

1. 提供专业商务词汇和术语

教师可以提供学习者所需的涵盖不同商务领域内容的商务词汇和术语。这些词汇和术语可以通过课堂教学、课后习题或在线学习资源来教授。学习者可以通过反复练习，逐渐熟悉使用这些词汇和术语，并准确运用于实际工作中。

2. 强调商务文件写作格式

商务英语学习者需要了解商务文件的写作格式，包括商务邮件、报告、合同等。教师可以提供范例和指导，讲解每种文件的结构、语言风格和常见写作要点。学习者可以通过模仿和实践提升自己的商务写作能力，并正确传达信息。

3. 分析商务文件和案例

教师可以选择一些商务文件和案例，引导学习者进行分析和讨论。通过分析商务文件和案例，学习者可以更好地理解商务写作的要求，并运用所学的知识进行实践。

4. 进行商务写作训练

教师可以组织商务写作训练活动，如商务邮件撰写、报告准备和商务提案等。通过这些训练活动，学习者可以在实际情境中运用所学的商务英语知识和技能锻炼自己的写作能力，并得到有针对性的反馈和指导。

（三）提高商务谈判和演示技巧

商务英语学习者迫切希望提高商务谈判和演示技巧，这对于他们在商务会议、客户拜访和合同谈判等场合中取得成功至关重要。

1. 教授有效的谈判策略

教师可以向学习者介绍不同的谈判策略（包括利益识别、目标设定、信息收集、提案与反驳等），并讲解它们的应用场景和技巧。通过这些策略，学习者可以更好地规划和执行商务谈判，提高达成协议的成功率。

2. 培养有效的沟通技巧

商务谈判离不开良好的沟通技巧。教师可以帮助学习者提升他们的口头表达能力、倾听技巧和解决问题能力。例如，教授学习者如何明确表达自己的意见、正确运用肢体语言、使用积极的回应技巧等。通过培养这些沟通技巧，学习者可以更好地与他人交流和协商，提高谈判的成功率。

3. 提供演示技巧培训

商务演示是向客户或合作伙伴展示产品、服务、想法的重要环节。教师可以教授学习者如何准备和进行有效的商务演示。这包括演示结构的设计、使用图表和图像的技巧、适当的语言和声音运用等。通过提供演示技巧培训，学习者可以提高演示能力，吸引并说服观众。

4. 模拟商务谈判和演示活动

为了让学习者实践所学的谈判和演示技巧，教师可以组织模拟商务谈判和演示活动。学习者可以扮演不同角色，在模拟的商务场景中运用所学的技巧进行实践。教师可以提供反馈和指导，帮助学习者改进谈判和演示技能。

（四）增强跨文化意识和国际商务素养

商务英语学习者在跨国商务活动中需要增强跨文化意识和国际商务素养。他们需要了解不同文化背景下的商务礼仪、价值观和商业实践，以建立良好的商务关系并避免文化冲突。

1. 提供跨文化培训

通过提供跨文化培训，介绍不同国家和地区的商务礼仪、沟通方式和价值观。学习者可以了解各种文化的商务交际规则和行为准则，如在会议中的礼仪、商务谈判的策略和跨文化沟通技巧等。通过这样的培训，学习者可以增强对不同文化背景下商务活动的理解和适应能力。

2. 分析跨文化案例和场景

教师可以选择一些跨文化案例和场景，引导学习者进行分析和讨论。学习者可以从这些案例中学习到不同文化间的差异和共通之处，了解可能出现的文化冲突，并探讨解决方案。通过分析跨文化案例和场景，学习者可以提高对跨文化商务活动的认知和应对能力。

3. 强调尊重和敏感性

教师应强调尊重和敏感性在跨文化商务中的重要性。学习者需要理解并尊重不同文化背景下的价值观和行为准则。教师可以引导学习者思考如何适应和融入其他文化环境，并避免冒犯或误解他人的行为。

4. 提供文化资源和实践机会

教师可以提供相关的文化资源（如图书、文章、视频等），以便学习者深入了解不同文化的商务实践和惯例。同时，教师可以组织学习者参与跨文化交流的实践机会，如与来自其他国家的学生进行合作项目、参观国际企业、参加国际商务会议等。这样的实践机会可以帮助学习者亲身体验不同文化之间的差异和交流挑战，提升跨文化意识和国际商务素养。

二、实用性导向教学实施

为了满足商务英语学习者的实用性导向需求，以下是一些实施建议。

（一）制定实际应用的学习目标

制定与学习者实际需求相符的学习目标。这些目标应该具体、可测量，并与学习者的工作需求相匹配。例如，学习者可以设定提升商务演讲技巧或掌握特定行业的专业术语为目标。

（二）提供实际案例和真实场景模拟

通过提供实际案例和真实场景模拟，教师帮助学习者将所学的商务英语知识和技能应用于实际工作中。通过角色扮演、案例分析和模拟商务交流等活动，让学习者尽可能地接近实际工作环境，培养他们在实践中运用商务英语的能力。

（三）强调实践和反馈

商务英语学习者需要进行大量实践和反馈。教师应提供丰富的商务实践机会，如商务会议、项目演示和谈判模拟等，并及时提供反馈和指导，以帮助学习者改进和提高自己的商务英语能力。

（四）注重个性化学习计划

教师应根据学习者的职业背景和工作需求制订个性化的学习计划。这包括确定学习目标、选择适当的课程和学习材料，以及安排灵活的学习时间和方式。个性化的学习计划有助于满足学习者的实际需求并提高学习效果。

（五）提供专业商务素材和资源

教师为学习者提供专业的商务素材和资源（包括商务新闻、商业协议、市场调研报告等），以帮助他们了解商务领域的实际情况和案例，以便他们在学习过程中进行相关讨论和分析。专业的商务素材和资源有助于满足学习者对实际应用的需求。

第三节　多样化学习方式

随着信息技术的发展和教育方法的多样化，商务英语学习者可以选择各种不同的学习方式来提高商务英语能力。学习者可以根据自己的需求、兴趣和学习风格选择适合自己的学习方式。传统课堂教学、在线学习、自主学习、听力训练、口语练习、阅读和写作练习、视听资源、社交化学习和实践应用都是常见的学习方式。为满足商务英语学习者的多样化需求，教师可以综合使用多种学习方式，提供丰富多样的学习资源，强调实践和反馈，鼓励合作学习，并制订个性化的学习计划。

一、多样化学习方式的内容

每种学习方式都有独特的优势和适用场景。综合运用多种学习方式，可以让商务英语学习者全面提升商务英语能力。学习者可以根据自己的学习需求和偏好选择合适的学习方式，并持续努力和实践，以达到商务英语学习的最佳效果。

（一）传统课堂教学

传统课堂教学是一种常见的学习方式，教师通过面对面的教学来传授商务英语知识和技能。教师可以组织课堂活动（如听力训练、口语练习、角色扮演等）帮助学习者提高商务沟通能力。在传统课堂教学中，教师可以通过讲解商务英语的基本概念、语法规则和词汇为学习者建立起坚实的语言基础。这些活动有助于学习者锻炼口语表达能力，增强团队合作精神，并提高应对商务挑战的能力。

传统课堂教学还提供了学生与教师面对面互动的机会，学生可以随时向教师提问并获得即时的反馈和指导。这种互动和个性化的指导有助于学习者更好地理解商务英语的复杂概念和技巧，并及时纠正错误，提高学习效果。

（二）在线学习

在线学习是一种灵活且方便的学习方式，通过互联网提供学习资源和交流平台。学习者可以通过在线课程、教学视频、练习题等学习材料来提高商务英语能力。在线学习还可以提供个性化的学习体验和即时的学习反馈。

在线学习具有时间和地点的灵活性，学习者可以根据自己的安排选择合适的学习时间和地点。他们可以按照自己的进度进行学习，重复学习以加深理解，并随时与其他学习者和教师进行在线交流和讨论。

在商务英语的在线学习中，学习者可以通过观看教学视频和听取录音来提高听力理解能力。同时，他们可以通过在线练习题和作业来巩固所学的知识，并获得即时的反馈和评估。这种个性化的学习反馈有助于学习者及时发现并纠正自己的错误，提高学习效果。

（三）自主学习

自主学习是一种独立学习的方式，学习者可以根据自己的需求和时间安排来选择学习内容和学习方法。他们可以通过阅读商务英语教材、参加线上论坛、听商务英语播客等方式来提高商务英语能力。

自主学习强调学习者的主动性和自律性，学习者可以按照自己的学习风格和节奏进行学习。他们可以自行选择合适的学习资源，并结合实际情境进行学习和实践。例如，他们可以通过阅读商务新闻和文档来扩展词汇和了解商务实践，或者通过模拟商务对话和写作练习来提升口语和写作能力。

在自主学习中，学习者需要具备良好的自我管理能力和学习计划制订能力。他们需要制定学习目标和学习计划，并保持学习的连贯性和持续性。

（四）听力训练

商务英语学习者可以通过听力训练来提高听力理解能力。他们可以听商务英语广播、商业讲座、商务会议录音，并进行听后练习和笔记整理，以增强商务英语的听力理解能力。

在听力训练中，学习者可以选择不同难度和语速的听力材料，并反复听取和练习。他们可以尝试跟读录音，模仿语音和语调，并注意听取关键信息和上下文的联系。同时，学习者可以做听后练习，如回答问题、填空或总结要点等，以检验自己的听力理解能力。

这些视听资源可以帮助学习者熟悉商务英语的语音和表达方式，并了解商务活动中的实际情况和场景。

（五）口语练习

口语练习是提高商务英语口语表达能力的重要方式。学习者可以通过与教师、同伴或语言交换伙伴进行口语练习（如商务会话、角色扮演、模拟商务谈判等），以提高商务英语口语流利度和准确性。

在口语练习中，学习者可以模仿教师或其他母语人士的发音和语调，并积极参与对话和讨论。他们可以选择不同的商务情境和角色进行角色扮演，并运用所学的商务英语词汇和句型进行表达。同时，学习者可以通过录制自己的口语练习并进行回放，以及接受他人的反馈和指导来提高口语表达能力。

（六）阅读和写作练习

商务英语学习者可以通过阅读商务英语文档、商业新闻和专业文章来提高阅读理解能力。同时，他们可以通过写商务邮件、商业报告和市场营销文案等来提高商务英语写作能力。

在阅读练习中，学习者可以选择各种商务英语材料，并注重理解主旨、抓取关键信息和推断上下文意思。他们可以做阅读理解练习（如回答问题、填空或总结要点等），以提高对商务英语的理解和应用能力。

在写作练习中，学习者可以选择不同类型的商务文档和写作任务，并注意写作规范和格式要求。他们可以通过练习写商务邮件、商业报告、市场营销文案等，提高写作的准确性、连贯性和逻辑性。同时，学习者可以请教师或其他专业人士对自己的写作进行评估和指导，以不断改进和提高写作水平。

（七）视听资源

学习者可以通过观看商务英语视频、商业演讲、商务会议录像来提高商务英语能力。在观看和听取视听资源时，学习者可以注意演讲者的发音、语速和语调，理解演讲者所表达的关键信息和观点。同时，学习者可以观察演讲者的肢体语言和表达技巧，以借鉴和应用于商务沟通中。

学习者还可以利用商务英语播客和商业新闻节目等视听资源提高自己对商务英语的听力理解能力，并扩充商务词汇和知识储备。

（八）社交化学习

社交化学习是指通过与其他学习者进行互动和合作来提高商务英语能力。学习者可以参加商务英语学习小组、线上论坛或语言交换活动，与其他学习者共同学习和分享经验。

在社交化学习中，学习者可以与其他学习者进行讨论和互助，并分享自己的学习成果和体会。他们可以互相纠正错误，提供反馈和建议，从而不断改进和提高商务英语能力。

学习者还可以利用社交媒体平台和在线学习社区扩大与其他学习者的联系，并获取更多学习资源和学习机会。通过与其他学习者的互动，学习者可以拓宽视野、了解不同的学习方法和经验，进一步提升商务英语能力。

（九）实践应用

实践应用是指将所学的商务英语知识和技能应用于实际工作场景中。学习者可以积极参与商务活动（如商务会议、客户拜访或项目演示等），并运用所学的商务英语进行沟通和交流。

在实践应用中，学习者可以运用所学的商务英语知识和技能与他人进行商务会话、商务谈判或商务邮件交流。通过实践应用，学习者可以不断提升商务英语能力，并将其转化为实际工作中的成果和效益。

学习者还可以通过参与商务项目、担任商务角色、参加商务竞赛等方式来锻炼和展示自己的商务英语能力。这样的实践应用有助于学习者更好地理解商务活动的复杂性和挑战性，并逐步提高自己在商务领域的竞争力和职业发展机会。

二、多样化学习方式应用

商务英语学习者可以根据自己的需求和兴趣选择合适的学习方式，并获取多样化的学习体验和支持。这将有助于他们全面提高商务英语能力，更好地应对跨文化沟通和国际商务挑战。

为了满足商务英语学习者的多样化需求，以下是一些应用建议。

（一）综合使用多种学习方式

综合使用多种学习方式是满足商务英语学习者多样化需求的重要策略。不同学习方式各有优势，综合使用可以充分发挥各种方式的效果，提供更全面、个性化的学习体验。

在传统课堂中，学习者可以与教师和同伴进行互动，现场实践口语表达和沟通技巧。教师可以组织各种活动（如角色扮演、小组讨论和情境模拟）帮助学习者灵活运用所学的商务英语知识。使用在线学习，学习者不仅可以自由安排学习时间和地点，而且可以使用在线学习提供的多样化的学习资源，如视频课程、教学资料和练习题。学习者可以根据自己的学习进度和兴趣选择学习内容，并随时与其他学习者和教师进行在线交流和讨论。

自主学习强调学习者的主动性和自律性，学习者可以根据自己的学习风格和节奏进行学习。他们可以利用各种学习资源（如商务英语书籍、在线课程和学习社区）自主进行阅读、听力练习和写作训练。综合使用多种学习方式有助于满足不同学习者的需求和学习风格。有些学习者喜欢传统课堂教学的互动和实践，而有些学习者更适应在线学习的灵活性和自主性。综合使用多种学习方式可以提供更丰富的学习体验，让学习者能够根据自己的情况和偏好选择最适合自己的学习方式。

在综合使用多种学习方式时，教师需要注意教学内容的衔接和连贯性。不同学习方式之间应该相互配合，形成有机整体。教师也可以充分利用各种学习资源，设计一系列有序的学习活动，将传统课堂教学、在线学习和自主学习相结合，帮助学习者全面提高商务英语能力。

（二）运用丰富的学习资源

为了满足商务英语学习者的多样化需求，教材、视频和音频等提供的丰富多样的学习资源是非常重要的。这些学习资源可以根据不同的学习方式和学习目标进行选择和使用，以帮助学习者更好地掌握商务英语知识和技能。

教材是学习者学习商务英语的基础资源之一。教师可以选择经典的商务英语教材，如《商务英语沟通》《商务英语口语》等，以提供系统的课程内容和练习题。教材应该涵盖商务英语的各个方面，包括听力、口语、阅读和写作等，以满足学习者全面发展的需求。

视频和音频资源可以提供真实的商务英语情境和语言表达。教师可以使用商务英语培训视频、商业演讲录像、商务会议音频等资源让学习者熟悉商务英语的语音和表达方式。这些资源还可以帮助学习者理解商务活动中的实际情况和场景，培养跨文化交流和商务谈判的能力。

练习题也是学习者学习商务英语的重要资源之一。教师可以提供多样化的练习题，如听力理解题、口语对话题、阅读理解题和写作练习题等，以帮助学习者巩固所学的知识和技能。这些练习题应该覆盖不同难度和语境，让学习者能够逐步提高自己的商务英语能力。

（三）强调实践和反馈

实践和反馈是商务英语学习中至关重要的环节。商务英语学习者需要通过实际应用来巩固所学的知识和技能，并在实际工作场景中提升自己的能力。为满足这一需求，教师可以组织一系列实践活动，如商务模拟活动、角色扮演和案例分析等。

1. 商务模拟活动

商务模拟活动可以让学习者在虚拟的商务场景中进行实践。教师可以设计不同的商务情境（如商务会议、商务谈判、客户服务），让学习者扮演不同的角色并进行对话和互动。通过模拟活动，学习者锻炼了口语表达能力，提高了沟通技巧，并学会了在各种商务场景中灵活运用商务英语知识和技能。

2. 角色扮演

角色扮演是另一种常用的实践活动方式。学习者可以扮演不同的商务角色，如销售经理、市场专员或人力资源主管，通过与其他学习者的互动，模拟真实商务交流和合作。角色扮演可以让学习者更好地理解不同角色在商务活动中的职责和挑战，并提高应对商务问题和挑战的能力。

3. 案例分析

案例分析是一种将理论知识应用于实际情境的有效方式。教师可以提供真实或虚拟的商务案例，要求学习者分析并提出解决方案。通过案例分析，学习者可以运用所学的商务英语知识和技能，独立思考并解决实际商务问题。教师提供反馈和指导，帮助学习者进一步完善自己的解决方案和商务分析能力。

（四）鼓励合作学习

鼓励学习者进行合作学习是提高商务英语能力的有效途径。通过与他人的互动和合作，学习者可以在实际交流中不断练习和运用商务英语来提升自己的语言表达和沟通技巧。以下是一些鼓励合作学习的方法和途径。

1. 组建学习小组

教师可以将学习者分成小组，让他们共同学习、讨论和完成任务。学习小组可以根据学习者的兴趣和能力进行安排，小组成员之间可以相互协助、分享经验和解答问题，通过集体智慧提高商务英语水平。

2. 进行讨论和分享

教师可以组织讨论会或研讨会，让学习者就特定主题展开讨论和交流。学习者可以分享自己的见解和观点，同时学习其他人的经验和观点。这种交流和分享可以促进学习者思考和拓宽视野，培养跨文化沟通和合作的能力。

3. 参加线上论坛和社交媒体群组

利用互联网的便利性，学习者可以参加线上论坛和社交媒体群组，与其他学习者进行交流和合作。在这些平台上，学习者可以提出问题、分享资源和讨论学习经验。通过与其他学习者的互动，学习者可以获得不同角度和见解，拓宽自己的思路和知识。

4. 合作项目和任务

教师可以安排学习者参与合作项目和任务，要求他们协同工作，共同完成商务英语相关的任务。例如，可以组建学习者团队，为某个企业或组织撰写商务报告或进行市场调研。通过合作项目，学习者可以学会团队合作、协调沟通，并在实际情境中运用商务英语技能。

（五）制订个性化学习计划

制订个性化学习计划对于商务英语学习者非常重要，因为每名学习者的需求和学习风格都有所不同。一个个性化的学习计划可以帮助学习者更加有效地学习商务英语，并根据自己的进度和兴趣进行学习。以下是制订个性化学习计划的一些建议。

1. 明确学习目标

学习者应该明确自己的学习目标。学习目标可以包括提高商务英语口语能力、掌握商务写作技巧和增强商务谈判能力等。学习者可以将目标具体化，并设定明确的时间框架来衡量自己的学习进展。

2. 选择适合自己的学习方式和资源

不同学习者有不同的学习偏好和学习风格。有些人喜欢通过听力练习来提高听力理解能力，有些人则更喜欢通过阅读来增加词汇量和理解商务文本。学习者应根据自己的喜好和学习特点选择适合自己的学习方式和资源。教师可以结合传统课堂教学、在线学习平台、商务英语书籍、视频教程等多种学习方式和学习资源，以满足学习者的需求。

3. 灵活安排学习时间和进度

学习者应该根据自己的日程安排和学习效率来制订学习计划。有些人可能适合在早晨或晚上进行学习，而有些人在白天学习效率高。学习者可以将每天的学习时间安排在最适合自己的时段，并确保给自己留出足够的时间来消化所学的内容。此外，学习者还可以设置小目标，以便在学习过程中能够及时评估自己的学习进展并做出调整。

4. 不断反思和调整

个性化学习计划是动态的，需要不断地反思和调整。学习者可以定期回顾自己的学习进展和学习方法，评估自己是否达到了预期的目标，以及是否需要做出调整。这样可以帮助学习者更好地理解自己的学习需求，并对学习计划进行优化。

（六）定期评估和调整学习计划

定期评估学习者的学习成果和进展可以了解学习者的学习情况和需求，并提供适当的支持和指导。评估结果可以帮助教师调整学习计划和教学策略，以满足学习者的个性化需求并提高学习效果。评估也可以激励学习者持续努力和进步，增强其学习动力和自信心。

定期评估学习者的学习成果和进展，并根据评估结果调整学习计划，是确保学习者得到适当支持和指导的关键步骤。以下是一些评估学习者的方法和工具。

1. 一对一评估谈话

教师可以定期与学习者进行一对一的评估谈话，了解他们在学习过程中的困难、进展和需求。这样的谈话可以提供一个机会，让学习者表达他们的疑虑、问题和学习目标。教师可以倾听学习者的意见和反馈，并提供针对性的建议和指导。

2. 定期测试和作业评分

教师可以安排定期的测试和作业，以评估学习者的学习成果和掌握程度。这些测试和作业应该涵盖商务英语的各个方面，如听力、口语、阅读和写作。通过评分和反馈，学习者可以了解自己的强项和需要改进的地方，并在接下来的学习中有针对性地调整学习策略。

3. 学习日志或反思报告

学习者可以通过书写学习日志或反思报告记录自己的学习过程、体会和收获。这可以帮助他们更好地审视自己的学习方法和效果，并从中汲取经验教训。教师可以阅读学习者的学习日志或反思报告，并提供反馈和指导，促使他们对自己的学习进行反思。

4. 口头演讲和展示

定期组织口头演讲和展示活动，让学习者有机会展示他们在商务英语方面的进展和能力。这样的活动不仅可以锻炼学习者的口语表达能力和演讲技巧，而且可以让他们接受同伴和教师的评估和反馈。通过评估学习者的口头演讲和展示，教师可以了解学习者的进步和需要改进的方面，并相应地调整学习计划。

（七）持续提供支持和反馈

通过持续提供支持和反馈，教师或教育机构可以帮助学习者及时得到指导和鼓励，克服困难、保持学习动力，并取得更好的学习效果。与学习者建立良好的沟通渠道，倾听他们的需求和问题，并提供个性化的支持和建议。组织学习者之间互动和分享交流可以促进他们之间的合作和学习氛围，共同成长和进步。

为了确保学习者得到持续的支持和反馈，教师可以采取以下措施。

1. 一对一辅导

定期对学习者进行一对一的辅导，解答他们的疑惑并提供个性化的建议。教师可以与学习者讨论学习进展、困难和目标，以便给予适当的指导和鼓励。教师一对一辅导可以帮助学习者更好地理解所学内容，并提供有针对性的学习建议。

2. 互动和分享交流

组织学习者互动和分享交流是非常有益的。可以通过在线讨论板、学习社区或小组活动等方式，让学习者相互交流经验、分享学习资源和解决问题。这样的互动和分享可以促进学习者之间的合作和相互支持，激发学习动力，并提供额外的学习资源和观点。

3. 及时反馈和评估

教师应该及时给学习者提供反馈和评估，让他们了解自己的学习进展和需要改进的地方。教师可以通过批改作业、测试和考试来评估学习者的表现，并提供具体反馈和建议。同时，教师可以定期进行学习者的综合评估，以了解他们的整体学习情况和进展。

4. 鼓励和激励

教师应该给予学习者积极的鼓励和激励，帮助他们保持学习动力和自信心。教师可以通过赞扬学习者的努力和进步、分享成功的案例和故事，以及提供个性化的奖励和认可等方式来鼓励学习者。这样的鼓励和激励可以增强学习者的自信心和积极性，激励他们更好地投入学习。

第四节　重视专业词汇和语言技能的目的和学习方法

商务英语学习者重视专业词汇和语言技能的学习是为了提高沟通效率、建立专业形象和适应国际化商务环境。学习者通过学习专业词汇，可以更好地与他人进行沟通和交流；提升口语表达能力、加强听力理解能力、提升阅读理解能力和写作能力，可以更全面地掌握商务英语的语言技能；可以使用不同的学习方法和策略（如词汇记忆、阅读和听力练习、口语和写作练习、学习资源和培训课程），以及实践应用来提高专业词汇和语言技能的学习效果。

一、重视专业词汇的目的

（一）提高沟通效率

商务英语学习者重视专业词汇是为了提高与客户、合作伙伴和同事之间的沟通效率。在商务领域中，特定的行业术语和专业词汇被广泛使用，准确运用这些词汇可以避免造成误解和产生不必要的沟通障碍，从而更加高效地传达信息。

掌握专业词汇有助于学习者准确表达自己的想法，并更好地理解他人的想法。在商务交流中，使用正确的行业术语可以确保信息的准确传递和理解。这样可以避免翻译错误或解释不清等问题，节省了时间和精力，提高了工作效率。

（二）建立专业形象

学习者重视专业词汇的目的是可以在商务场合中建立专业形象。熟练使用专业词汇表明学习者有扎实的专业知识，并对所处行业非常了解，使其在商务交流中显得更加专业和有信心。这有助于提升个人的职业形象和职业竞争力。

使用正确的专业词汇可以展示学习者在特定领域的专长和专业素养。学习者能够准确地使用行业术语和专业词汇向他人传达自己具备相关知识和经验的信息。这种专业形象在商务场合中非常重要，因为它能够赢得客户、合作伙伴和同事的信任和尊重。

（三）适应国际化商务环境

随着商务全球化的发展，商务活动更多涉及跨国公司、国际贸易和国际合作。学习者重视专业词汇是为了在国际化商务环境中适应多样化的文化和语言需求。准确使用专业词汇可以帮助学习者更好地与不同国家和地区的合作伙伴进行交流和合作。

在国际商务领域，每个国家和地区都有其独特的商务文化和惯例。学习者通过掌握相应的专业词汇，能够更好地理解和遵循当地的商务规则和行为准则。这样的适应性可以建立起与合作伙伴之间的信任和共识，加强跨文化沟通和合作的效果。

准确使用专业词汇还有助于消除语言障碍，并提高与国际合作伙伴之间的沟通效率。不同国家和地区可能使用不同的商务术语和行业词汇，熟练运用这些词汇可以帮助学习者更快地理解和回应他人的意图和需求。这样的沟通效率对于促进商务合作和达成协议至关重要。

在国际化商务环境中，准确运用专业词汇还有助于避免文化误解和语言歧义。商务领域的术语和词汇往往具有特定的含义和用法，正确使用这些词汇可以避免因文化差异或语言模糊性而导致的误解和不必要的沟通障碍，有助于建立良好的商务关系和合作伙伴关系。

掌握专业词汇在国际商务环境中展示了学习者的专业素养和能力。学习者流利地运用专业词汇可以给人留下专业和可靠的印象。这种专业形象可以使学习者在国际商务中赢得信任和尊重，并获得个人的职业发展机会。

二、重视语言技能的目的

（一）提高口语表达能力

商务英语学习者重视语言技能是为了提高口语表达能力。在商务交流中，良好的口语表达能力对于有效沟通至关重要。学习者需要练习口语技巧（如正确的发音、流利的口语速度、自信的表达方式等），以便与客户、合作伙伴和团队成员进行顺畅的商务对话。

学习者具备良好的口语表达能力就能够清晰地传达自己的意思。商务环境中涉及复杂的概念和信息，准确而清晰地表达是避免造成误解和提高工作效率的关键。通过练习口语技巧，学习者可以提高发音准确性、控制语调节奏和语速，确保对方能够准确理解自己的意图。流利的口语有助于学习者自如地参与商务对话和演讲。在商务场合中，流利地表达自己的想法和观点能够增加说服力和影响力。通过大量口语练习和实践，学习者可以提高对词汇和句型的熟悉程度，流畅地运用它们，从而更加自信地与他人交流或进行演讲。

自信的口语表达方式有助于学习者树立良好的商务形象，使他们在商务环境中显得更加专业和可信赖。通过练习口语技巧，学习者可以提高说话的自然度和流畅度，有效地传递自己的思想，并以积极的姿态与他人进行交流。

为了提高口语表达能力，学习者可以采取以下措施。

1. 多听多模仿

学习者可以倾听商务英语的实际对话和演讲，模仿专业人士的发音、语调和表达方式；可以通过收听商务英语课程、商业播客、相关视频来提高口语技巧。

2. 参加口语训练课程

参加专门的口语训练课程，如商务英语口语班或演讲培训课程。这些课程将提供系统的指导和练习，帮助学习者提高口语表达能力。

3. 练习商务对话和角色扮演

与同伴一起练习商务对话和角色扮演，模拟真实的商务情境。通过实际练习，学习者可以增加口语流利度和自信心，并熟悉商务英语的常用表达方式。

4. 频繁实践

创造口语实践机会，积极参与商务会议、讨论和演讲等场合。通过不断地练习和实践，学习者可以逐渐提高口语表达的准确性和流利度。

（二）加强听力理解能力

商务英语学习者重视语言技能是为了加强听力理解能力。在商务会议、电话交流、商业谈判等场景中，准确理解对方的意图和要求至关重要。学习者需要通过大量听力练习提高听取商务英语信息的能力，并培养对不同口音和语速的适应能力。

有效的听力理解能力使学习者能够准确抓住关键信息。商务环境中经常涉及复杂的概念、数据和指令，学习者需要通过有效的听力来捕捉重点内容，以便在商务交流中做出正确的回应和决策。通过大量的听力练习，学习者可以提高对商务词汇和表达方式的熟悉程度，以增加对关键信息的敏感度。

学习者还需要培养对不同口音和语速的适应能力。在国际商务环境中，与来自不同国家和地区的合作伙伴进行交流是常见的情况。学习者需要能够理解不同口音和语速的英语，以便更好地进行商务沟通。通过多样化的听力训练（如听取不同来源的商务英语录音、观看商务英语相关的视频或听取商务会议的音频），学习者可以逐渐提高对不同口音和语速的理解能力。

为了加强听力理解能力，学习者可以采取以下措施。

1. 多样化的听力练习

通过听取商务英语材料（如商务会议录音、商业新闻播报、商务谈判对话等）进行多样化的听力练习。这样的练习可以帮助学习者熟悉商务场景中常用的表达方式和词汇，提高对商务英语信息的理解能力。

2. 听取不同口音和语速的英语

积极接触来自不同国家和地区的英语资源，如英语广播电台、商务英语教学材料等。通过多样化的听力训练，学习者可以逐渐熟悉各种口音和语速，并提高对不同口音的理解能力。

3. 参与商务英语角色扮演

与同伴一起进行商务英语角色扮演，模拟商务对话的情境。这样的练习可以帮助学习者更好地理解和应对真实商务交流中的挑战，提高对口语表达的理解能力。

4. 使用字幕和辅助工具

在刚开始练习听力时，学习者可以使用字幕或辅助工具来帮助理解。随着听力能力的提高，逐渐减少对字幕和辅助工具的依赖，培养纯粹依靠听力理解的能力。

（三）提升阅读理解能力

商务英语学习者重视语言技能是为了提升阅读理解能力。在商务领域中，涉及各种商务文档、商业报告、市场调研等资料，学习者需要具备良好的阅读理解能力来处理这些信息。通过有效的阅读，学习者可以了解商务领域的实际情况和专业知识，从而更好地应对工作中的挑战。

良好的阅读理解能力使学习者能够快速准确地获取所需信息。商务文档往往包含大量数据、图表和文字描述，学习者需要迅速捕捉关键信息，理解其背后的含义，并将其应用于实际工作中。通过不断练习阅读商务英语材料，学习者可以提高阅读速度和理解能力，更加高效地处理商务信息。

阅读商务文档有助于学习者扩展商务词汇和专业知识。商务领域有许多特定的行业术语和专业词汇，学习者通过阅读可以接触到这些词汇并逐渐熟悉它们的用法。同时，商务文档也提供了关于商务实践、市场趋势、法规政策等方面的知识，帮助学习者了解行业动态和专业发展。通过不断阅读商务文档，学习者可以提升自己在商务领域的专业素养和能力。

阅读商务文档还有助于学习者拓宽视野和增加工作经验。商务文档通常涉及各种商业情境和案例，学习者通过阅读这些文档可以了解不同行业的商业模式、市场竞争和经营策略等方面的信息，可以帮助学习者更好地把握商机、做出决策，并提升自己在商务环境中的应变能力。

为了提升阅读理解能力，学习者可以采取以下措施。

1. 多样化的阅读材料

阅读商务英语杂志、商业报告、行业研究等多样化的资料，以便接触不同领域和不同类型的商务文档。这样的练习可以帮助学习者适应不同风格和难度的文本，提高阅读理解能力。

2. 培养阅读技巧

学习并应用一些阅读技巧，如扫读、精读、寻找关键信息和理解上下文等。这些技巧可以帮助学习者更有效地阅读商务文档，以准确把握关键信息。

3. 积累商务词汇

通过不断积累商务词汇，学习者可以更好地理解商务文档中的术语和专业词汇。学习者可以使用词汇卡片、词汇表或在线资源来辅助记忆和学习。

4. 阅读理解练习

进行阅读理解练习，如回答问题、总结文章内容、分析图表等。这样的练习可以帮助学习者检验自己的阅读理解能力，并发现需要提高的方面。

（四）加强写作能力

商务英语学习者重视语言技能是为了加强写作能力。在商务领域中，准确的书写对于有效的商务沟通至关重要，包括商务邮件、商业报告、市场营销文案等。学习者需要练习商务写作的规范和技巧（如正确使用商务词汇、清晰的表达思路、准确的语法和拼写等），以便在工作中准确地表达自己的意见和想法。

良好的商务写作能力使学习者能够准确、清晰地传达自己的信息。商务写作需要遵循一定的规范和格式，学习者需要熟悉并运用正确的商务语言和词汇。通过练习商务写作，学习者可以提高对商务词汇和表达方式的熟悉程度，从而更准确地传达自己的意图和要求。

清晰的表达思路是商务写作的关键。在商务文档中，学习者需要组织思路、合理安排内容，以便让读者快速理解所传达的信息。通过练习商务写作，学习者可以提高逻辑思维和组织能力，使自己的写作更具条理性和可读性。

准确的语法和拼写对于商务写作至关重要。在商务文档中，语法错误和拼写错误可能导致信息不清晰、误解或者给人留下不专业的印象。学习者需要通过练习和反复检查提高语法和拼写的准确性，确保自己的商务写作没有明显的错误。

为了加强商务写作能力，学习者可以采取以下措施。

1. 阅读商务文档

阅读各种商务文档（如商业报告、市场调研、商务新闻等），以了解商务写作的规范和常用表达方式。通过阅读优秀的商务文档，学习者可以借鉴其中的写作技巧和语言风格。

2. 练习商务写作

进行商务写作练习，如撰写商务邮件、编写商业报告、起草市场营销文案等。通过写作练习，学习者可以提高自己的写作技巧和表达能力，并逐步熟悉商务写作的规范和要求。

3. 练习语法和拼写

学习并练习常见的商务语法结构和拼写规则，以提高语法和拼写的准确性。学习者可以使用语法书籍、在线资源或参加语言课程来加强对语法和拼写的掌握。

4. 请他人审查和反馈

在写作完成后，请他人审查并提供反馈意见。这样的反馈可以帮助学习者发现写作中的问题和改进的空间，从而提升商务写作的质量。

三、学习专业词汇和语言技能的方法

学习专业词汇和语言技能需要将词汇记忆、阅读和听力练习、口语和写作练习、学习资源和培训课程、实践应用多种方法相结合。持续的学习和练习将帮助学习者提高商务英语的专业素养和能力，使其在商务交流中更加自信和有效地运用语言。以下是一些学习专业词汇和语言技能的方法。

（一）词汇记忆

词汇记忆是学习者增加专业词汇量的重要方法之一。为了有效地记忆和复习专业词汇，学习者可以采用多种方式。

词汇卡片是一种常见的工具，学习者可以在卡片上写下单词、释义和例句，并定期翻阅和回顾。这种方式可以帮助学习者将词汇从被动记忆转变为主动运用。

词汇表也是一个有用的资源。学习者可以整理自己遇到的专业词汇，按照字母顺序或主题进行分类，并随时查阅和补充。通过不断地更新和整理词汇表，学习者可以更好地掌握和记忆专业词汇。

现代科技提供了许多在线工具来辅助词汇记忆。学习者可以使用手机应用程序、网站或电子词典来查找和学习专业词汇。这些工具通常提供发音、例句和相关词汇等功能，方便学习者进行听、说、读、写的综合训练。

记忆专业词汇的关键是不断重复和实践。学习者可以通过朗读、背诵、写作等方式巩固记忆，并将所学词汇应用到实际商务场景中。例如，可以参加英语角、进行商务演讲或写商务邮件等，以增强词汇的实际运用和记忆效果。

（二）阅读和听力练习

通过阅读商务英语文档、商业新闻和专业文章，以及听取商务英语广播、商业讲座和商务会议录音来加强对专业词汇的理解。这种方式可以帮助学习者扩充词汇量，并提高阅读理解和听力理解能力。

通过阅读和听取商务英语相关材料，学习者不仅可以加强对专业词汇的理解，而且可以了解商务领域的文化和背景知识。这有助于学习者更好地理解和运用专业词汇，并在实际商务场景中灵活运用。因此，结合多种学习方法（如词汇卡片、词汇表、在线工具，以及阅读和听取商务英语材料），可以帮助学习者全面扩充专业词汇量和提升语言能力。

阅读商务英语文档是学习者扩充专业词汇量的重要途径之一。他们可以阅读商务合同、市场调研报告、商业计划书等各种商务文件。在阅读过程中，学习者应该注意标记生词并查阅其含义，从而逐渐掌握更多专业词汇。同时，通过阅读不同类型的商务文档，学习者可以了解行业术语和商业实践。

听取商务英语广播、商业讲座、商务会议录音也是学习者学习专业词汇的有效方式。通过倾听商务领域的相关内容，学习者可以接触到真实的商务交流和讨论，了解

行业趋势和商业动态。同时，学习者可以提高听力理解能力，并将所学词汇应用到自己的口语表达中。

（三）口语和写作练习

学习者还可以通过与教师、同伴或语言交换伙伴进行口语和写作练习来应用所学的专业词汇和语言技能。这种实践可以帮助他们更好地掌握和运用专业词汇，并提高口语和写作能力。通过口语和写作练习，学习者可以将所学的专业词汇和语言技能应用到实际场景中。这种实践不仅可以加深对词汇的记忆和理解，而且可以提高口语和写作能力，使学习者更加自信地应对商务交流和沟通。因此，与教师、同伴或语言交换伙伴进行口语和写作练习是学习者提高语言能力的重要途径之一。

在口语练习中，学习者可以参与商务对话、角色扮演和商务谈判模拟等活动。他们可以与教师或同伴一起扮演不同的角色，模拟真实的商务场景，例如销售会议、客户咨询和合作洽谈等。通过这些实践，学习者可以运用所学的专业词汇和表达方式提高自己的口语流利度和沟通能力。同时，他们还可以接受教师或同伴的反馈和指导，改进自己的表达方式和语音语调。

在写作练习中，学习者可以撰写商务邮件、报告、演讲稿等文档。他们可以选择一个特定的商务主题，展开思考并运用所学的专业词汇和语法结构进行写作。在练习过程中，学习者应该注重提高语言的准确性和流畅度，并注意使用恰当的商务词汇和表达方式。此外，他们还可以请教师或同伴进行审阅和修改，以提高写作质量和表达效果。

（四）学习资源和培训课程

学习者可以利用各种学习资源和培训课程来学习专业词汇和语言技能。这些资源和课程可以提供有针对性的学习内容和实践机会，帮助学习者系统地提高商务英语水平。利用商务英语教材、在线课程、教学视频和商务英语培训班等帮助学习者系统地学习和应用专业词汇和语言技能。学习者可以根据自己的需求和学习风格选择合适的资源和课程，并结合其他学习方法（如词汇卡片、阅读和实践），全面提高商务英语水平。

商务英语教材是学习者学习专业词汇和语言技能的重要工具之一。教材通常包含商务领域的相关主题（如市场营销、财务管理和人力资源等），涵盖丰富的商务词汇和表达方式。通过系统地学习教材中的课文、练习和案例分析，学习者可以巩固词汇记忆、提升语法运用能力，并了解商务领域的背景知识。

在线课程也是学习者学习商务英语的有用资源。学习者可以选择适合自己需求和水平的在线课程，通过网络平台学习专业词汇、听力理解、口语表达和写作技巧等。在线课程通常具有灵活的学习时间和个性化的学习进度，学习者可以根据自己的时间安排进行学习，并与教师和其他学员进行互动交流。

教学视频和商务英语培训班也是学习者学习专业词汇和语言技能的有效途径。学习者可以观看教学视频，通过模仿和练习掌握正确的发音、语调和表达方式。商务英语培训班提供面对面的教学和实践机会，学习者可以与教师和其他学员进行交流和互动，模拟真实商务场景，并接受专业指导和反馈。

（五）实践应用

学习者不仅需要学习专业词汇和语言技能，还需要将其应用于实际工作场景中。通过积极参与商务活动，学习者可以运用所学的商务英语进行沟通和交流，提升自己的实践能力。

学习者可以参与商务会议。在会议中，他们可以使用所学的商务词汇和表达方式，与同事讨论项目进展、解决问题和制定策略。通过积极参与讨论和发言，学习者可以提高口语流利度和表达能力，并与其他与会者建立更紧密的合作关系。

学习者可以参与客户拜访。在与客户的交流中，学习者可以应用所学的商务英语技能了解客户需求、提供产品或服务的信息，并进行商务洽谈和合作。通过与客户直接对话，学习者可以增加对真实商务场景的了解，并提高与客户有效沟通的能力。

学习者还可以参与项目演示或商务推广活动。在这些场合，他们可以展示所学的专业词汇和语言技能，向观众介绍产品特点、市场前景和竞争优势。通过准备和呈现演示文稿、回答问题和与观众互动，学习者可以提高自己的口语表达能力和说服力，同时展示专业素养和商务能力。

这种实际应用有助于学习者更好地掌握专业词汇和语言技能，并在真实工作场景中更加自信地运用商务英语。因此，学习者应该积极参与商务活动，并不断提升自己的实践能力和商务英语水平。

第五节　文化差异意识

随着全球化进程的加快，商务活动越来越多地涉及不同国家和地区的合作伙伴。在这样的跨文化背景下，商务英语学习者需要具备一定的文化差异意识。了解和尊重不同文化之间的差异可以帮助他们更好地与合作伙伴进行交流和合作，避免文化冲突，并建立良好的商业关系。

一、重视文化差异意识的目的

商务英语学习者应该重视文化差异意识，以促进有效的跨文化沟通，避免文化冲突和误解，建立良好的商业关系。通过这些努力，商务英语学习者可以在跨国商务领域中取得更好的成果和合作机会。

（一）促进有效的跨文化沟通

商务英语学习者重视文化差异意识是为了促进有效的跨文化沟通。不同文化背景下的人们对于沟通方式、价值观和行为规范有不同的理解和期望。了解并尊重对方的文化差异可以帮助学习者更准确地理解对方的意图和需求，从而更好地进行跨文化沟通。

在跨文化沟通中，学习者应该注意以下 4 点。

1. 尊重和包容

学习者应该尊重不同文化的差异，避免将自己的文化标准强加于他人。要保持开放心态，并展示对对方文化的包容和尊重。

2. 学习文化礼仪

不同文化有不同的礼仪和表达方式。学习者应该努力了解对方的文化礼仪，避免因为不熟悉而引发误解或冲突。

3. 适应性和灵活性

学习者应该具备适应不同文化环境的能力，并能够灵活调整自己的沟通方式和行为举止，以满足对方的期望和需求。

4. 提问和倾听

学习者应该主动提问，以便更好地了解对方的观点和文化背景。同时，要保持良好的倾听能力，尊重对方的意见和表达。

（二）避免文化冲突和误解

商务英语学习者重视文化差异意识是为了避免文化冲突和误解。不同文化有不同的信仰、价值观和行为规范，这可能导致误解、冲突甚至影响合作关系。通过培养文化差异意识，学习者可以更好地理解和尊重对方的文化差异，从而避免潜在的冲突和误解。

以下是一些避免文化冲突和误解的方法。

1. 学习和研究文化差异

学习者应该积极学习和研究不同文化之间的差异，包括价值观、社交礼仪和商业行为等方面。这样可以帮助他们更好地理解对方的期望和行为方式。

2. 尊重和接纳

学习者应该尊重和接纳不同文化的观点和做法，不轻易进行贬低或批评。要保持开放的心态，接纳不同的文化背景和习惯。

3. 沟通与解释

在跨文化沟通中，学习者应该注重清晰和准确地表达自己的意图，并及时解释自己的观点和行为，以避免造成误解和矛盾。

4. 寻求共同点和共识

学习者可以寻找和强调双方的共同点和共同利益，以建立和谐的合作关系。通过寻求共识和互惠互利的方式减少文化冲突的可能性。

（三）建立良好的商业关系

商务英语学习者重视文化差异意识是为了建立良好的商业关系。在商务环境中，良好的人际关系和合作伙伴关系对于成功的商务活动至关重要。了解并尊重合作伙伴的文化背景，学习者可以更好地与他们建立联系，并促进长期的合作关系。

以下是一些建立良好商业关系的方法。

1. 礼仪与尊重

学习者应该了解并遵守不同文化背景下的商业礼仪，如交握手势、礼仪用语和礼品交换等。同时，要尊重对方的文化差异，避免对其有偏见或歧视。

2. 信任与诚信

建立良好的商业关系需要信任和诚信。学习者应该始终保持诚信的原则，并与合作伙伴建立可靠的信任基础。

3. 开放与包容

学习者应该保持开放心态，并欢迎不同文化背景的观点和想法。开放和包容的态度可以增进与合作伙伴的理解和沟通，从而建立更加稳固的商业关系。

4. 沟通与合作

积极的沟通与合作是建立良好商业关系的关键。学习者应该保持及时和有效的沟通，共同制定目标和计划，并互相支持和协作，以实现共同的商业利益。

二、培养文化差异意识的方法

培养文化差异意识是商务英语学习者在跨文化环境中成功的关键之一。通过学习和了解不同文化的知识、尊重和接纳不同文化的观点、学习跨文化沟通技巧、建立个人的文化意识、寻求专业的文化咨询和指导、参与跨文化交流和体验，以及保持开放的心态和学习态度，学习者可以不断提升自己在跨文化环境中的适应能力和交流效果。这将有助于建立良好的商业关系，并取得更大的商务成就。

以下是一些培养文化差异意识的方法和策略。

（一）参与跨文化交流和体验

学习者可以主动参与跨文化交流和体验，以增加对不同文化的直接接触和理解。这包括参加国际交换项目、文化活动、社区服务等。通过与来自不同文化背景的人们交流和互动，学习者可以深入了解他们的生活方式、思维方式和价值观，并更好地适应和理解不同文化之间的差异。

（二）保持开放的心态和学习态度

学习者应该保持开放的心态和学习态度，持续地更新和拓展自己的文化差异意识。要积极寻求新的学习机会和体验，并接受新的观点和想法。通过不断学习和成长，学习者可以培养敏感性和适应性，更好地应对不同文化背景下的挑战和机遇。

第八章　商务英语文化素养培养

第一节　商务英语文化素养的重要性和培养方法

商务英语是在商业环境中使用的语言，对于在商务领域工作或追求职业发展的人士来说至关重要。除了掌握商务英语的词汇和语法知识外，理解商务英语的文化素养也是非常重要的。商务英语文化素养是指了解和尊重不同国家和地区的商务文化差异，以及在跨文化环境中灵活适应和运用商务礼仪和行为规范。

一、商务英语文化素养的重要性

具备商务英语文化素养可以促进有效的跨文化沟通，建立良好的商业关系，避免文化冲突和误解，提高个人的职业竞争力。

（一）促进有效的跨文化沟通

具备商务英语文化素养可以促进有效的跨文化沟通。在商务活动中，不同国家和地区的商务合作伙伴之间存在着不同的商务文化和价值观。理解并尊重对方的商务文化差异可以帮助建立信任和互信，减少误解和冲突，从而更好地进行跨文化沟通。

1. 学习对方的商务文化

了解对方的商务文化、价值观和行为规范是实现有效跨文化沟通的关键。学习者应该研究对方国家或地区的商务礼仪、交际方式、谈判风格等，以便更好地理解和适应对方的期望。

2. 调整沟通风格

不同文化背景下的人们对于沟通方式有不同的偏好。学习者应该根据对方的文化背景和偏好，调整自己的沟通方式。这可能包括语速、语气、直接与间接表达等方面。

3. 使用明确和清晰的语言

在跨文化沟通中，使用明确和清晰的语言非常重要。学习者应该避免使用模糊或具有多义性的词汇和表达方式，以减少误解和歧义的可能性。

（二）建立良好的商业关系

商务英语文化素养有助于建立良好的商业关系。在商务领域中，良好的人际关系对于成功的商业合作至关重要。了解并遵守合作伙伴的商务礼仪和行为规范，可以帮助建立信任和互信，促进长期的合作关系。

1. 尊重他人的商务礼仪

不同文化背景下的商务礼仪存在着差异。学习者应该了解并尊重合作伙伴的商务礼仪，包括交握手势、礼仪用语和礼品交换等。遵守这些规范可以展示对合作伙伴的尊重和关注。

2. 建立信任和互信

建立良好的商业关系需要互相信任。坦诚和透明的沟通是建立信任的关键。

3. 了解合作伙伴的需求和期望

学习者应该积极了解合作伙伴的需求和期望，包括了解他们的商务目标、市场需求和文化背景等方面。

4. 长期关系的思考

学习者应该着眼于长远、而非短暂的合作关系。通过建立稳固的商业关系，可以实现更长期、更稳定的商务合作。

（三）避免文化冲突和误解

良好的商务英语文化素养可以帮助人们避免文化冲突和误解。不同国家和地区的商务文化存在着差异，包括沟通方式、谈判风格、决策方式等。了解这些差异，并适应和尊重他们，可以避免潜在的冲突和误解，确保商务活动顺利进行。

1. 学习文化差异

学习者应该积极学习和了解不同文化之间的差异。通过阅读书籍、参加培训课程或与当地人交流，学习者可以深入了解不同文化之间的差异。

2. 尊重和接纳差异

学习者应该保持开放心态，尊重和接纳不同文化背景下的观点和方式。同时要意识到自己的偏见和假设，并避免将自己的文化标准强加于他人。

3. 提问和倾听

学习者应该主动提问，以便更好地了解对方的观点和意图。同时，要保持良好的倾听能力，尊重对方的意见和表达。

（四）提高职业竞争力

具备商务英语文化素养可以提高个人的职业竞争力。在全球化的商务环境中，跨文化背景下的合作和交流越来越普遍。雇主倾向于招聘那些具备跨文化沟通能力和商务文化素养的员工，因为他们能够更好地适应和处理跨文化的商务环境。

1. 学习多种语言

学习者可以学习多种语言，特别是商务英语和其他国际商务语言。这样可以更好地与不同国家和地区的商务伙伴进行交流。

2. 参与跨文化项目和团队

参与跨文化的项目和团队可以帮助学习者增加跨文化工作经验，并提升自身的职业竞争力。

3. 继续学习和自我提升

学习者应该不断学习和提升自己的商务英语和跨文化沟通能力。参加相关的培训课程、研讨会和专业组织活动等，可以帮助学习者保持在不断变化的商务环境中的竞争优势。

4. 发展人际关系和网络

学习者应该积极发展人际关系和建立有影响力的网络。通过与行业专家和其他跨文化专业人士进行交流和合作，学习者可以获得更多机会。

二、培养商务英语文化素养的方法

学习和了解不同国家和地区的商务文化、尊重和接纳不同商务文化的行为规范、学习跨文化沟通技巧、建立个人的商务文化意识、寻求专业的文化咨询和指导是培养商务英语文化素养的有效方法。通过这些方法，学习者可以更好地理解和应对商务文化差异，并提升自己在跨文化商务环境中的竞争力和成功率。

（一）学习和了解不同国家和地区的商务文化

学习者应该积极学习和了解不同国家和地区的商务文化。这包括了解他们的商务礼仪、价值观、沟通风格和商业习俗等。通过阅读书籍、参加培训课程、与当地人交流，学习者可以深入了解不同商务文化之间的差异。

以下是一些学习和了解不同国家和地区的商务文化的方法。

1. 阅读相关资料

学习者可以阅读关于不同国家和地区商务文化的书籍、文章和研究报告，以获取有关商务礼仪、价值观和行为规范的知识。

2. 参加培训课程

学习者可以参加专门针对不同国家和地区商务文化的培训课程。这些课程通常由专业的跨文化培训师或国际商务专家提供，帮助学习者深入了解目标文化的商务习惯和行为规范。

3. 与当地人交流

与当地人交流是了解商务文化的最佳方式之一。学习者可以与来自不同国家和地区的商务伙伴、同事或朋友进行交流，了解他们的商务习惯和行为准则。

4. 参观当地企业

学习者可以参观当地企业，亲身体验不同国家和地区的商业环境和文化氛围。通过观察和交流，学习者可以更好地了解当地商务文化的细节和特点。

5. 关注跨文化案例

学习者可以关注媒体报道中的跨文化案例，了解其他企业在不同文化背景下的成功或失败经验。这些案例可以提供有关如何适应和应对商务文化差异的实际示例。

（二）尊重和接纳不同商务文化的行为规范

学习者应该尊重和接纳不同商务文化的行为规范。每种文化都有其独特的商务礼仪和行为规范，如对待时间的态度、商务谈判的方式、礼物赠送等。学习者应该尊重这些行为规范，并避免将自己的文化标准强加于他人。

以下是一些尊重和接纳不同商务文化的行为规范的方法。

1. 学习并遵守商务礼仪

学习者应该了解目标文化的商务礼仪和行为规范，并尽量遵守。例如，在一些文化中，握手可能是常见的商业问候方式，而在其他文化中可能存在不同的习惯。

2. 避免偏见和刻板印象

学习者应该意识到自己对其他商务文化的偏见和刻板印象，并努力消除这些偏见。学习者要保持开放的心态，以便更好地理解和接纳不同商务文化的行为规范。

3. 学会观察和适应

学习者应该学会观察和适应目标文化的商务行为规范。通过观察他人的行为和反应，学习者可以更好地了解当地的商务文化，并相应地调整自己的行为。

4. 尊重他人的期望和习惯

学习者应该尊重合作伙伴的期望和习惯。如果合作伙伴希望按照他们的行为规范进行商务活动，学习者应该尊重并遵守这些规范。

5. 不断学习和成长

商务文化是一个不断变化的领域。通过参加培训课程、与专家交流和持续学习，学习者可以提升自己的商务英语文化素养。

（三）学习跨文化沟通技巧

学习者可以学习跨文化沟通技巧，以更好地进行商务交流。以下是一些学习跨文化沟通技巧的方法。

1. 学习非语言沟通

不同文化之间的非语言沟通方式存在差异。学习者应该了解不同文化中姿势、面部表情和眼神交流等的意义，以更好地理解他人的意图和情感。

2. 理解语言和文化的关联

语言和文化之间存在紧密的联系。学习者应该研究目标文化的语言特点和表达方式，以便更好地理解其文化背景和思维方式。

3. 尊重和适应沟通风格

不同文化之间的沟通风格可能存在差异。学习者应该尊重对方的沟通风格，并相应地调整自己的沟通方式，以实现更好的交流效果。

4. 避免使用有可能引起误解的语言表达

学习者应该避免使用可能引起误解的语言表达，如俚语、幽默或隐喻等。这些表达方式在不同文化中可能被理解为不同的意思，容易导致误解和冲突。

5. 培养跨文化敏感性

学习者应该培养跨文化敏感性，即对不同文化背景下的行为和言辞具有敏锐的觉察力。通过了解和尊重不同文化的差异，学习者可以更好地理解对方的意图和需求，从而更有效地进行商务沟通。

（四）建立个人的商务文化意识

学习者应该反思自己的商务文化偏好和价值观，并努力培养个人的商务文化意识。通过了解自己的商务文化背景和偏见，并与其他商务文化进行比较和对话，学习者可以更好地理解自己在跨文化商务环境中的角色和影响。

以下是一些建立个人的商务文化意识的方法。

1. 反思自己的商务文化偏好

学习者应该反思自己的商务文化偏好，包括沟通方式、决策风格和价值观等方面。这有助于学习者意识到自己的文化背景对商务行为的影响。

2. 比较和对话

学习者可以与其他商务文化进行比较和对话，以了解不同文化之间的差异。通过与其他商务专业人士的交流，学习者可以深入了解其他商务文化的特点和优势。

3. 学习和接纳不同商务文化的观点

学习者应该学习并接纳不同商务文化的观点和方式，保持开放的心态，尊重其他商务文化的差异，并从中汲取经验和启示。

4. 不断更新和提升

商务文化是一个不断变化的领域。学习者应该持续学习和提升自己的商务文化意识。参加培训课程、研讨会和专业组织活动等，可以帮助学习者保持在不断变化的商务环境中的竞争优势。

（五）寻求专业的文化咨询和指导

学习者可以寻求专业的文化咨询和指导。这包括与跨文化培训师、文化顾问或国际商务专家进行合作，以获取关于特定商务文化背景下商务行为和礼仪的指导和建议。专业的咨询和指导可以帮助学习者更好地应对商务文化差异，并提升商务英语文化素养。

以下是一些寻求专业的文化咨询和指导的方法。

1. 参加跨文化培训课程

学习者可以参加专门针对商务文化的跨文化培训课程。这些课程通常由专业的跨文化培训师或国际商务专家提供，帮助学习者深入了解不同商务文化之间的差异和共通点。

2. 寻求个人辅导和指导

学习者可以寻求个人辅导和指导，以处理在商务文化交流中遇到的问题和挑战。这可以是一对一的辅导会议，也可以是通过邮件或在线平台进行的远程指导。

3. 参与专业组织和社区

学习者可以加入专业组织和跨文化交流的社区，与其他商务专业人士进行交流和互动。这些组织和社区提供了一个平台，学习者可以获取有关商务文化的最新信息和经验分享。

4. 寻求专家咨询

在特定商务文化背景下，学习者可以寻求专家的咨询和建议。这可能涉及雇佣一位专门研究该领域的顾问或专家，以获得定制化的指导和支持。

第二节　学习不同国家和地区的商务文化特点

在全球化的商业环境中，了解不同国家和地区的商务文化特点对于成功的商务活动至关重要。

学习和了解不同国家和地区的商务文化特点对于成功的商务活动非常重要。每个国家和地区都有其独特的商务礼仪、价值观和行为规范，这些差异可能影响商务合作的方式和结果。学习者可以通过学习和了解目标国家或地区的商务文化、倾听和观察、适应和尊重对方的商务礼仪和行为规范、建立良好的人际关系，以及尊重和理解商务文化差异来学习和适应不同商务文化特点。

一、不同国家和地区的商务文化特点

不同国家的商务文化有其特点和偏好，了解和尊重不同商务文化的行为规范和价值观可以帮助建立良好的商业关系，并促进商务合作的成功。学习者应该了解并适应不同国家和地区的商务文化，以实现更好的跨文化沟通和合作效果。下面以中国、美国、日本、德国及印度为例，介绍其商务文化特点。

（一）中　国

中国商务文化注重人际关系和信任。在商务活动中，建立良好的人际关系对于商务合作至关重要。商务交流通常需要花费较长的时间来建立信任和互信。在商务谈判中，人们更注重长期合作关系和互惠原则。

以下是一些中国商务文化的具体特点。

1. 人际关系

在中国商务文化中，建立良好的人际关系被视为非常重要的因素。在商务活动中，人们倾向于先建立个人的信任和友好关系，再进行商务交流和合作。

2. 谦虚和谨慎

中国人通常比较谦虚和谨慎，不太善于直接表达自己的意见和期望。在商务交流中，人们更注重团队合作和集体决策，而不是个人主导。

3. 长期合作关系

中国商务文化非常注重长期合作关系和互惠原则。建立稳定、长期的合作伙伴关系被认为是成功的商务合作的基础。

4. 礼尚往来

在中国商务文化中，礼尚往来的原则被广泛应用。这意味着在商务交流中，双方需要相互给予礼物、款待和回报，以维护和加强合作关系。

（二）美　国

美国商务文化强调效率、直接性和目标导向。在商务交流中，美国人通常直接表达自己的意见和期望，注重时间管理和高效率。商务会议通常是开放式的，大家可以自由发表意见和提出问题。在商务谈判中，美国人更倾向于追求双赢的结果。

以下是一些美国商务文化的具体特点。

1. 直接沟通

美国人喜欢直接表达自己的意见和想法，他们注重简洁明了的沟通方式。他们通常直接提出问题或给出建议，以节省时间和达到目标。

2. 时间管理

美国商务活动非常重视时间管理和高效率。准时是一种被广泛尊重和遵守的价值观，因此在商务会议和谈判中，守时是至关重要的。

3. 目标导向

美国商务文化注重目标导向和结果导向。商务活动的目的通常是实现商业利益和共同目标，因此合作伙伴需要明确商务目标，并通过合作和协调来实现这些目标。

4. 开放式会议

在美国的商务会议中，鼓励每个人自由发表意见和提出问题。参与者可以自由交流和讨论，以促进创新和共识的达成。

5. 双赢谈判

美国人在商务谈判中通常追求双赢的结果。他们注重通过合作和协商来达成互利的协议，以满足各方的利益和需求。

（三）日　本

日本商务文化强调礼貌、尊重和团队合作。在商务交流中，日本人通常非常注重礼仪和尊重他人。商务会议通常以团队为单位进行，并且需要充分讨论达成共识。在商务谈判中，日本人更倾向于寻求双方的平衡和妥协。

以下是一些日本商务文化的具体特点。

1. 礼貌和尊重

在日本商务交流中，礼貌和尊重他人被视为非常重要的价值观。在与日本人进行商务交流时，表现出礼貌、尊重和关注对于建立良好的合作关系至关重要。

2. 团队合作

在日本商务会议中，团队合作是非常重要的。决策通常是通过讨论和达成共识的方式进行，而不是由个人做出决定。因此，在与日本企业进行商务交流时，了解并尊重团队的决策过程是至关重要的。

3. 协商和妥协

日本人在商务谈判中更倾向于寻求双方的平衡和妥协。他们注重合作和共同利益，并努力避免冲突和摩擦。

4. 长期关系

日本商务文化非常注重长期关系的建立和维护。建立稳定、长期的合作伙伴关系被认为是成功商务合作的基础。

5. 尊重个人隐私

在日本商务文化中，尊重个人隐私被视为非常重要的原则。在商务交流中，避免问及个人问题或涉及敏感话题是一种常见的做法。

（四）德　国

德国商务文化以其效率、可靠性、条理性、计划性、逻辑性和对合同法律的尊重而著称。在商务交流中，德国人特别重视准时、高效率、事先计划、逻辑和事实导向，以及合同和法律的约束力。

以下是一些德国商务文化的具体特点。

1. 准时和高效率

在德国商务活动中，准时和高效率被视为非常重要的价值观。准时出席会议和按时完成任务是被广泛尊重和遵守的原则。

2. 事先计划和明确目标

会议参与者通常需要提前准备，需要明确目标和结果，并在会议中按照议程积极参与讨论。

3. 逻辑和事实导向

德国人在商务交流中重视逻辑推理和事实依据。他们注重理性和客观的决策过程，更注重数据和证据。

4.合同和法律约束

在商务谈判中，德国人更注重合同和法律的约束。他们更倾向于遵循既定的商务规则和合同条款，并以此作为商务活动的基础。

5.可靠性和可信度

在德国商务文化中，可靠性和可信度被视为非常重要的因素。建立信任和可靠性是成功的商务合作的关键要素。

（五）印 度

印度商务文化强调人际关系和情感联系。在商务交流中，建立良好的人际关系对于成功的商务活动至关重要。

以下是一些印度商务文化的具体特点。

1.人际关系和社交活动

在印度商务文化中，建立人际关系是非常重要的。商务会议经常伴随着社交活动和餐饮，为参与者提供互相了解和建立信任的机会。

2.强调情感联系

印度人更注重与合作伙伴之间的情感联系。在商务交流中，表达关心和尊重对于建立良好的合作关系至关重要。

3.灵活性和妥协

在商务谈判中，印度人更注重灵活性和妥协。他们通常愿意进行双方让步和互助，以实现共同的利益和目标。

4.非正式沟通

在印度商务文化中，非正式沟通也被视为一种重要的交流方式。在商务会议中，人们可能会聊天、分享个人经历或谈论与商务无关的话题。

5.友好和友谊

在印度商务文化中，友好和友谊是非常重要的价值观。建立良好的人际关系和友谊对于成功的商务合作至关重要。

二、学习和适应不同商务文化特点的方法

（一）学习和了解目标国家或地区的商务文化

学习者应该积极学习和了解目标国家或地区的商务文化。通过深入了解目标国家或地区的商务文化特点，学习者可以更好地理解和尊重对方的商务行为和期望。

以下是一些学习和了解目标国家或地区的商务文化的方法。

1.阅读相关资料

学习者可以阅读关于目标国家或地区商务文化的书籍、文章和研究报告。这些资

料可以加深学习者对商务礼仪、价值观和行为规范的了解。

2. 研究案例和经验分享

学习者可以研究成功的商务案例，并从中获取有关目标国家或地区商务文化的实践经验。此外，他们还可以参加商务交流活动，与其他企业家和商务专业人士分享他们在目标国家或地区的经验和见解。

3. 参加培训课程

学习者可以参加针对目标国家或地区商务文化的培训课程。这些课程通常由跨文化专家或商务顾问提供，帮助学习者更好地理解目标国家或地区的商务文化特点，并提供实际应对策略。

4. 参与文化交流活动

学习者可以参与文化交流活动，如商务考察、交流项目和商务展览等。通过与当地人进行互动和交流，学习者可以更深入地了解目标国家或地区的商务文化，并与之建立良好的人际关系。

5. 寻求专业指导

学习者可以寻求专业的咨询和指导。跨文化培训师、文化顾问或国际商务专家可以为学习者提供关于目标国家或地区商务文化的具体指导和建议。

（二）倾听和观察

学习者应该倾听和观察目标国家或地区的商务环境和行为规范。

以下是一些倾听和观察目标国家或地区的商务环境和行为规范的方法。

1. 与当地人交流

学习者可以积极与当地人交流，包括商务伙伴、同事或朋友。通过与当地人的交流，学习者可以了解他们的商务行为和期望，并从中获取实际经验和见解。

2. 参加商务会议和活动

学习者可以参加目标国家或地区的商务会议和活动。通过参与这些活动，学习者可以观察和体验当地商务环境和行为规范，了解当地人在商务交流中的做法和习惯。

3. 观察和模仿当地人的商务行为

学习者可以观察当地人的商务行为和举止，并尝试模仿他们的表达方式和行为习惯。通过观察和模仿，学习者可以逐渐适应并融入目标国家或地区的商务文化。

4. 关注非语言沟通

学习者应该关注目标国家或地区的非语言沟通方式，如姿势、面部表情和眼神交流等。非语言沟通在跨文化商务交流中起着重要的作用，学习者可以通过观察和学习，更好地理解和运用当地的非语言沟通方式。

5. 反思和总结经验

学习者应该反思和总结自己在目标国家或地区的商务交流经验，并总结观察到的关键点。通过反思和总结，学习者可以加深对目标国家或地区商务文化的理解，并不断改进自己的跨文化商务沟通能力。

（三）适应和尊重当地的商务礼仪和行为规范

学习者应该适应和尊重目标国家或地区的商务礼仪和行为规范。这包括注意言谈举止、穿着打扮、交流方式等方面的差异。学习者可以通过观察和模仿当地人的行为来逐渐适应并尊重对方的商务文化。

以下是一些适应和尊重目标国家或地区的商务礼仪和行为规范的方法。

1. 了解商务礼仪

学习者应该学习和了解目标国家或地区的商务礼仪，包括对待时间的态度、礼貌用语的使用、身体接触的程度等方面。

2. 注意言谈举止

学习者应该注意自己的言谈举止，避免使用可能冒犯对方的语言表达和行为习惯。可以观察当地人的言谈举止，尊重当地商务文化的要求。

3. 穿着打扮

学习者应该根据目标国家或地区的商务文化要求，选择恰当的服装和打扮方式。可以参考当地人的穿着风格，尊重当地商务环境的要求。

4. 交流方式

学习者应该注意目标国家或地区的交流方式和沟通风格。可以调整自己的交流方式，以更好地适应和融入当地的商务文化。

5. 尊重当地习惯

学习者应该尊重目标国家或地区的商务习惯和行为规范。应该避免将自己的文化标准强加于他人，尊重当地商务文化的多样性和差异。

（四）建立良好的人际关系

以下是一些建立良好的人际关系的方法。

1. 参加社交活动

参加社交活动是建立人际关系的重要方式。学习者应该积极参与当地的社交活动，如商务宴请、餐饮聚会等。这些活动为学习者提供与当地人建立联系和深入了解他们的机会。

2. 注重有效沟通

学习者应该注重有效沟通，包括倾听他人、表达自己的观点和意见，并尊重对方的意见。通过积极参与商务会议和讨论，学习者可以展示专业能力和合作意愿。

3. 努力建立信任

学习者应该努力建立信任和互信的关系。遵守承诺，保持诚实，展示专业能力和价值观。通过建立信任，学习者可以增强与合作伙伴的合作关系，并促进商务合作的成功。

4. 尊重多样性

学习者应该尊重不同文化背景和观点的多样性。应该保持开放的心态，尊重和接受不同文化的差异，并从中学习来提高自己的跨文化沟通能力。

5. 关注个人关系

在跨文化商务环境中，个人关系对于成功的商务合作至关重要。学习者应该投入时间和精力与合作伙伴建立个人关系，如通过聚餐、旅行或其他社交活动来加深彼此之间的了解和互信。

（五）尊重和理解商务文化差异

学习者应该尊重和理解不同商务文化之间的差异，这样可以更好地进行跨文化商务交流和合作。

以下是一些尊重和理解商务文化差异的方法。

1. 学习和研究

学习者应该积极学习和研究不同商务文化之间的差异。可以通过阅读相关资料、参加培训课程和与专家交流来了解其他商务文化的特点和偏好。

2. 尊重差异

学习者应该尊重其他商务文化的差异，并避免对其进行评判或贬低。应该保持开放的心态，接受和理解不同商务文化的行为规范和价值观。

3. 适应和调整

学习者应该适应和调整自己的行为方式，以适应目标国家或地区的商务文化。可以通过观察和学习当地人的行为方式，灵活调整自己的沟通和行为风格。

4. 建立合作关系

学习者应该建立合作关系，与合作伙伴共同努力，以实现共同的商务目标。通过建立合作关系，学习者可以更好地理解和尊重对方的商务文化，并成功实现跨文化商务合作。

第三节　掌握商务英语跨文化沟通技巧

一、了解不同文化的特点

在进行跨文化沟通之前，了解不同文化的特点是非常重要的。每个国家和地区都有其独特的商务文化、礼仪和行为规范。学习者应该积极主动地学习和了解目标国家或地区的商务文化，包括对待时间的态度、沟通方式、决策方式等方面的差异。了解这些特点，学习者可以更好地适应和理解对方的期望和行为。

二、尊重和接纳不同文化的观点

在跨文化沟通中，尊重和接纳不同文化的观点是非常重要的。学习者应该保持开放的心态，尊重对方的文化背景和观点。避免将自己的文化标准强加于他人，并努力理解对方的立场和意图。尊重和接纳不同文化的观点可以建立信任和互信，从而促进有效的沟通。

三、学习语言和表达方式

掌握商务英语的语言和表达方式对于有效的跨文化沟通至关重要。学习者应该努力提高口语表达能力、听力理解能力、阅读理解能力和写作能力。熟练运用商务英语的词汇和语法结构，以及了解不同国家和地区的商务用语和惯用语，这些可以帮助学习者更准确地表达自己的意见和需求。

学习者还应该注意语言的表达方式。在一些文化中，直接表达意见可能被视为冒犯或不礼貌，而在其他文化中则被认为是直接和诚实的表达方式。学习者应该学会根据不同的文化背景和情境，选择合适的语言表达方式，并避免使用可能引起误解的语言表达方式。

四、倾听和观察

在跨文化沟通中，倾听和观察是非常重要的技巧。学习者应该积极倾听对方的意见和观点，并尝试理解他们的立场和意图。通过倾听和观察，学习者可以获取更多信息和见解，了解对方的行为动机，并调整自己的沟通方式。学习者还应该观察对方的非语言行为，如面部表情、姿态、眼神等。这些非语言信号可以提供有关对方感受和意图的线索。通过观察对方的非语言行为，学习者可以更好地理解对方的情绪和态度，并做出回应。

五、理解隐含的文化含义

在有些文化中，言外之意和隐含的信息往往比直接表达更重要。学习者应该努力理解和解读对方的隐含信息，包括言辞中的暗示、非语言行为中的暗示，以及上下文中的含义。理解隐含的文化含义可以帮助学习者更准确地理解对方的意图和期望，并避免造成误解和冲突。

六、适应不同沟通风格

不同国家和地区有不同的沟通风格。有些文化更注重直接、明确的表达方式，有些文化则更注重间接、含蓄的表达方式。学习者应该努力适应不同的沟通风格，并灵活运用适当的沟通方式。在与来自不同文化背景的人进行沟通时，学习者可以通过观察和倾听，了解对方的沟通风格，并相应调整自己的沟通方式。

第四节　加强对商务英语非语言沟通的理解

在商务活动中，除了语言表达外，非语言沟通也扮演着重要的角色。非语言沟通通过面部表情、姿势、眼神、手势等方式传递信息和意图。在跨文化商务环境中，理解和运用非语言沟通技巧可以帮助人们建立信任、避免造成误解，并促进良好的商业关系。

一、面部表情和微表情

面部表情在非语言沟通中起着至关重要的作用。不同的面部表情可以传递不同的情感和意图。学习者应该学会识别和解读常见的面部表情，如微笑、愤怒、厌恶、惊讶等。通过观察对方的面部表情，学习者可以了解对方的情绪状态和态度，并做出回应。

微笑表达友好和喜悦，它可以在商务交流中增强亲和力和信任感。当对方面带微笑时，学习者可以感受到对方的积极态度，并更愿意与其合作。

愤怒或生气的面部表情通常伴随着紧锁的眉头、皱起的嘴唇等特征。当对方呈现这种表情时，学习者应该意识到对方可能感到不满或不悦，可能需要采取措施缓解紧张局势或解决问题。

厌恶的面部表情通常包括皱眉、撇嘴等，这表明对方对某事物感到不快或反感。学习者应该敏感地捕捉到这种表情，并尽量避免触碰或引起对方的厌恶情绪。

惊讶的面部表情通常表现为大张着嘴，眼睛睁得很大。当对方呈现这种表情时，学习者可以推断出对方可能感到意外或惊奇，这可能是因为某个事件或信息超出了他们的预期。学习者可以根据这种表情提供更多信息或解释。

微表情也是非常重要的。微表情是瞬间几乎无法察觉的面部表情，它通常反映真实的情感和意图。学习者可以通过观察对方的微表情，了解他们真正的想法和感受。例如，微妙的眼神移动、嘴唇的微弱抖动等都可能揭示对方的真实情感。了解和识别微表情可以帮助学习者更准确地理解对方的意图，并做出适当的回应。

为了提高识别和解读面部表情的能力，学习者可以参考专业的书籍和培训材料，进行相关练习和观察。此外，与来自不同文化背景的人进行交流，并注意他们的面部表情，也有助于学习者对不同文化中人的面部表情进行更全面的理解。

在商务英语中，了解和识别面部表情及微表情是非常重要的。它们可以提供关键的信息，帮助学习者更好地理解对方的情感、意图和态度。通过观察、学习和实践，学习者可以不断提升自己在面部表情及微表情识别和解读方面的能力，从而在商务交流中取得更好的沟通效果和合作结果。

二、眼神交流

眼神交流是非语言沟通中最重要的部分之一。眼神可以传递信任、兴趣、尊重等信息。在商务交流中，保持适当的眼神接触可以表达自信和尊重对方。然而，在不同文化中，眼神交流的规范和含义可能有所不同。学习者应该了解目标文化中关于眼神交流的习俗和规则，并相应调整自己的行为。

学习者应该了解目标文化中关于眼神接触的期望和规范。在有些文化中，直接和持续的眼神接触被视为尊重和真诚的表现，而在有些文化中可能被视为无礼或侵犯个人空间。例如，在西方文化中，直接的眼神接触被认为是表达自信和尊重的方式，但在亚洲文化中，过于直接的眼神接触可能被视为傲慢或挑衅。

学习者应注意对方的眼神移动。眼神的移动可以提供关于对方注意力的线索。通过观察对方的眼神移动，学习者可以了解对方对话题的关注度，并调整自己的沟通方式。例如，如果对方频繁地将目光移开或四处张望，可能意味着他们对当前话题不感兴趣或分心了解其他事物。学习者可以通过改变谈话内容或提问来重新吸引对方的注意力。

学习者还应注意自己的眼神交流。保持适当的眼神接触可以表达自信和尊重对方。然而，过于直视对方的眼睛可能被视为侵犯个人空间或挑衅。学习者应根据目标文化中的规范和对方的反应调整自己的眼神接触。在一些文化中，稍微降低视线或间断性的眼神接触被认为更有礼貌和恰当。

学习者应持续观察、学习和适应。商务环境和文化背景都在不断地变化，学习者应持续观察和学习关于眼神交流的文化差异，并适应不同的情境和对方的期望。通过与来自不同文化背景的人进行交流，并注意他们的眼神交流方式，学习者可以获得更全面的对眼神交流的理解和应用能力。

在商务英语中，眼神交流是非常重要的。了解目标文化中关于眼神交流的习俗和规则，并相应调整自己的行为，可以帮助学习者建立良好的商务关系和有效的沟通。通过观察对方的眼神移动，学习者可以更好地理解对方的关注度和意图，并做出适当的回应。持续学习和适应不同文化背景下的眼神交流方式有助于学习者在跨文化商务环境中取得更好的沟通效果和合作结果。

三、姿势和肢体语言

姿势和肢体语言是非语言沟通的重要组成部分。它们可以传递自信、开放、友好等信息。学习者应注意自己的姿势和肢体语言，以保持开放的姿态，如挺直身体、放松肩膀、双手放在桌子上等。这样的姿势可以传递积极的信息，并促进有效的沟通。

学习者应注意自己的身姿。挺直身体可以显示出自信和专注，而弓背或驼背则可能给人一种不自信或漫不经心的印象。学习者应该保持良好的坐姿或站姿，并尽量避免瘫坐或垂肩的状态。

学习者应放松肩膀和手臂。紧绷的肩膀和手臂会给人一种紧张或不友好的感觉。学习者应该尽量放松肩膀和手臂，以传递一种开放和友好的姿态。

学习者应注意手势的使用。手势是肢体语言中的重要组成部分，可用于强调、解释或表达情感。然而，在不同文化中，手势的含义可能有所不同。例如，在有些文化中，大幅度的手势可能被视为过于激动或无礼，而在有些文化中可能是正常的表达方式。

学习者还应观察对方的姿势和肢体语言。在不同文化中，姿势和肢体语言的含义可能有所不同。观察对方的姿势和肢体语言可以帮助学习者更好地理解对方的意图和状态，并做出适当的回应。例如，交叉臂抱胸在某些文化中被视为防御性的姿势，可能表示不满或不愿合作；而在另一些文化中，这可能仅仅是一种舒适的姿势。

学习者应持续观察、学习和适应。通过与来自不同文化背景的人进行交流，并注意他们的姿势和肢体语言，学习者可以获得更全面的理解和应用能力。

在商务英语中，姿势和肢体语言是非常重要的。学习者应注意自己的姿势和肢体语言，保持开放和友好的姿态，以传递积极的信息并促进有效的沟通。同时，观察对方的姿势和肢体语言，了解目标文化中关于姿势和肢体语言的规范和习俗，并相应调整自己的行为，有助于建立良好的商务关系和有效的跨文化沟通。通过持续学习、观察和适应，学习者可以提高自己在姿势和肢体语言方面的敏感度和运用能力，从而在商务交流中收到更好的效果。

四、手势和动作

手势和动作在非语言沟通中也起着重要的作用。手势可以用来强调和补充语言表达，传递更丰富的信息。学习者应该学会识别和运用常见的手势和动作，如点头、招手、比画等。通过适当的手势和动作，学习者可以更好地支持和补充自己的语言表达。

学习者应注意手势的使用频率和力度。过于频繁或夸张的手势可能会分散对方的注意力，或给人一种过于激动或不专注的印象。学习者应选择适当的时机和方式使用手势，以补充和支持自己的语言表达。

学习者应注意手势的含义和象征。在不同文化中，手势和动作的含义和象征可能有所不同。某个手势在一种文化中可能是友好和正面的，而在另一种文化中可能具有负面的含义。因此，学习者应了解目标文化中关于手势和动作的习俗和规则，并相应调整自己的行为。避免使用可能引起误解或冲突的手势，以免造成不必要的困扰或尴尬。

学习者还应观察对方的手势和动作。在不同文化中，手势和动作的使用频率、形式和含义可能有所不同。例如，在有些文化中，点头表示赞同或接受，而在另一些文化中可能表示理解或示意停止。

学习者应持续学习和适应。在商务英语中，手势和动作是非常重要的非语言沟通方式。学习者应注意手势的使用频率和力度，避免过于频繁或夸张；同时，要了解和尊重目标文化中关于手势和动作的习俗和规则，以避免引起误解或冲突。观察对方的手势和动作，有助于学习者更好地理解对方的意图和状态，并做出适当的回应。

五、时间和空间观念

时间和空间观念在非语言沟通中也起着重要的作用。不同文化对待时间和空间的态度和习俗可能有所不同。学习者应该了解目标文化中关于时间和空间的观念和规则，并相应调整自己的行为。

学习者应注意对待时间的态度。有些文化更注重准时和高效率，而有些文化更注重弹性和灵活性。在商务交流中，学习者应根据目标文化的习俗和期望合理安排自己的时间，并尽量遵守约定的时间。如果对方来自一个注重准时文化的国家，应提前做好准备，确保按时到达会议或商务场合。反之，如果对方是一个注重灵活性的人，可能需要更加灵活地安排时间，并适应对方的习俗。

学习者还应注意对待空间的态度。有些文化更注重个人空间和隐私，有些文化则更注重集体空间和亲密接触。在商务交流中，学习者应尊重对方的个人空间和界限。例如，在有些文化中，个人空间较大，人们习惯保持一定的距离，而在另一些文化中，个人空间较小，人们更容易接近和触碰对方。学习者应注意对方的舒适区域，并避免过于侵犯或冒犯对方的个人空间。

学习者还应尊重目标文化中关于时间和空间的规则和习俗。这包括了解当地人对待时间的态度（准时或更注重灵活性）、对待个人空间的期望和界限等。了解和尊重这些规则可以更好地适应和理解当地的商务环境，并建立良好的商务关系。

在商务英语中，时间和空间观念是非常重要的。学习者应注意对待时间的态度，合理安排自己的时间，并尽量遵守约定的时间。同时，学习者应注意对待空间的态度，尊重对方的个人空间和界限。了解和尊重目标文化中关于时间和空间的规则和习俗，有助于建立良好的商务关系和有效的跨文化沟通。通过持续学习、观察和适应，学习者可以提高自己在时间和空间观念方面的敏感度和运用能力，从而在商务交流中收到更好的效果。

第五节　商务英语中的文化敏感词汇和表达方式

在全球化的商业环境中，了解和运用文化敏感词汇和表达方式对于成功的商务沟通至关重要。商务英语中的文化敏感词汇和表达方式涉及不同国家和地区的文化背景、价值观和行为规范。掌握这些词汇和表达方式可以帮助学习者建立良好的商业关系，避免冒犯他人，并促进有效的跨文化沟通。

一、了解目标文化的文化敏感词汇

了解目标文化的文化敏感词汇非常重要。每个国家和地区都有独特的文化敏感词汇，使用这些词汇可能会引起误解、冲突或冒犯他人。学习者应该积极主动地学习和了解目标文化中的文化敏感词汇，并避免在商务交流中使用这些词汇。

（一）尊重对方的称谓和敬语

在商务英语中，使用尊重对方的称谓和使用适当的敬语非常重要。不同国家和地区尊称和使用敬语的方式可能有所不同。学习者应该了解目标文化中的尊称和敬语使用规则，并相应调整自己的行为。例如，在日本文化中，使用适当的敬语是非常重要的，以此尊重对方。学习者应该注意在商务交流中使用适当的敬语，以显示对对方的尊重和礼貌。

（二）避免使用冒犯性的词汇和表达方式

在商务英语中，避免使用冒犯性的词汇和表达方式是非常重要的。一些词汇和表达方式可能在其他文化中具有负面或冒犯性的含义。学习者应该避免使用这些词汇和表达方式，以免造成误解或冒犯他人。例如，在西方文化中，谈论种族、宗教、性别等敏感话题可能会被视为不礼貌和对他人不尊重。学习者应该避免谈论这些敏感话题，并使用中立和尊重的表达方式。

二、理解文化差异并适应对方的行为规范

在商务英语中，理解文化差异并适应对方的行为规范是非常重要的。不同国家和地区有不同的商务行为规范和价值观。学习者应该了解目标文化中的商务行为规范，并尊重和适应这些规范。以下是一些建议。

（一）学习目标文化的商务行为规范

学习者应主动了解目标文化的商务行为规范。这包括了解当地人对待时间、沟通方式、礼仪和商务谈判等方面的看法和偏好。

（二）尊重对方的行为规范

学习者应尊重对方的行为规范，并避免将自己的文化标准强加于他人。尊重对方的商务行为方式和期望是建立良好商务关系的基础。

（三）耐心建立信任和关系

在某些文化中，商务交流通常需要花费较长的时间来建立信任和关系。学习者应耐心等待和适应这种方式，并不断努力建立良好的人际关系。这可能需要更多的社交活动和非正式的互动，以便与合作伙伴建立更深层次的联系。

（四）避免使用冒犯性语言或行为

学习者应注意避免使用可能被视为冒犯或不恰当的语言或行为。同时应了解当地文化中禁忌和敏感话题，并避免触碰这些话题，以避免造成误解和冲突。

三、学习和运用适当的商务礼仪

在商务英语中，学习和运用适当的商务礼仪是非常重要的。商务礼仪包括对待时间的态度、社交礼仪、用餐礼仪等方面的规范和行为。学习者应该了解目标文化的商务礼仪，并相应调整自己的行为。以下是一些建议。

（一）了解目标文化的商务礼仪

学习者应主动了解目标文化的商务礼仪。这包括了解当地人对待时间的态度（准时或更注重灵活性）、社交礼仪和用餐礼仪等。通过了解这些规范，学习者可以更好地适应和理解当地的商务环境。

（二）尊重目标文化的商务礼仪

学习者应尊重目标文化的商务礼仪，以表达对对方的尊重和合作意愿。遵循当地

的商务礼仪和行为规范（如在会议前提前安排并准时到达、穿着正式服装等），可以增加与对方的亲近感和信任。

（三）观察和模仿当地人的行为

通过观察当地人的行为（包括当地人在商务场景中的姿势、手势、面部表情和礼仪等），学习者可以了解当地的商务礼仪并模仿他们的行为。这可以从中获得启发并将其逐渐融入自己的商务交流方式中。

（四）尊重文化差异并适应

学习者应尊重不同文化之间的差异，并适应对方的商务礼仪。例如，在有些文化中，商务会议可能会较为正式和庄重，而在有些文化中商务礼仪更加灵活和轻松。学习者应灵活调整自己的行为方式，以适应目标文化的商务礼仪。

（五）持续学习和改进商务礼仪

商务礼仪是一个动态的领域，需要持续学习和改进。学习者应通过阅读专业文献、参加培训和与其他跨文化交流者交流，不断增进对商务礼仪的理解，提高商务礼仪运用能力。

四、尊重和理解对方的商务文化

在商务英语中，尊重和理解对方的商务文化是非常重要的。每个国家和地区都有其独特的商务文化、行为规范和价值观。学习者应该尊重对方的商务文化，并努力理解和适应这些文化差异。以下是一些建议。

（一）学习目标文化的商务文化

学习者应主动学习目标文化的商务文化。通过学习这些文化差异，学习者可以更好地适应和理解当地的商务环境。

（二）尊重对方的商务文化

学习者应尊重对方的商务文化，并避免将自己的文化标准强加于他人。尊重对方的商务行为方式和期望，是建立良好商业关系的基础。

（三）提前了解目标文化的行为规范

在与目标文化的商务伙伴进行交流之前，学习者应提前了解目标文化的行为规范。了解当地的商务礼仪、社交规范、沟通方式等，以便在商务交流中避免造成误解和冲突。

（四）灵活调整自己的行为方式

学习者应灵活调整自己的行为方式，以适应不同的商务文化环境。

（五）保持开放的态度和灵活性

在与对方交流和互动时，学习者应保持开放的态度和灵活性。

第六节　研究国际商务中的礼仪和商务活动规范

在全球化的商业环境中，了解和遵守国际商务中的礼仪和商务活动规范对于成功的商务交流至关重要。每个国家和地区都有独特的商务礼仪、行为规范和价值观，这些差异可能影响商务合作的方式和结果。

礼仪和商务活动规范在国际商务中扮演着重要的角色。正确的礼仪和行为规范可以帮助建立良好的商业关系，增加信任和尊重，并促进有效的商务合作。遵循适当的礼仪和规范还可以避免冒犯他人、造成误解或破坏商业关系。

一、不同国家和地区的礼仪和商务活动规范

不同国家和地区的礼仪和商务活动规范在很大程度上反映了各自的文化和价值观。了解这些可以帮助我们避免误解和冲突，促进更顺畅的沟通和合作。以下是一些主要国家的礼仪特点和商务规范。

（一）亚洲地区

中国：在中国，关系（关系网）在商务中扮演着重要角色。建立信任和个人关系是成功商务的关键。礼物交换很常见，但应避免过于昂贵的礼物，以免引起尴尬或误解。

日本：在日本，商务礼仪非常严格。初次见面时，通常会进行鞠躬礼，以示尊重。商务卡交换时，应使用双手，并且要仔细阅读对方的名片。会议通常开始得非常准时，迟到被视为非常不礼貌的行为。

韩国：韩国的商务礼仪与日本相似，也非常注重等级和尊重。商务会议中，地位较高的人通常坐在最尊贵的位置。饮酒文化在商务中也很常见，拒绝饮酒可能会被视为不礼貌。

（二）欧洲地区

英国：英国人非常注重礼貌和个人空间。在商务场合，握手是常见的问候方式。英国人通常比较保守，不喜欢过于直接的交流方式。

法国：法国人在商务中非常重视个人关系和社交礼节。商务会议可能会在轻松的环境中进行，如咖啡馆或餐厅。在法国，商务谈判可能需要较长的时间来建立信任。

德国：德国人以其直接和高效的方式而闻名。在商务场合，他们重视准时和精确。德国人通常不喜欢冗长的会议，更倾向于直接进入主题。

（三）北美地区

美国：美国人在商务中非常注重效率和结果。握手是常见的问候方式，商务谈判通常比较直接和快速。美国人重视创新和个人表现。

加拿大：加拿大的商务文化与美国相似，也融合了英国的一些文化。加拿大人通常比较友好和礼貌，重视建立长期关系。

（四）拉丁美洲地区

巴西：在巴西，商务活动通常比较随意和社交化。初次见面时，可能会有拥抱和亲吻脸颊的问候方式。商务会议可能会在轻松的环境中进行，如午餐或晚餐。

墨西哥：墨西哥的商务文化强调个人关系和尊重。在商务场合，使用尊称和头衔是非常重要的。墨西哥人通常比较热情和友好。

（五）中东地区

在沙特阿拉伯，商务礼仪非常严格，尊重宗教和文化是非常重要的。在商务场合，男性通常穿着传统的长袍，女性则穿着保守的服装。商务活动通常在男性之间进行。

（六）非洲地区

南非是一个多元文化的国家，商务礼仪受到多种文化的影响。在南非，建立个人关系和信任是非常重要的。商务会议可能会比较随意，但也非常注重效率。

二、学习和适应礼仪和商务活动规范的方法

以下是一些学习和适应礼仪和商务活动规范的方法和策略。

（一）学习和了解目标国家或地区的礼仪和商务活动规范

学习者应该积极学习和了解目标国家或地区的礼仪和商务活动规范。这包括阅读相关的书籍、研究案例和文化指南，以及参加培训课程和文化交流活动。通过深入了解目标国家或地区的礼仪和商务活动规范，学习者可以更好地理解和尊重对方的行为和期望。

（二）观察和倾听

学习者应该观察和倾听目标国家或地区的商务环境和行为规范。观察和倾听可以帮助学习者更好地理解目标国家或地区的商务礼仪和行为规范，并调整自己的行为方式。

（三）适应和尊重对方的礼仪和行为规范

学习者应该适应和尊重目标国家或地区的礼仪和行为规范。这包括注意言谈举止、穿着打扮、交流方式等方面的差异。学习者可以通过观察和模仿当地人的行为来逐渐适应并尊重对方的礼仪和行为规范。

（四）建立良好的人际关系

在跨文化商务环境中，建立良好的人际关系对于成功的商务合作至关重要。学习者应该积极主动地与合作伙伴建立联系，并投入到社交活动和商务会议中。通过建立互信的关系，学习者可以更好地理解和适应目标国家或地区的商务文化。

（五）尊重和理解文化差异

学习者应该尊重和理解不同文化之间的差异。应该意识到自己的文化背景和偏见，并努力避免将自己的文化标准强加于他人。尊重和理解文化差异可以让学习者更好地进行跨文化商务交流和合作。

第七节　实践商务英语跨文化交际技能

在当今全球化的商业环境中，掌握商务英语和跨文化交际技能变得越来越重要。随着企业在不同国家和地区之间进行合作和交流次数的增加，了解并适应不同文化背景下的商务行为规范和价值观成为合作成功的关键。实践商务英语跨文化交际技能需要学习者深入了解目标国家或地区的商务文化，并提升商务英语能力和跨文化交际技巧。

一、了解目标国家或地区的商务文化

深入了解目标国家或地区的商务文化是跨文化交际的基础。以下是一些方法和步骤。

（一）学习相关资料

阅读有关目标国家或地区商务文化的书籍、文章和案例研究。这些资料可以为学习者提供关于商务礼仪、沟通方式和决策模式的信息。

（二）参加培训课程

参加针对目标国家或地区商务文化的培训课程。这些课程由专业人士提供，可以帮助学习者更好地了解目标国家或地区的商务行为准则和价值观。

（三）参加文化交流活动

参加文化交流活动，例如商务考察、交流项目或商务展览。通过与当地人的互动和交流，学习者可以更深入地了解目标国家或地区的商务文化，并建立有意义的人际关系。

二、提升商务英语能力和跨文化交际技巧

（一）学习商务英语词汇和表达方式

掌握商务英语的专业术语和常用短语，以便在商务交流中准确表达自己的想法。

1. 学习专业术语

了解并学习与商务领域相关的专业术语，如市场营销、财务、人力资源等方面的术语。这样可以确保学习者在商务交流中使用正确的术语，避免产生歧义或误解。

2. 熟悉行业惯用语

不同行业有特定的惯用语和表达方式。学习者应该熟悉目标行业的常用短语和表达，以便在商务交流中与行业内的专业人士进行有效沟通。

3. 积累常用商务短语

学习商务交流中常用的短语和表达方式对于准确传达信息至关重要。学习者可以积累并熟练掌握常用的商务短语，如"Thank you for your cooperation"（感谢您的合作）和"We look forward to doing business with you"（期待与您合作）等。

4. 阅读商务材料

通过阅读商务文档、商业新闻和商务书籍，学习者可以学习到更多的商务英语表达方式和专业术语。这有助于学习者丰富词汇量，并提高在商务交流中准确表达的能力。

5. 参加相关培训和研讨会

参加商务英语培训课程或与商务专业人士进行交流的研讨会，可以进一步提升商务英语表达能力。这为学习者提供了与其他人互动的机会，以学习和探讨最新的商务英语用法和技巧。

（二）练习商务英语听力和口语

通过听取商务英语材料和与母语人士进行交流，提高商务英语听力和口语能力。学习者还可以参加商务英语口语培训班，通过模拟商务场景来提升自己的口语表达能力。

1. 听取商务英语材料

积极寻找商务英语的听力材料，如商务演讲、商务会议录音等。反复听取并理解其中的专业术语和表达方式有助于提高商务英语的听力理解能力。

2. 与母语人士进行交流

与以英语为母语的人士进行交流，可以锻炼自己的口语表达能力。积极参与商务场景（如商务会议、商务谈判等）的对话，以模拟真实的商务交流环境。

3. 参加商务英语口语培训班

参加专门的商务英语口语培训班可以获得系统的口语训练和指导。这些培训班通常会模拟各种商务场景，并提供口语练习的机会和反馈，以帮助学习者提升口语表达能力。

4. 积极运用商务英语口语

在日常学习和工作中，学习者应积极运用商务英语口语。在参加商务会议、展示报告或与商业合作伙伴交流中，努力用商务英语表达自己的观点和意见。

5. 保持学习态度

商务英语的听力和口语能力需要持续学习和练习。学习者应保持学习的态度，不断提升自己的商务英语水平。通过持续的学习和实践，学习者可以逐渐提高商务英语的听力和口语能力。

（三）理解和运用非语言沟通

不同文化背景下的非语言沟通方式可能存在差异。学习者应该学习和理解目标国家或地区的非语言沟通方式（如姿势、面部表情和身体语言等），并在实践中灵活运用。

1. 研究目标文化的非语言沟通方式

学习者应深入研究目标国家或地区的文化特点和非语言沟通方式。了解当地人民对于姿势、面部表情和身体语言的使用和解读方式，这有助于准确理解和运用非语言沟通。

2. 观察和模仿当地人的行为

学习者可以通过观察当地人的行为和互动方式，学习和模仿他们的非语言沟通方式。可以关注当地人的姿势、手势和面部表情，以及他们在不同场景下的身体语言的使用，这可以使学习者从中获得启发并将其逐渐融入自己的交流方式中。

3. 尊重和适应当地的文化习惯

在与来自不同文化背景的人交流时，学习者应尊重并适应当地的文化习惯。避免使用可能被视为冒犯或不恰当的非语言沟通方式，尽量与当地人保持一致，并遵守当地的行为准则。

4. 了解误解和文化差异

不同的文化背景可能会导致误解和沟通障碍。学习者应该了解造成这些误解的可能性，并努力理解和适应不同文化之间的差异。在跨文化交流中，保持开放心态、耐心倾听和提问，以避免造成误解并建立更有效的沟通。

（四）观察和了解

学习者应该观察和了解目标国家或地区的商务环境和行为规范。通过与当地人交流、参加商务会议和观察商务交流，以获取实际经验和见解，并调整自己的行为方式。

1. 积极参与商务会议

尽可能参加目标国家或地区的商务会议，观察当地人在商务场景中的行为方式和沟通方式。注意他们的谈判风格、会议礼仪和表达方式等，并从中学习和适应当地的商务环境。

2. 与当地人进行交流

与当地商务专业人士进行交流，了解他们的工作方式和商务文化习惯。通过与他们交流，学习他们的商务用语、沟通技巧和社交习惯，更好地融入和理解当地的商务环境。

3. 观察商务交往中的细节

在商务交往中，应留意当地人的行为细节和态度。注意他们的身体语言、面部表情和礼仪规范，调整自己的行为方式并从中获取见解，以适应当地的商务行为准则。

4. 了解当地商务文化和价值观

学习者应该了解目标国家或地区的商务文化和价值观。了解当地人对于时间、关系和合作等方面的看法和偏好，这有助于更好地理解他们的商务行为，并适应当地的商务环境。

5. 灵活调整自己的行为方式

学习者应灵活调整自己的行为方式，以适应不同的商务环境和文化背景。同时应遵循当地的商业礼仪和行为规范，尊重当地人的价值观和行为准则，以建立良好的商务关系和信任。

（五）尊重和适应文化差异

不同国家或地区的商务文化存在差异，学习者应该尊重并适应这些差异。应该避免将自己的文化标准强加于他人，并尊重对方的商务行为和期望。

1. 尊重和接纳文化差异

学习者应意识到不同国家或地区的商务文化差异，并保持尊重和开放的态度。理解并接纳这些差异是建立跨文化合作的关键。

2. 避免将自己的文化标准强加于他人

学习者应避免将自己的文化标准强加于他人。商务环境中的行为准则和期望因文化而异，学习者应尊重对方的商务行为方式，并努力理解和适应当地的商务文化。

3. 提前了解目标文化的商务行为准则

在与特定国家或地区进行商务交流之前，学习者应提前了解目标文化的商务行为准则。这包括了解当地的商务礼仪、社交规范和沟通方式等。通过了解这些准则，学习者可以更好地适应和理解当地商务环境。

4. 与当地人建立良好的关系

建立良好的关系是跨文化合作的关键。学习者应尊重当地人的商务行为和期望，积极建立互信和合作的关系。通过与当地人建立良好的关系，学习者可以更好地融入当地商务环境，并实现共同的商务目标。

5. 持续学习和适应

随着商务环境和文化背景不断的变化，学习者应持续学习和适应新的情况。保持对不同文化和商务文化的学习态度，应与当地人保持密切联系，并不断更新自己的知识和意识，以提高跨文化合作的能力。

（六）建立良好的人际关系

1. 积极主动地与合作伙伴建立联系

学习者应积极主动地与目标国家或地区的合作伙伴建立联系。通过电子邮件、电话或面对面的方式，表达出对合作的兴趣，并邀请他们参加商务会议或其他合适的场合。

2. 投入到社交活动中

社交活动是建立人际关系的重要机会。学习者应尽可能参加当地的社交活动，如商务午餐、晚宴或团队建设活动。在这些场合，学习者可以与合作伙伴进行非正式的交流，以增进相互了解和信任。

3. 参加商务会议和研讨会

商务会议和研讨会是学习者与合作伙伴深入交流的机会。学习者应积极参加相关的研讨会，与来自不同文化背景的专业人士进行交流和学习。这有助于增进相互了解，建立起合作伙伴之间的信任和互信。

4. 尊重和理解目标国家或地区的商务文化

学习者应尊重并理解目标国家或地区的商务文化。了解当地人的价值观、行为准则和社交规范，遵循当地的商业礼仪和规定，以建立良好的人际关系。

5. 保持开放的态度和灵活性

在与合作伙伴交流和互动时，学习者应保持开放的态度和灵活性。倾听和接受不同的观点和意见，适应并调整自己的行为方式，以便更好地融入目标国家或地区的商务环境。

（七）持续学习和提升

商务环境不断变化，学习者应该持续学习和提升自己的商务英语水平和跨文化交际技能。可以参加培训课程、研讨会和专业组织活动，与其他专业人士交流和分享经验。通过持续学习和提升，学习者可以不断完善自己的商务英语和跨文化交际能力。

1. 参加培训课程和研讨会

参加专门的商务英语培训课程或跨文化交际研讨会，可以使学习者获得系统的学习和指导。这些培训活动通常会涵盖商务沟通、文化意识和跨文化交际等方面的内容，这有助于学习者提升商务英语和跨文化交际技能。

2. 加入专业组织和社交网络

加入相关的商务英语或跨文化交际的专业组织，参与其活动并与其他专业人士建立联系。这样学习者可以与行业内的专家和从业者交流和分享经验，并获取最新的行业趋势和知识。

3. 阅读专业文献和书籍

持续阅读相关的商务英语和跨文化交际的专业文献和书籍，了解最新的理论和实践。通过深入研究和学习，学习者可以增进对商务环境和跨文化交际的理解，并提升自己的知识水平。

4. 参与商务项目和实践

积极参与商务项目和实践，将学习到的商务英语和跨文化交际技能应用于实际场景中。通过实践经验，学习者可以发现并改进自己的不足之处，并加深对商务环境和跨文化交际的理解。

5. 持续自我评估和反思

学习者应定期进行自我评估和反思，以了解自己在商务英语和跨文化交际方面的进步和不足之处。根据评估结果，学习者应制订个人发展计划，并设定明确的目标，持续提升自己的商务英语水平和跨文化交际能力。

第九章　商务英语翻译技巧与实践

第一节　理解商务英语翻译的重要性

在全球化的商业环境中，商务英语翻译扮演着非常重要的角色。商务英语翻译是将商务信息从一种语言转化为另一种语言的过程，以促进跨文化商务交流和合作。商务英语翻译的质量和准确性对于商务活动的成功至关重要。

一、商务英语翻译的重要性

商务英语翻译在跨文化商务交际中发挥着重要的作用。它能够消除语言障碍，确保商务信息的准确传递，促进文化理解和尊重，提高商务效率和竞争力，推动国际化发展，提升品牌形象和声誉，以及促进国际合作与交流。因此，企业在开展跨国商务活动时应重视商务英语翻译，并选择专业的翻译服务提供商，以确保商务交流的顺利进行和商业目标的实现。

（一）消除语言障碍

商务英语翻译可以帮助消除跨文化商务交流中的语言障碍。不同国家和地区使用不同的语言进行商务交流，这可能导致沟通的困难和误解。商务英语翻译可以将原始信息转化为目标语言，使双方能够更好地理解对方的意图和需求，从而建立良好的商业关系。

（二）传递准确的商务信息

商务英语翻译可以确保商务信息的准确传递。商务活动中的信息通常涉及合同、协议、报告、营销材料等重要文档。任何误解或错误都可能对商业活动产生严重的影响。商务英语翻译需要确保原始信息的准确性和一致性，并将其转化为目标语言，以确保双方对商务事务的理解一致。

（三）促进文化理解和尊重

商务英语翻译可以促进跨文化商务交流中的文化理解和尊重。每个国家和地区都有独特的商务文化、价值观和行为规范。商务英语翻译需要考虑这些文化差异，并在翻译过程中传达出来，尊重和理解对方的文化背景和行为准则，帮助双方建立互信，从而促进有效的商务合作。

（四）提高商务效率和竞争力

商务英语翻译的质量和准确性对商务活动的效率和竞争力有直接的影响。准确的翻译可以避免造成误解和冲突，并帮助双方更快地达成共识和决策。商务英语翻译的质量越高，商务活动的效率就越高，从而提高了企业的竞争力。

（五）推动国际化发展

商务英语翻译的重要性还体现在推动企业的国际化发展上。随着全球市场的开放和竞争的加剧，越来越多的企业开始寻求发展海外市场的机会。商务英语翻译可以帮助企业与海外合作伙伴进行有效的沟通和交流，扩大市场份额，开拓新的商机，促进企业的国际化发展。

（六）提升品牌形象和声誉

商务英语翻译对企业的品牌形象和声誉有重要的影响。在跨国商务活动中，准确和专业的翻译能够传达企业的专业能力和负责任的态度。商务英语翻译需要确保文档、营销材料和宣传资料等内容的准确性和一致性，以提升企业的品牌形象和声誉，并赢得客户和合作伙伴的信任和好评。

（七）促进国际合作与交流

商务英语翻译为不同国家和地区的企业之间的合作与交流提供了桥梁。通过商务英语翻译，企业可以与海外客户、供应商和合作伙伴进行有效的沟通，从而推动双方的商务合作。商务英语翻译不仅仅是简单地将语言转换为目标语言，更重要的是传递信息和建立互信，促进国际合作与交流。

二、提高商务英语翻译质量的方法和策略

商务英语学习者需要精通源语言和目标语言，了解商务文化和行为规范，确保准确性和一致性，使用技术工具和资源，不断学习和提升，保护商业机密和敏感信息，灵活应对不同的商务场景，高效管理时间和任务，以及持续沟通和反馈。这些能力和技巧可以帮助商务英语学习者在跨文化商务交流中发挥重要的作用，并提供高质量的翻译服务。

（一）精通源语言和目标语言

源语言通常指的是原文所使用的语言，目标语言则是翻译后的语言。商务英语学习者需要精通源语言和目标语言。他们应该具备深厚的商务英语背景知识，熟悉商务用语和行业术语。同时，他们应该具备出色的目标语言能力，包括词汇量、语法结构和表达方式。只有精通这两种语言，学习者才能准确地理解和转化商务信息。

（二）了解商务文化和行为规范

商务英语学习者应该了解不同国家和地区的商务文化和行为规范。每个国家和地区都有独特的商务礼仪、价值观和行为准则。了解这些文化差异可以帮助学习者更好地理解原始信息，并在翻译过程中将原始信息传达出来。学习者还可以参考目标文化的商务用语和惯用表达方式，以提高翻译质量。

（三）确保准确性和一致性

商务英语翻译需要确保准确性和一致性。学习者应该仔细理解原始信息的意图和含义，并确保其在翻译过程中信息得到准确传达。同时，学习者应该注意使用相同的词汇和表达方式，以确保翻译文档的一致性和连贯性。

（四）使用技术工具和资源

商务英语学习者可以利用各种技术工具和资源来提高翻译质量和效率。计算机辅助翻译（CAT）工具可以帮助学习者管理翻译记忆库、术语库和词汇表，并提供一致性检查和自动翻译功能。在线词典和平行语料库也是非常有用的资源，可以帮助学习者查找和验证词汇和表达方式。

（五）不断学习和提升

商务英语学习者应该不断学习和提升自己的翻译技能。他们可以参加相关的培训课程和研讨会，阅读专业书籍和期刊，与其他学习者进行交流和分享经验。通过持续的学习和提升，商务英语学习者可以紧跟行业发展的步伐，并不断提高自己的翻译质量和专业水平。

（六）保护商业机密和敏感信息

商务英语学习者在处理商务文件和信息时需要严格遵守保密协议。商务英语学习者应该采取相应的安全措施（如使用安全的文件传输方式和加密技术等），以保证商业机密和敏感信息的安全性。

（七）灵活应对不同的商务场景

商务英语学习者需要具备灵活应对不同商务场景的能力。商务活动涉及多种形式的交流，如会议、谈判、演讲等。学习者需要根据不同的场景和需求调整自己的翻译风格和表达方式，以确保信息的准确传递和有效沟通。

（八）高效管理时间和任务

商务英语学习者通常需要在有限时间内完成大量翻译任务。他们需要具备高效的时间管理和任务分配能力，以提高工作效率并保证翻译质量。学习者可以使用时间管理工具和技巧（如制订工作计划、设置优先级和利用碎片时间等）来有效地管理自己的时间和任务。

（九）持续沟通和反馈

商务英语学习者应与客户和合作伙伴保持持续的沟通和反馈。他们需要理解客户的需求和期望，并及时解答问题和提供支持。通过积极的沟通和反馈，商务英语学习者可以更好地理解客户的要求，调整翻译方向，并提高翻译质量和服务水平。

第二节　提高商务英语翻译的语言能力

为了提高商务英语翻译的语言能力，学习者需要注重词汇积累、语法掌握和语言运用。他们可以通过阅读商务英语材料、使用专业词典和词汇表、建立个人词汇库、参加商务英语培训课程、学习基本语法知识、分析商务文本的语法结构、参考语法书籍和资源、练习语法应用、口语练习、写作训练、参考优秀商务文本和及时纠正错误等方法和建议，不断提升自己的语言能力和翻译水平。

一、词汇积累

商务英语翻译需要广泛的词汇，因此，学习者应该注重词汇的积累和扩充。以下是一些方法和建议。

（一）阅读商务英语材料

通过阅读商务英语材料（如商业新闻、商务书籍和商务报告等），学习者可以接触到丰富的商务词汇，从而扩充词汇量，并学习这些词汇的正确用法和搭配。商务英语材料通常涵盖各种商业领域的专业术语和表达方式（包括市场营销、金融、管理等），学习者通过阅读这些材料可以熟悉不同领域的专业术语，了解其在特定语境中的应用和含义。同时，商务材料可以帮助学习者了解商务交流的惯常表达方式和礼仪，提升其商务沟通能力和专业素养。通过阅读商务英语材料，学习者还可以了解商业领域的最新动态和趋势，为翻译工作提供更准确和专业的翻译内容。总之，通过阅读商务英语材料，学习者不仅可以扩充词汇量和提升翻译技能，还可以深入了解商务领域的专业知识，为其在商务翻译领域取得成功奠定坚实基础。

（二）使用专业词典和词汇表

商务英语学习者可以利用专业的商务词典和词汇表（如《牛津商务英语词典》和《英语商务词汇手册》等）来查找和学习相关的商务词汇。这些专业工具提供了全面且准确的商务词汇解释和用法说明，帮助学习者准确理解和运用商务术语。商务词典通常包含各种商务领域的专业术语、短语和惯用语，涵盖市场营销、金融、贸易、管理等多个方面，为学习者提供了丰富的词汇资源。通过查阅商务英语词典，学习者可以快速准确地找到所需词语的翻译，提高翻译的准确性和专业性。此外，商务英语词典还可以帮助学习者了解商务词汇的常见搭配和用法，加强对商务术语的理解和记忆。通过持续学习和积累，学习者可以逐渐建立起丰富的商务词汇量和专业知识，为商务翻译工作提供有力支持。因此，专业的商务英语词典和词汇表是商务英语学习者不可或缺的工具，能够帮助他们提升翻译水平，应对各类商务文件和交流挑战，确保其翻译质量和准确性。

（三）建立个人词汇库

学习者可以建立自己的词汇库，记录和整理常用的商务英语词汇，并对其进行分类和归纳。这样可以帮助学习者更好地管理和复习词汇。

（四）参加商务英语培训课程

参加商务英语培训课程可以帮助学习者系统地学习和掌握商务英语的词汇和表达方式。培训课程通常包括商务英语词汇的教学和实践，以及相关的商务案例分析和模拟对话。

二、语法掌握

除了词汇积累外，商务英语学习者还需要具备良好的语法掌握能力。以下是一些方法和建议。

（一）学习基本语法知识

商务英语学习者应该学习和掌握基本的语法知识，如句子结构、时态、语态和主谓一致等。可以通过阅读语法书籍和参加语法课程来学习这些知识。

（二）分析商务文本的语法结构

学习者可以分析商务文本的语法结构，了解句子的组成和语法规则的运用。通过分析商务文本，学习者可以提高对语法的理解和运用能力。

（三）参考语法书籍和资源

商务英语学习者可以参考专业的语法书籍和在线资源（如《剑桥商务英语语法》和《英语语法大全》）来学习和查阅相关的语法知识和问题。

（四）多练习语法应用

商务英语学习者可以通过练习语法应用来提高自己的语法掌握能力。可以通过完成一些语法练习题（如填空、改错和翻译练习）加深对语法规则的理解和记忆。

三、语言运用

除了词汇积累和语法掌握外，商务英语学习者还需要具备良好的语言运用能力。以下是一些方法和建议。

（一）口语练习

学习者通过口语练习能够提高商务英语口语表达的准确性、流利度和自信心。不断练习和实践商务英语口语有助于学习者更好地应对商务场景中的口头交流需求，并为其提供专业和流畅的口语翻译服务。

商务英语学习者可以通过口语练习来提高自己的语言运用能力。以下是一些关键点。

1. 与他人进行商务英语对话

学习者可以与他人进行商务英语对话练习，模拟各种商务场景，如电话沟通、会议讨论、商务谈判等。这有助于学习者熟悉商务英语的应用和实际交流，提高口语表达的准确性和流利度。

2. 注意语音语调和语速

商务英语口语要求发音清晰准确和语音语调恰当。学习者应关注自己的语音语调，注意准确运用重读和连读。此外，学习者也要掌握合适的语速，避免语速过快或过慢而影响沟通效果。

3. 积累商务词汇和表达方式

通过口语练习，学习者可以积累更多的商务词汇和表达方式。在对话中注意并记录新学到的词汇和表达方式，加强商务英语词汇应用能力。

4. 纠正错误和改进不足

在口语练习过程中，学习者可能会发现自己的错误或不足之处。这要求学习者关注他人的反馈和建议，及时纠正自己的错误并改进口语表达的不足之处。

5. 参加商务英语培训和交流活动

参加商务英语培训课程或参与相关的交流活动（如研讨会、网络论坛等）有助于学习者与其他专业人士交流和学习。这不仅为学习者提供了与其他人互动的机会，而且促进学习者商务英语口语能力的提高。

（二）写作训练

学习者通过写作训练能够提高商务英语写作的准确性、连贯性和流畅度。这有助于学习者更好地应对商务文档的撰写需求，并提供专业和清晰的写作翻译服务。持续学习和积极参与相关的培训和交流活动也能够帮助学习者与行业内的专业人士保持紧密联系，拓宽学习者的知识面和写作技能。

商务英语学习者可以通过写作训练来提高自己的语言运用能力。以下是一些关键点。

1. 撰写商务邮件和报告

学习者可以模拟商务场景，撰写商务邮件和报告。这有助于锻炼学习者的写作能力和表达能力。注意语言的准确性、连贯性和流畅度，以确保文档的专业性和可读性。

2. 学习商务文体和句式

商务英语有特定的文体和句式。学习者可以学习商务文体的特点，如正式与非正式的表达方式、商务惯用语的使用等。了解并灵活运用这些特点有助于学习者提高商务英语写作的水平。

3. 积累商务词汇和表达方式

通过写作训练，学习者可以积累更多的商务词汇和表达方式。在撰写过程中注意并记录新学到的词汇和表达方式，丰富自己的商务英语词汇量，提高写作能力。

4. 反复修改和润色

写作不是一次性的过程，学习者应该进行多次修改和润色。在修改过程中，要注意语法、拼写、标点符号和句子结构等方面的错误，并不断优化文档的表达效果。

5.参考商务文档范例

学习者可以参考商务文档的范例，如商业报告、市场调研报告等。学习这些范例的结构、用词和写作风格有助于提高商务英语写作能力。

（三）参考优秀商务文本

商务英语学习者可以参考一些优秀的商务文本（如商业书籍、商务报告、专业文章和期刊），以提高自己的语言运用能力。以下是一些关键点。

1.商业书籍

阅读商业书籍可以帮助学习者了解商务领域的相关知识和术语，并学习商务英语写作的技巧和惯例。商业书籍通常涵盖广泛的主题（如管理、营销、沟通等），使学习者可以从中获取丰富的商务词汇和表达方式。

2.商务报告

商务报告是商务沟通的重要形式之一，其中包含各种行业和领域的实践经验和研究成果。学习者可以阅读商务报告，学习其中的语言风格、结构和表达方式，以便更好地理解和翻译商务文本。

3.专业文章和期刊

专业文章和期刊是商务领域最新发展和研究成果的重要来源。学习者可以关注相关领域的专业期刊和在线资源，阅读其中的文章，了解行业动态和领域内的专业术语应用。

4.模仿和学习

阅读优秀商务文本时，学习者可以注意其中的语言表达方式、用词技巧和句子结构等。模仿并学习其写作风格和表达方式有助于提高自己的商务英语写作能力。

5.持续学习和更新

商务领域不断发展和变化，因此学习者需要持续学习和更新相关知识。关注最新的商业趋势和行业动态，参加相关的培训和研讨会，以提高对商务英语写作的了解和应用能力。

（四）及时纠正错误

在实践中，商务英语学习者可能会遇到一些语言错误或不准确的表达。在发现这些错误时，应该及时纠正，并努力学习正确的语言表达方式，以提高自己的语言运用能力。以下是一些建议。

1.注意反馈和修正

当他人指出或发现自己的语言错误（包括语法错误、词汇选择不当或表达不准确等问题）时，学习者应该积极接受反馈，并及时进行修正。学习者可以通过认真对待反馈并采取行动来不断改进自己的语言表达。

2.学习语言规则和惯例

学习者应该持续学习目标语言的语法规则、词汇用法和句子结构等方面的知识。了解并遵循语言规则有助于避免产生常见的语法错误，并提高语言表达的准确性。

学习者可以通过阅读、学习和实践积累并运用新的表达方式和商务词汇。这包括学习专业术语、行业惯例和常用表达方式。学习者可以运用这些新的表达方式提高自己的语言运用能力，以翻译得更加准确和专业。

3.持续学习和更新

商务领域的语言和术语不断发展和变化。学习者应保持持续学习的态度，关注行业动态和最新商务趋势。参加相关培训、研讨会或在线学习有助于不断更新自己的语言知识和技能。

4.多与母语人士交流

与以目标语言为母语的人士交流是提高语言运用能力的有效途径。通过与他们沟通交流，学习者可以学习到地道的语言表达方式和习惯用法，从而提高自己的语言表达水平。

第三节　培养商务英语翻译的文化素养

在全球化的商业环境中，商务英语翻译不仅要具备优秀的语言能力，而且要具备良好的文化素养。商务英语翻译的文化素养是指对不同国家和地区的商务文化、价值观和行为规范有深入了解，并能将这些文化差异考虑进翻译工作中。商务英语翻译的文化素养对于成功开展商务翻译工作非常重要。通过学习目标文化的商务礼仪和行为规范、观察和倾听、创造跨文化交流的机会、尊重和理解文化差异，以及持续学习和提升，学习者可以提高自己的文化素养，并在商务英语翻译工作中更好地考虑文化因素。通过这些方法和策略，学习者可以为商务活动提供高质量的翻译服务，促进跨文化商务交流和合作的成功。

一、商务英语翻译文化素养的重要性

（一）理解不同国家和地区的商务文化

每个国家和地区都有独特的商务文化和行为规范。商务英语翻译的文化素养可以帮助学习者更好地理解不同国家和地区的商务文化（包括对待时间的态度、社交礼仪、谈判风格等方面的差异）。

（二）考虑文化差异对翻译的影响

文化差异对商务英语翻译有直接的影响。不同国家和地区对于商务活动的期望、行为规范和价值观可能存在差异。商务英语翻译的文化素养可以帮助学习者考虑这些文化差异，并在翻译过程中加以应用。例如，在有些文化中，直接而坦率的表达方式被视为有效和尊重，而在另一些文化中可能被视为冒犯或失礼。通过考虑文化差异，

学习者可以选择适当的表达方式，并确保翻译结果符合目标文化的期望。

（三）促进跨文化商务交流和合作

商务英语翻译的文化素养可以促进跨文化商务交流和合作。了解对方的商务文化和行为规范可以帮助建立互信，从而促进有效的商务沟通和合作。学习者将文化差异考虑进翻译工作中可以帮助双方更好地理解彼此的意图和需求，避免造成误解和冲突，并建立良好的商业关系。

（四）避免造成文化冒犯和失误

商务英语翻译的文化素养可以帮助学习者避免造成文化冒犯和失误。不同国家和地区对于某些行为、话题或符号可能具有敏感性。学习者可以在翻译过程中避免使用可能引起冒犯或误解的词语或表达方式，从而维护良好的商业关系，并确保翻译结果的准确性和可接受性。

二、提高文化素养的方法和策略

（一）学习目标文化的商务礼仪和行为规范

学习者应该积极学习目标文化的商务礼仪和行为规范。这包括阅读相关的书籍、研究案例和文化指南，参加培训课程和文化交流活动。通过深入了解目标文化的商务礼仪和行为规范，学习者可以更好地理解和尊重对方的行为和期望。

（二）观察和倾听

学习者应该观察和倾听目标文化的商务环境和行为规范。

（三）创造跨文化交流的机会

学生应当积极寻求与使用目标语言的人士进行交流，主动参与跨文化交流的机会。这不仅包括参加国际商务展览、参观外国企业和组织，也包括与来自不同文化背景的团队成员合作。通过这些活动，学生能够亲身体验和学习目标语言的文化特色，包括商务礼仪、沟通方式和工作习惯。这种直接的文化接触有助于深化对目标文化的理解，提升跨文化沟通技巧，并增强在全球化商务环境中的适应能力和竞争力。

（四）尊重和理解文化差异

学习者应该尊重和理解不同文化之间的差异，以更好地进行跨文化商务交流和合作。

（五）持续学习和提升

培养商务英语翻译的文化素养需要持续学习和提升。学习者可以参加相关的培训课程和研讨会，阅读专业书籍和期刊，与其他学习者进行交流和分享经验。通过持续学习和提升，学习者可以跟上行业发展的步伐，并不断提高自己的文化素养。

第四节　掌握商务英语翻译快速和准确的技巧

为了在商务英语翻译中做到快速和准确，学习者需要掌握一系列技巧和策略。掌握商务英语翻译快速和准确的技巧，学习者需要在准备阶段熟悉领域知识、建立术语库和使用辅助工具；在翻译过程中应保持专注、理解上下文、采用正确的翻译策略和解决歧义和不确定性；在校对和修改阶段应仔细校对翻译文本，进行语言和风格调整，并与客户和合作伙伴沟通；持续学习和提升自己的知识和技能，参加培训和研讨会。

一、准备阶段

（一）熟悉领域知识

在翻译商务英语前，学习者应该对所涉及的行业和领域有一定的了解。学习者可以通过阅读相关商务资料、行业报告和专业书籍来熟悉相关专业术语和行业背景知识。

（二）建立术语库

商务英语翻译涉及大量专业术语，因此学习者可以建立自己的术语库，记录和整理常用商务术语，并进行分类和归纳。这样可以帮助学习者更好地管理和复习术语，提高翻译的准确性和连贯性。

（三）使用辅助工具

可以使用各种辅助工具来提高商务英语翻译效率和准确性。

二、翻译过程

（一）保持专注

在进行商务英语翻译时，学习者应该保持专注，避免分心和受干扰，将精力集中在翻译工作上，以确保翻译的准确性和一致性。

（二）理解上下文

商务英语翻译需要准确传达原始信息的意图和目的。因此，学习者应该仔细理解上下文，并考虑句子和段落之间的逻辑关系。只有全面理解上下文，学习者才能更加准确地翻译。

（三）采用正确的翻译策略

商务英语翻译可以采用不同的翻译策略，如直译、意译和文化调整等。学习者应根据具体的语境和目标受众选择合适的翻译策略，并确保翻译结果准确、流畅和符合商务文化。

（四）解决歧义和不确定性

学习者应该学会通过查阅相关资料、与领域专家进行讨论和沟通等方式识别并解决在商务英语翻译中遇到的歧义和不确定性，以确保翻译的准确性。

三、校对和修改

（一）仔细校对翻译文本

商务英语翻译完成后，学习者应该仔细校对翻译文本，检查语法、拼写、标点符号和格式等方面的错误。也可以请其他人进行审校，以发现潜在的问题和需要改进之处。

（二）进行语言和风格调整

商务英语翻译需要适应目标语言的语言和风格要求。学习者可以根据目标语言的特点和商务文化的习惯对翻译文本进行必要的调整和修改，以提高翻译的质量。

（三）与客户和合作伙伴沟通

商务英语翻译完成后，学习者可以与客户和合作伙伴进行沟通，以确保翻译结果满足客户和合作伙伴的需求和期望。

四、持续学习和提升

（一）学习新知识和技能

商务英语翻译是一个不断学习和提升的过程。学习者应该持续学习和掌握新的商务英语知识和技能（如行业动态、新兴领域和专业工具的使用等），以跟上时代发展的步伐。

（二）参加培训和研讨会

参加相关的培训课程和研讨会可以帮助学习者更新知识和分享经验。他们可以学习最新的商务英语翻译技巧和策略，并与其他学习者进行交流和互动。

第五节　培养商务英语翻译的专业素养

要想成为一名优秀的商务英语学习者，除了语言能力外，还需要具备一定的专业素养。专业素养包括对商务环境的了解、良好的沟通和协作能力，以及职业道德和文化敏感性。为了培养商务英语翻译的专业素养，学习者需要对商务环境有一定的了解，包括学习商务知识、跟踪行业动态和了解商务文化差异。同时需要具备良好的沟通和协作能力，如发展口语和书面沟通能力、倾听和解读非语言信息及培养团队合作精神。学习者还应遵守职业道德，提高文化敏感性，包括遵守保密协议、尊重专业规范和行为准则，以及了解并尊重文化差异。通过持续学习和提升，学习者可以不断提高自己的专业素养，为商务英语翻译提供更优质的服务。

一、对商务环境深入了解

（一）学习商务知识

商务英语学习者应该学习和了解商务领域的基本知识，如商业流程、市场营销、财务管理等。可以通过阅读商业书籍、参加商务培训课程和与商务人士交流来获取相关的商务知识。

（二）跟踪行业动态

商务环境不断变化，因此商务英语学习者需要及时了解和跟踪行业的最新动态和趋势。可以通过阅读商业新闻、关注社交媒体和参加行业会议来获取有关行业的最新信息。

（三）了解商务文化差异

商务英语学习者需要了解不同国家和地区的商务文化差异。每个国家和地区都有独特的商务礼仪、价值观和行为准则。学习者应该学习并尊重这些文化差异，以便在翻译过程中更好地传达出来。

二、良好的沟通和协作能力

（一）发展口语和书面沟通能力

商务英语学习者需要具备良好的口语和书面沟通能力，能够清晰地表达自己的意思，并理解他人的观点和需求。学习者可以通过口语练习、写作训练和与他人交流提高自身的沟通能力。

（二）学会倾听和解读非语言信息

商务英语学习者需要善于倾听和解读非语言信息，如肢体语言、面部表情和声调等。这些非语言信息在商务交流中也承载着重要的含义，学习者应该学会观察和理解这些信息，并在翻译过程中予以适当的体现。

（三）培养团队合作精神

商务英语学习者常常需要与其他学习者、客户和合作伙伴进行协作。因此，需要培养团队合作精神，与他人合作和共同完成任务。通过有效的协作，学习者可以提高工作效率和翻译质量。

三、职业道德和文化敏感性

（一）遵守保密协议

商务英语学习者在处理商业文件和信息时需要遵守保密协议。应该对商业机密和敏感信息保持高度的保密意识，并确保这些信息不被泄露给未经授权的人员。

（二）尊重专业规范和行为准则

商务英语学习者应该尊重并遵守相关的翻译和商务行业的规范和准则。应该提供准确、完整和一致的翻译结果，并避免利益冲突和不当行为。

（三）了解并尊重文化差异

商务英语学习者需要具备文化敏感性，尊重和理解不同文化背景下的商务行为规范和价值观。

（四）持续学习和提升

商务英语学习者应该持续学习和提升自己的专业素养。通过持续学习和提升，学习者可以不断完善自己的专业素养和翻译技能。

第六节　实践商务英语翻译技巧

为了在实践中做到准确和流畅的商务英语翻译，学习者需要掌握一系列技巧和策略。学习者需要理解原始信息、选择合适的翻译策略、处理专业术语、注意语言风格和表达方式、校对和修改翻译文本，以及持续学习和提升自己的知识和技能。商务英语学习者可以应用这些技巧和策略提高翻译的质量和效率，为商务交流提供高质量的翻译服务。

一、理解原始信息

（一）仔细阅读原始文本

在开始翻译之前，学习者应该仔细阅读原始文本，全面理解其内容、结构和逻辑关系。学习者可以使用标记符号或注释来帮助理解和记忆重要的信息。这些标记符号可以是下画线、高亮、箭头等，用于标示关键词、重要句子或段落。注释可以写在文本旁边或空白处，记录学习者对某些难点的理解或观察。通过使用这些标记和注释，学习者能够更好地把握原文的核心概念和意图，并为翻译过程中的决策提供依据。这种仔细阅读和标记的方式有助于确保翻译的准确性和一致性，并提高翻译效率。

（二）理解上下文和背景知识

商务英语翻译涉及特定领域的专业术语和背景知识，因此学习者需要对相关行业和领域有一定的了解。这包括对商务领域、市场营销、金融、人力资源等基本概念、流程和术语的掌握。学习者还应该保持与时俱进，跟踪行业动态和发展，以便理解最新的商务术语和趋势。通过对行业和领域的了解，学习者能够更好地理解原始信息，并将其准确地转达给目标受众。此外，积累相关领域的背景知识也有助于学习者更好地处理复杂的商务文本，以确保翻译的准确性和专业性。

（三）分析句子和段落结构

商务文本通常由复杂的句子和段落组成，学习者在翻译过程中应该注重分析句子和段落的结构，厘清各个部分之间的逻辑关系，并确保翻译结果与原文一致。

1. 分析句子结构

学习者需要仔细分析原文句子的结构，包括主谓宾结构、定语从句、状语从句等。这有助于理解句子的意义和逻辑关系。

2. 厘清逻辑关系

学习者应当厘清句子和段落中各个部分之间的逻辑关系，如因果关系、对比关系、条件关系等。确保翻译结果在逻辑上与原文保持一致。

3. 注意连词和过渡词

连词和过渡词在商务文本中起到连接句子和段落的作用。学习者应特别注意并准确地转化这些关联词，以确保翻译结果的连贯性和流畅性。

4. 采用合适的表达方式

根据原文句子和段落的结构和逻辑关系，学习者应选择合适的表达方式来传达相同的意思。这可能涉及调整句子结构、使用恰当的连接词和过渡词，以确保翻译结果与原文在语法和语义上保持一致。

5. 反复校对和修改

完成翻译后，学习者应反复校对和修改翻译结果，确保句子和段落的结构和逻辑关系准确地体现在翻译中。

二、选择合适的翻译策略

（一）直　译

直译是一种简单、直接的翻译策略，适用于那些在不同语言中有相似表达方式和结构的句子。学习者可以根据上下文和句子的语法结构，选择直译的方式进行翻译。

1. 表达方式相似

直译适用于那些源语言和目标语言中有相似表达方式的句子。例如，一些常见的日常用语、成语或习惯用法在不同语言中可能存在类似的翻译。

2. 语法结构相似

直译还适用于那些语法结构在不同语言中相似的句子。当源语言和目标语言具有相似的句子结构时，学习者可以直接将句子的各个部分对应翻译。

3. 考虑上下文信息

学习者应该考虑上下文信息，在选择直译时应确保翻译结果符合原文的意义。上下文中的其他词汇、短语或句子可以提供更多线索，以便学习者选择最合适的直译方式。

4. 注意语言特点

尽管直译是一种简单直接的翻译策略，但学习者仍然需要注意目标语言的语言特点和习惯用法。确保直译后的句子在目标语言中自然、流畅，并符合该语言的语法规则。

5. 灵活运用其他翻译策略

虽然直译是一种有用的翻译策略，但并不适用于所有情况。学习者需要根据具体语境和要求灵活运用其他翻译策略（如意译或调整句子结构），以便提供更准确和自然的翻译结果。

（二）意　译

意译是一种将原始信息以相近或等效的方式表达出来的翻译策略。在翻译过程中，学习者可以根据目标语言的习惯表达方式和文化背景选择意译的方式进行翻译，并确保传达出原始信息。

1. 文化适应

意译涉及对源语言文化和目标语言文化的理解和适应。学习者需要考虑两种文化之间的差异，以便选择最合适的表达方式来传达原始信息。

2. 应用习惯表达方式

目标语言可能有独特的表达方式和习惯用法。学习者可以根据目标语言的习惯表达方式选择相似或等效的表达方式来传达原始信息。

3. 词汇和短语替换

在意译过程中，学习者可能需要替换一些源语言中的特定词汇或短语，以符合目标语言的表达习惯。这涉及对两种语言的词汇和短语的灵活运用。

4. 传达精神

意译的目标是传达原始信息的精神和意图，而不仅仅是字面上的翻译。学习者需要理解原始信息的背后含义，并以相似或等效的方式在目标语言中表达出来。

5. 调整语气

在意译过程中，学习者可能需要调整语气，以适应目标语言的表达习惯和文化背景。这有助于确保翻译结果在目标语言中更加自然和易于理解。

（三）文化调整

商务英语翻译需要考虑不同国家和地区的商务文化差异。在进行翻译时，学习者可以对原始信息进行适当的文化调整，以符合目标语言和文化的商务行为准则和期望。

1. 了解商务文化差异

学习者应该深入了解源语言和目标语言所属国家或地区的商务文化差异。这包括商务礼仪、沟通方式、决策过程、谈判风格等方面的差异。

2. 适应目标语言和文化

这可能涉及改变措辞、调整句子结构、修改表达方式，以适应目标文化的商务环境。

3. 注意正式与非正式之间的差异

在商务交流中，不同国家和地区对于正式和非正式的程度有不同的偏好。学习者应注意将原始信息转化为适当的正式或非正式表达方式，以符合目标语言和文化的商务惯例。

4. 避免引起文化误解

商务英语翻译中的文化调整应该避免引起误解或冲突。学习者需要在尊重原始信息的同时，确保翻译结果在目标语言和文化中不会引起误解或造成不良影响。

5. 与本地专家合作

学习者可以与本地专家合作，以获取有关目标语言和文化的商务知识和建议。他们的专业意见能够帮助学习者更好地适应目标语言和文化的商务要求。

三、处理专业术语

（一）建立术语库

商务英语翻译涉及大量专业术语，因此，学习者可以建立自己的术语库来有效管理和复习这些术语。通过建立自己的术语库，学习者能够更好地管理和复习商务英语中的专业术语。这有助于提高翻译的准确性、一致性和专业性，同时提升了学习者的工作效率。不断更新和复习术语库，可以帮助学习者跟上行业发展的步伐，并在商务英语翻译中更加自信和流畅地运用专业术语。

1. 收集常用术语

学习者可以积极收集常用商务术语（包括行业特定的术语、商务管理术语、市场营销术语等）并将其记录在术语库中。可以通过阅读相关文献、参考专业资源或与领域内的专家交流来收集这些术语。

2. 分类和归纳术语

学习者可以将收集到的术语进行分类和归纳，以便更好地组织和管理。可以按照主题、行业、功能等方面进行分类，使术语库更加清晰和便于查找术语。

3. 添加释义和示例

为了更好地理解和使用术语，学习者可以为每个术语添加释义和示例。这有助于确保术语的准确性和正确的应用。同时，示例能够帮助学习者更好地理解术语在不同上下文中的用法。

4. 更新和复习术语

术语库需要不断更新和复习，以适应不断发展的商务领域和新出现的术语。学习者可以定期回顾和更新术语库，保持对最新术语的了解。

5. 使用辅助工具

学习者可以借助专业的术语管理工具或翻译记忆软件来构建和维护术语库。这些工具可以提供自动匹配和检索术语的功能，提高翻译效率和准确性。

（二）使用专业词典和工具

商务英语学习者可以利用专业的商务英语词典和在线术语库来查找和学习相关的商务术语。

1. 商务英语词典

商务英语词典是学习者常用的工具，提供了广泛而权威的商务术语解释和定义。《牛津商务英语词典》等商务词典可作为参考资源，帮助学习者理解和运用商务术语。

2. 特定行业的术语数据库

不同行业有独特的商务术语和术语使用规范。学习者可以使用特定行业的术语数据库（如金融、法律、市场营销等领域的在线术语库），以便在翻译过程中获取准确和专业的术语。

3. 在线资源和论坛

互联网上有许多商务英语学习资源和论坛，学习者可以通过这些平台获取最新商务术语和行业信息。参与讨论和交流，与其他翻译专家分享经验和知识可以提高学习者对商务术语的理解能力和应用能力。

4. 专业文档和参考资料

阅读与商务相关的专业文档和参考资料也是学习和掌握商务术语的重要途径。例如，行业报告、商业案例研究和专业杂志等资源都可以为学习者提供丰富的商务术语和实际运用的例子。

（三）与领域专家合作

与领域专家进行合作和讨论可以帮助学习者更准确地理解和翻译商务文本中的专业术语和概念。这种合作促进了知识共享和跨学科交流，提高了翻译的质量和专业性。持续的合作和学习使学习者能够不断更新自己的专业知识，以适应不断发展的商务领域，掌握新出现的术语。

在处理特定领域的商务文本时，与领域专家进行合作和讨论对于学习者来说非常重要。

1. 咨询专业意见

学习者可以主动与相关领域的专家进行沟通，咨询他们对于特定术语和概念的理解和解释。领域专家能够提供深入的知识和实践经验，帮助学习者更好地理解和翻译商务文本中的专业术语。

2. 澄清模糊或复杂内容

有时，商务文本可能包含一些模糊或复杂的内容，学习者需要具备专业领域的知识才能准确理解。学习者可以与领域专家一起讨论这些内容，并寻求他们的解释和建议，以确保翻译结果的准确性和专业性。

3. 理解上下文信息

相关领域专家能够为学习者提供上下文信息和背景知识，帮助他们更好地理解商务文本所涉及的行业和领域。这对于正确翻译特定术语和表达方式至关重要，避免出现歧义或错误的理解。

4. 讨论行业惯例和标准

相关领域专家可以与学习者讨论行业惯例、标准和术语使用规范，以确保翻译结果在目标语言中符合行业要求。这种合作有助于确保翻译的专业性和与行业实践的一致性。

5. 持续合作和学习

与相关领域专家的合作不仅限于单个项目，还可以建立长期的合作关系。学习者应与专家保持联系，定期交流和学习，不断提升自己的专业知识和技能，更好地应对特定领域商务文本的翻译挑战。

四、注意语言风格和表达方式

（一）考虑目标受众

商务英语翻译的目标是满足特定的目标受众需求。学习者应该根据目标受众的背景、文化和专业知识选择适当的语言风格和表达方式，并确保翻译结果易于理解和接受。

（二）避免使用歧义和模棱两可的表达方式

商务交流需要准确和明确的表达方式。学习者应该避免使用歧义和模棱两可的表达方式，以确保翻译结果的清晰度和准确性。

（三）保持语言的连贯性和一致性

商务英语翻译需要保持语言的连贯性和一致性。学习者应该注意词汇和表达方式的统一，并确保段落和句子之间的逻辑关系和衔接。

五、校对和修改

（一）仔细校对翻译文本

通过仔细校对和修改翻译文本，学习者能够提高翻译的质量和专业性。这有助于确保翻译结果准确无误，并符合目标语言的语法、拼写和格式要求。此外，寻求他人审校和反馈也能帮助学习者从不同的角度审视自己的工作，进一步完善翻译文本。校对是翻译过程中不可或缺的环节，对翻译质量的提升具有重要作用。

在完成翻译后，学习者应该进行仔细的校对工作，以确保翻译文本的质量和准确性。

1. 检查语法和拼写

学习者应仔细检查翻译文本中的语法错误和拼写错误。这包括检查动词时态、名词单复数、代词一致性等方面的问题。使用拼写检查工具或语法检查工具有助于发现并纠正这些错误。

2. 校对标点符号和格式

学习者应确保翻译文本中的标点符号使用正确，并符合目标语言的规范。同时应注意段落缩进、标题格式、编号列表等的准确性。这些细节方面的准确性对于翻译文件的整体质量和专业度至关重要，确保文本在格式上与原文一致，让读者能够顺利理解和阅读翻译内容。

3.审校和反馈

学习者可以请其他专业人员对翻译文本进行审校，以获得第三方的意见和建议。审校人员能够发现潜在问题，提出改进建议，并帮助提升翻译质量。他们的审查有助于确保翻译准确、流畅，符合语境，从而提升翻译作品的专业性和可读性。

4.注意上下文一致性

在校对过程中，学习者需要注意确保翻译文本的准确性和与原文的一致性。其重点在于确保翻译文本传达的信息与原文一致，并在上下文中保持连贯性。这样能够确保翻译的准确性和完整性，使翻译文本符合原文意思，并确保最终翻译稿质量优秀。

5.反复校对和修改

校对是一个反复进行的过程，学习者应该进行多次校对和修改，以确保文本的准确性和流畅性。每次校对都可以发现新的问题和需要改进之处，帮助学习者逐步完善翻译作品，确保翻译内容符合原意、通顺流畅。通过反复的校对和修改，学习者可以不断提升翻译质量，确保最终成果达到最佳状态。

（二）进行语言和风格调整

商务英语翻译需要适应目标语言的语言和风格要求。为了提高翻译的质量和可读性，学习者可以根据目标语言的特点和商务文化的习惯对翻译文本进行必要的调整和修改。

1.语言风格的调整

每种语言都有独特的语言风格和表达方式。学习者可以根据目标语言的语法规则、词汇选择和句子结构等要求，对翻译文本进行相应的调整。这有助于使翻译更加自然流畅，并符合目标语言的习惯表达方式。

2.商务文化的适应

不同国家和地区的商务文化存在差异，因此学习者需要考虑目标语言的商务行为准则和期望。可以通过了解目标语言的商务礼仪、沟通方式和谈判风格等方面的要求，对翻译文本进行适当的调整，以确保与商务文化的契合。

3.行业术语的精准转换

商务英语翻译中，每个行业和领域都有其独特的专业术语和表达方式。学习者应根据目标语言中相应领域的惯例和规范，对翻译文本进行精确的专业转换和适当的调整，确保翻译不仅准确无误，而且符合行业标准和读者的期待。

4.读者群体的考虑

商务文本通常是面向特定的受众群体，如商务合作伙伴、客户或投资者等。学习者需要考虑目标读者的背景和需求，选择适当的语言风格和表达方式，以确保翻译结果能够与读者建立有效的沟通。

5. 反复修改和校对

学习者在完成初稿后，应该进行多次修改和校对，以确保翻译文本的质量和准确性。这包括检查语法、拼写、标点符号和格式等方面的错误，并做出必要的调整和改进。

六、持续学习和提升

（一）参加专业培训和研讨会

商务英语学习者可以参加相关的培训课程和研讨会，以学习最新翻译技巧和策略。他们还可以与其他学习者进行交流和分享经验，以拓展自己的知识和视野。

（二）阅读商业文献和行业报告

商务英语学习者应该阅读相关商业文献和行业报告，了解商务环境的变化和趋势。通过阅读这些资料，学习者可以增加对商务领域的了解，并提高自己的专业素养。

（三）加入专业组织和社区

商务英语学习者可以加入专业翻译组织和社区，如美国翻译协会（ATA）等。通过参与这些组织和社区的活动，学习者可以与同行交流和合作，提高自己的专业水平和职业竞争力。

第七节 阅读商务英语翻译范例和案例分析

阅读商务英语翻译范例和案例分析是提高商务英语翻译能力的有效方法之一。通过阅读实际商务翻译文本，学习者可以了解专业的表达方式、术语的应用以及不同行业的特点。通过分析范例和案例，学习者可以学习到翻译策略和技巧，并将其应用到自己的翻译工作中。

一、合同翻译

合同翻译是商务英语翻译中常见的任务之一。下面是关于销售合同的翻译范例。

〔例 9-1〕

原始文本（英文）：

Article 1: Parties to the Agreement

This Sales Agreement is entered into between XYZ Company, hereinafter referred to as "Seller," and ABC Corporation, hereinafter referred to as "Buyer."

Article 2: Product Description

The Seller agrees to sell and the Buyer agrees to purchase the following products:

Product Name: Widget A

Quantity: 1000 units

Price per unit: $10

......

Article 3: Delivery and Payment Terms

......

翻译文本（中文）：

第一条：协议的缔约方

本销售协议由以下各方订立：XYZ 公司（以下简称"卖方"），ABC 公司（以下简称"买方"）。

第二条：产品描述

卖方同意销售，买方同意购买以下产品：

产品名称：A 型小部件

数量：1000 个

单价：10 美元（约 70 元人民币）

....

第三条：交付和付款条件

....

在例 9-1 中，学习者使用了准确的商务术语和表达方式，将原始合同文本准确地翻译成目标语言。学习者还注意到目标受众是中文读者，因此将货币单位从美元转换为人民币。

二、公司年度报告翻译

公司年度报告翻译是商务英语翻译中复杂而具有挑战性的任务之一。下面是关于公司年度报告的翻译范例。

〔例 9-2〕

原始文本（英文）：

Financial Highlights：

Revenue increased by 15% compared to the previous year，reaching $1.5 million.

Net profit margin improved to 12% from 10% last year.

Earnings per share increased by 20%.

......

Business Strategies for the Coming Year：

Expand into new markets and diversify product offerings.

Enhance customer service and strengthen customer relationships.

Invest in research and development to drive innovation.

......

翻译文本（中文）：

财务亮点：

收入较上年增长 15%，达到 150 万美元。

净利润率从去年的 10% 提高到 12%。

每股收益增长了 20%。

…………

未来一年的业务策略：

拓展新市场，多元化产品供应。

提升客户服务，加强客户关系。

投资于研发以推动创新。

…………

在例 9-2 中，学习者准确地传达了公司的财务亮点和未来的业务策略。

三、市场调研报告翻译

市场调研报告翻译需要学习者具备良好的行业背景知识和市场分析能力。下面是关于市场调研报告的翻译范例。

〔例 9-3〕

原始文本（英文）：

Executive Summary

The market for renewable energy is expected to grow at a CAGR of 10% over the next five years, driven by increasing government support and growing environmental concerns. Solar and wind energy are projected to be the fastest-growing segments, with Asia-Pacific leading the market.

Market Segmentation

The renewable energy market can be segmented into solar, wind, hydro, and bioenergy. Solar energy accounts for the largest market share due to its widespread adoption and decreasing costs. Wind energy is also gaining momentum, especially in coastal areas.

……

翻译文本（中文）：

执行摘要

在政府的不断支持与日益严重的环境问题的推动下，可再生能源市场预计在未来五年以 10% 的复合年增长率增长。太阳能和风能预计将成为增长最快的领域，亚太地区将领先市场。

市场细分

可再生能源市场可以细分为太阳能、风能、水能和生物能源。由于广泛采用和成本降低，太阳能占据了最大的市场份额。特别是在沿海地区，风能也正在紧随其后。

…………

在例 9-3 中，学习者传达了市场调研报告中的重要信息，并使用了准确的行业术语和表达方式。学习者还注意到目标受众是中文读者，因此将单位和相关内容进行了调整。

四、商务会议翻译

商务会议翻译是商务英语翻译中一项关键任务，要求学习者具备良好的口译和听译能力。下面是商务会议翻译的案例。

〔例 9-4〕

原始文本（英文）：

Speaker 1: Thank you all for attending today's meeting. We are here to discuss the company's new marketing strategy for the upcoming year.

Speaker 2: Our goal is to increase brand awareness and expand our customer base. We will focus on digital marketing campaigns and social media platforms.

翻译文本（中文）：

发言人 1：感谢大家参加今天的会议。我们将讨论公司在即将到来的一年的新的营销策略。

发言人 2：我们的目标是提高品牌知名度并扩大客户群体。我们将专注于数字营销活动和社交媒体平台。

在例 9-4 中，学习者通过即时口译将会议发言准确传达给听众。学习者需要快速理解原文，并用流利的目标语言表达出来。

五、市场调查问卷翻译

市场调查问卷翻译要求学习者准确地传达问卷问题和选项，以确保数据收集的准确性。下面是市场调查问卷翻译的案例。

〔例 9-5〕

原始文本（英文）：

Question 1: How often do you purchase our products?

· Daily

· Weekly

· Monthly

· Occasionally

Question 2: What factors influence your purchasing decision?

· Price

· Quality

· Brand reputation

· Convenience

翻译文本（中文）：

问题1：您多久购买我们的产品一次？

· 每天

· 每周

· 每月

· 偶尔

问题2：什么因素影响您的购买决策？

· 价格

· 质量

· 品牌声誉

· 便利性

在例9-5中，学习者准确地将问卷问题和选项翻译成目标语言，以确保受访者可以准确理解并回答问题。

六、商务邮件翻译

商务邮件翻译要求学习者能够准确地传达邮件的内容、意图和细节。下面是商务邮件翻译的案例。

〔例9-6〕

原始文本（英文）：

Dear Mr. Zhang,

I am writing to follow up on our previous discussion regarding the partnership opportunity. We would like to schedule a meeting to further discuss the details and explore potential collaboration.

Best regards,

John Smith

翻译文本（中文）：

尊敬的张先生，

我写信是为了跟进我们之前关于合作机会的讨论。我们希望安排一个会议，进一步讨论细节并探索潜在的合作。

最好的祝福，

约翰·史密斯

在例9-6中，学习者将商务邮件准确地翻译成目标语言，并保持邮件的礼貌和商务性质。

七、评估标准

通过以上案例可以看到商务英语翻译在不同场景下的应用。无论是合同翻译、公司年度报告翻译、市场调研报告翻译、商务会议翻译、市场调查问卷翻译，还是商务邮件翻译，学习者都需要灵活运用各种翻译技巧和策略，以确保翻译的准确性和专业性。学习者还需要具备相关领域的专业知识和背景，以更好地理解原始信息并传达给目标受众。通过实践和不断学习，学习者可以提高商务英语翻译的质量和效率，为商务交流提供优质的翻译服务。在设计评估方式之前，教师应明确评估的目标和标准，以便确保评估的有效性和准确性。

（一）多样化评估方式

教师可以结合多种评估方式（可以包括笔试、口试、项目和案例分析等不同形式），以全面评估学生的商务英语能力。通过多样化的评估方式，教师可以更全面地了解学生的能力和知识水平。

（二）定期评估和反馈

教师应定期进行评估和反馈，以便及时了解学生的学习进展，并提供指导和建议。定期的评估可以帮助学生检验自己的学习成果，并发现和改正问题，从而持续提高商务英语能力。

（三）引入真实情境

评估方式可以模拟真实商务场景，让学生在具体情境中运用商务英语，以评估他们的实际应用能力。通过在真实情境中进行评估，教师可以更好地了解学生在实际商务环境中的表现和应对能力。

第八节　持续学习和自我提升

要成为一名优秀的商务英语专业人士，持续学习和自我提升是非常重要的。商务领域不断变化和发展，新的行业趋势、技术和标准不断涌现，因此商务英语专业人士需要保持更新知识和技能。商务英语专业人士应该注重持续学习和自我提升。通过跟踪行业动态、学习新知识和技能、参加专业培训和研讨会，以及个人发展和实践，不断提高自己的专业水平和市场竞争力。持续学习和自我提升将使商务英语专业人士保持与时俱进，并在职业生涯中取得更大的成功。

一、学习新知识和技能

商务领域的发展速度非常快，新的行业动态和趋势随时可能出现。因此，持续学习并跟踪行业动态是非常重要的。可以通过阅读商业新闻、参加行业研讨会和交流会议，了解最新的商务发展，掌握市场趋势和竞争动态。

（一）学习新的商务工具和技术

随着科技的不断进步，商务领域出现了许多新的工具和技术，这些工具和技术可以帮助商务英语专业人士提高工作效率、拓展业务，并适应不断变化的市场需求。以下是一些学习新的商务工具和技术的方法。

1. 网上资源和课程

通过在线平台和教育网站（如 Coursera，Udemy 和 LinkedIn Learning 等）可以找到各种商务工具和技术的学习资源和课程。这些资源和课程通常由行业专家提供，涵盖从基础知识到高级应用的内容。

2. 厂商官方文档和培训

对于特定的商务工具和技术，可以查阅厂商的官方文档和培训资料。许多厂商都提供在线文档、视频教程和培训课程，其帮助用户更好地理解和使用他们的产品和服务。

3. 参加研讨会和工作坊

许多行业协会和专业组织会举办研讨会和工作坊，介绍和探讨最新的商务工具和技术。参加这些活动可以与同行交流、分享经验，并从专家的演讲和实践案例中获取知识和见解。

4. 合作和实践

学习新的商务工具和技术的有效途径是通过实践应用及与他人合作。可以寻找机会与其他专业人士合作，共同应用新的工具和技术解决实际问题。这样不仅可以提高自己的技能水平，而且能够从他人的经验和反馈中获益。

（二）学习跨文化交际技巧

在全球化的商业环境中，与不同文化背景的人进行交流和合作是常见的情况。了解并学习跨文化交际技巧可以帮助专业人士更好地理解和适应不同文化的价值观、行为规范和沟通方式。以下是一些学习跨文化交际技巧的方法。

1. 阅读相关书籍和资料

有许多关于跨文化交际的书籍、文章和研究报告可供参考。通过阅读这些资料可以了解不同文化之间的差异和共性，学习如何与不同文化背景的人进行有效的交流和合作。

2. 参加跨文化培训课程

许多机构和组织提供跨文化培训课程，帮助专业人士了解和应对跨文化交际的挑战。这些课程通常包括跨文化意识、沟通技巧、解决文化冲突等内容，通过案例分析和角色扮演等活动提供实际操作的机会。

3. 与不同文化背景的人交流

与来自不同文化背景的人交流是学习跨文化交际技巧的有效方式。可以积极参与国际交流项目、加入国际学生组织或参加国际商务会议等活动，与不同文化背景的人建立联系，并借此机会学习他们的观点和行为方式。

4. 提高文化敏感度

提高文化敏感度是跨文化交际的关键。要成为一名敏感的跨文化交际者，需要尊重他人的文化背景和价值观，避免刻板印象和歧视。了解和尊重不同文化之间的差异，并展示开放、包容和灵活的态度。

二、参加专业培训和研讨会

商务英语培训课程可以帮助专业人士提升自己的商务英语能力和沟通技巧。可以选择参加商务英语培训班、在线学习平台或私人教育机构提供的培训课程。这些培训课程通常包括商务英语口语、写作、演示技巧等内容。

（一）参加商务研讨会和会议

参加商务研讨会和会议是专业人士获取最新行业知识和经验的重要途径。这些活动通常由商业组织、行业协会或专业机构组织，吸引着来自不同领域的专业人士参与。参加商务研讨会和会议可以带来以下收获。

1. 最新行业趋势和发展

商务研讨会和会议通常聚集了业内的专家和从业者，他们会分享最新的行业趋势和发展动态。通过参加这些活动可以了解到前沿的商务理念、创新的商业模式及最新的市场动向。

2. 最佳实践和成功案例分享

商务研讨会和会议也提供了一个平台，让专业人士分享他们的成功经验和最佳实践。这些分享可以帮助他人学习和借鉴，了解成功背后的关键因素，以及如何应对挑战和取得突破。

3. 专家见解和深度探讨

商务研讨会通常邀请业内的专家和权威人士发表演讲或参与圆桌讨论。通过聆听专家的见解和参与深度探讨，可以拓宽自己的思维，了解行业的前沿观点和研究成果。

4. 交流和建立人脉

参加商务研讨会是一个很好的机会，可以与来自不同公司和行业的专业人士进行交流和互动。通过与他人分享经验和观点，建立人脉关系，可以扩大自己的社交圈子，并找到潜在的合作伙伴或业务机会。

（二）加入专业组织和社区

加入商务英语专业组织和社区是非常有益的。这些组织通常由商务英语专业人士、学者和从业者组成，旨在促进知识交流、合作和发展。加入专业组织和社区可以带来以下收获。

1. 学习资源和资料

专业组织和社区通常提供各种学习资源和资料，如行业报告、研究论文、案例分析等。这些资源可以帮助专业人士获取最新的商务英语知识、技能和实践，以及了解行业的最佳实践。

2. 建立网络和人脉

加入专业组织和社区可以与其他商务英语专业人士建立联系和交流。这些人脉关系可以帮助自己获取行业内的信息和机会，并与同行进行合作、分享经验和解决问题。

3. 参与活动和项目

许多专业组织和社区会组织各种活动和项目，如研讨会、培训课程、志愿者工作等。参与这些活动和项目可以提供实践机会，帮助自己运用所学知识展示自己的能力，并为个人发展积累经验。

4. 提高行业声誉和认可

加入有声望的商务英语专业组织和社区可以提高自己在行业内的声誉和认可度。这些组织通常对会员进行评选和认证，为自己的专业水平和能力提供了一定的验证和认证。

三、个人发展和实践

阅读商业书籍和期刊、参与商务项目和实践，以及寻求反馈和改进是商务英语专业人士持续学习和自我提升的关键步骤。这些方法可以帮助他们拓宽知识领域、将理论应用到实践中，并不断完善自己的工作能力和职业素养。通过不断学习和改进，可以提高自己在商务领域的竞争力，并取得更大的职业成就。

（一）阅读商业书籍和期刊

阅读商业书籍和期刊是持续学习和自我提升的重要途径。阅读相关的商业书籍、期刊和商业杂志可以扩大知识面，了解行业趋势，获取专业见解和实践经验。阅读商业书籍和期刊可以带来以下收获。

1. 知识更新和拓展

商业书籍和期刊提供了丰富的商业知识和经验。通过阅读这些资料，可以了解最新的商业理论、实践案例、市场趋势和管理技巧。这有助于扩展自己的知识面，掌握行业内的最新动态。

2. 获得独特的行业洞察力和思考方式

商业书籍和期刊通常由行业专家、成功商业领导者和学者撰写。阅读他们的观点和见解可以获得独特的行业洞察力和思考方式。这有助于培养自己的商业思维，提高解决问题和做出决策的能力。

3. 学习最佳实践和成功案例

许多商业书籍和期刊都涉及成功企业和商业领袖的案例研究。通过阅读这些成功案例，可以学习他们的经验和智慧，并从中获得启示。这有助于打开自己的商业触角，提高领导能力。

4. 自我反思和发展

阅读商业书籍和期刊也是一个自我反思和发展的机会。通过与作者的观点和经验进行对比和思考，可以审视自己的工作方法和职业发展方向。这有助于找到自身的优势和改进的方向，并制订个人成长计划。

（二）参与商务项目和实践

参与商务项目和实践是将所学知识和技能应用到实际情况中的重要途径。参与商务项目和实践可以带来以下收获。

1.将理论知识转化为实践应用和经验积累

参与商务项目和实践可以将理论知识转化为实际应用。通过实际操作和解决问题的过程可以加深对商务原理和实践的理解，并积累宝贵的经验。

2.提高团队合作和沟通能力

商务项目通常需要与团队成员合作，并进行有效的沟通和协调。参与商务项目可以提高自身的团队合作能力、领导能力和沟通技巧。

3.锻炼解决问题和创新能力

商务项目常常涉及解决复杂的问题和面临挑战。参与商务项目可以锻炼自己解决问题能力和创新思维，培养灵活应对变化和寻找创新解决方案的能力。

4.获得实践反馈和改进机会

参与商务项目可以获得实践反馈和评估。这有助于了解自己的优势和改进的方向，并采取相应的行动来提高自己的工作能力。

（三）寻求反馈和改进

寻求他人的反馈和建议是自我提升的关键。商务英语专业人士通过与同事、上级或导师进行定期的反馈和评估，了解自己的优势和改进的方向，并采取相应的行动来提高自己的工作能力。

1.拓宽视野和认知面

他人的反馈和建议可以让你看到自己的盲点和不足之处。这有助于拓宽自己的视野和认知，认识到自己在工作中可能存在的问题，并从不同角度思考和解决问题。

2.发现潜在机会和挑战

他人的反馈可以帮助专业人士发现自己的潜在机会和挑战。通过了解自己的优势和改进的方向，可以更好地利用自己的优势，并制订应对挑战的计划。

3.获得个人成长和职业发展机会

寻求反馈和改进可以持续提升自己的能力和职业素养。不断改进和学习使自己能够适应快速变化的商务环境，并获得更多的职业发展机会。

4.建立良好的工作关系

寻求反馈和改进也有助于建立良好的工作关系。与同事、上级或导师进行积极的沟通和反馈，表现出对他人意见和建议的尊重，可以增进彼此之间的信任和合作。

第十章　商务英语教学评估与反馈

第一节　商务英语教学评估的特点和方法

商务英语教学评估具有实践性、职业导向、综合性、团队合作和现实应用的特点。口头演示和呈现、书面报告和写作任务、模拟商务会议和谈判、商务案例分析和解决方案，以及小组项目和合作任务是常用的商务英语教学评估方法。通过合理运用这些方法，教师可以全面评估学生的商务英语能力，并提供有效的反馈和指导，帮助他们在商务领域取得成功。

一、商务英语教学评估的特点

（一）实践性

商务英语的核心目标是培养学生在商务场景中运用英语进行沟通和交流的能力。因此，商务英语教学评估应该注重实践性。评估任务应该模拟真实的商务情境（如商务会议、商务谈判、商务写作等），以确保学生能够在实际情况下灵活运用所学知识和技能。

（二）职业导向

商务英语教学评估应该与学生未来的职业发展紧密相关。评估任务应该涉及与商务领域相关的专业知识和技能，如商务报告撰写、商务演讲技巧、跨文化沟通等。评估结果应该能够反映学生在商务环境中的表现和潜力，以帮助他们更好地适应职场需求。

（三）综合性

商务英语涉及多种语言技能的综合运用，包括听力、口语、阅读和写作。因此，商务英语教学评估应该综合考查学生的各项语言能力。评估任务可以结合不同的语言技能，并要求学生在实际情境中展示其综合能力，例如通过小组讨论解决商务问题或撰写商业计划书。

（四）团队合作

商务领域强调团队合作和协作能力。因此，商务英语教学评估也应该注重学生的团队合作能力。评估任务可以设计为小组项目，要求学生共同完成商务任务，并评估他们在团队中的角色发挥、合作能力和沟通效果。

（五）现实应用

商务英语教学评估应该能够与实际商务活动相结合，具有现实应用的意义。评估任务可以要求学生完成真实的商务文件，如商业报告、市场调研分析等。这样的评估任务不仅能够评估学生的商务英语能力，而且能够帮助他们积累与实际商务工作相关的经验。

二、商务英语教学评估的方法

（一）口头演示和呈现

口头演示和呈现是评估学生口语表达和交流能力的有效方法。学生可以准备并展示商务主题的演讲或报告，通过实际演示提高其商务英语能力和专业素养。教师可以根据学生的表现进行评估，并提供有针对性的反馈和建议。

（二）书面报告和写作任务

教师可以要求学生撰写商务报告、市场调研分析、商业计划书等，教师通过评估学生的写作质量、文档结构和专业用语的运用来评估他们的商务英语写作能力。

（三）模拟商务会议和谈判

模拟商务会议和谈判是评估学生商务交流和协商能力的有效方法。教师可以组织学生参与模拟商务会议或谈判，要求他们在特定角色中运用商务英语进行交流和讨论。通过评估学生的沟通效果、合作能力和解决问题的能力来评估他们的商务英语交际能力。

（四）商务案例分析和解决方案

教师可以提供真实或虚构的商务案例，要求学生分析问题并提出解决方案。教师通过评估学生对商务环境的理解和解决问题的能力来评估他们的商务英语应用能力。

（五）小组项目和合作任务

小组项目和合作任务可以评估学生的团队合作和协作能力。教师可以要求学生组成小组，共同完成商务项目，如策划市场推广活动或制做商业计划书。教师通过评估学生在团队中的角色发挥、合作能力和沟通效果来评估他们的团队合作能力。

第二节　商务英语教学评估指标

商务英语教学评估是衡量学生在商务英语学习中表现的重要手段。为了有效评估学生的商务英语能力，教师需要选择合适的评估工具和指标。通过选择合适的评估方法（如口头演示和呈现、书面报告和写作任务、模拟商务会议和谈判、商务案例分析和解决方案、小组项目和合作任务），并结合相应的评估指标（如语言能力、沟通能力、跨文化意识、商务知识、解决问题能力和合作能力），教师可以准确评估学生的商务英语能力并提供有效的反馈和指导。

（一）语言能力

商务英语教学评估应该评估学生的语言能力，包括词汇量、语法准确性、语音和发音等方面。教师可以评估学生的商务英语词汇掌握情况、句子结构和语法运用的准确性、语音和发音的清晰度。

（二）沟通能力

商务英语教学评估应该评估学生的沟通能力，包括听力理解、口头表达和书面表达等方面。教师可以评估学生在商务情境中的听力理解能力、口语流利度、交际策略和书面表达能力。

（三）跨文化意识

商务英语涉及跨文化交流和合作，因此商务英语教学评估应该评估学生的跨文化意识和跨文化交际能力。教师可以评估学生对不同文化背景的理解、尊重和适应能力，以及在跨文化环境中的灵活性和沟通效果。

（四）商务知识

商务英语教学评估应该评估学生的商务知识和专业素养。教师可以评估学生对商务领域的基本概念、专业术语和实践的理解和运用。

（五）解决问题能力

商务英语教学评估应该评估学生的解决问题能力和创新思维能力。教师可以评估学生在商务案例分析和项目任务中的问题分析和解决能力，以及他们的创新思维和决策能力。

（六）合作能力

商务英语教学评估应该评估学生的团队合作和协作能力。教师可以评估学生在小组项目和合作任务中的角色发挥、合作能力、沟通效果和解决问题的能力。

第三节　商务英语教学反馈的重要性与方法

在商务英语教学中，及时有效地给予学生反馈是提高学习效果和学生能力的关键。通过反馈，学生可以了解自己的学习进展和不足之处，并进行必要的调整和改进。及时有效地给予学生反馈可以确保学习目标的达成，激发学生的学习动力和兴趣，提供个性化的指导和支持，促进自我评估和反思，以及促进教师与学生之间的沟通和互动。口头反馈、书面反馈、自我评估和反思、同伴评估，以及技术工具支持是常用的商务英语教学反馈方法。通过合理运用这些方法，教师可以准确评估学生的学习情况并提供有针对性的指导，从而促进学生的学习进步和发展。

一、商务英语教学反馈的重要性

（一）确保学习目标的达成

商务英语教学反馈可以帮助学生了解自己的学习进展和不足之处，从而调整学习策略和行动计划，确保学习目标的达成。教师通过及时反馈学生的学习情况，帮助他们发现自己的弱点并提供相应的指导和建议，使学生更好地理解课程内容、掌握语言技能，并在商务场景中运用所学知识和技能。

（二）激发学生的学习动力和兴趣

商务英语教学反馈可以激发学生的学习动力和兴趣。通过及时反馈学生的学习成果和进步，教师可以给予学生积极的鼓励和认可，增强学生的自信心，并激发他们对学习的兴趣和热情。正面的反馈可以促使学生更加努力地学习，并持续提高自己的商务英语能力。

（三）提供个性化指导和支持

商务英语教学反馈可以提供个性化的指导和支持。每名学生在商务英语学习中存在不同的困难和挑战，因此，教师需要根据学生的具体情况给予个性化的反馈和建议。教师可以针对学生的特定问题和需求提供有针对性的指导，帮助他们克服困难并取得进步。

（四）促进自我评估和反思

商务英语教学反馈可以促进学生的自我评估和反思。通过接受反馈，学生可以对自己的学习情况进行客观评估，并了解自己的优势和不足之处。学生可以通过反思自己的学习过程和成果发现问题所在，并提出改进的计划和策略，从而更好地管理自己的学习，不断提高自身的商务英语能力。

（五）促进教师与学生之间的沟通和互动

商务英语教学反馈可以促进教师与学生之间的沟通和互动。通过及时反馈学生的学习情况，教师可以与学生进行深入的讨论和交流，了解他们的学习需求和困惑，并提供相应的指导和支持。教师可以倾听学生的意见和建议，以不断改进教学方法和内容，从而提高教学质量和学生满意度。

二、商务英语教学反馈的方法

（一）口头反馈

口头反馈是及时和直接的反馈方式。教师可以在课堂上对学生的学习情况进行口头评价和指导，表扬学生的优点并指出需要改进的方面。口头反馈可以通过个别会谈、小组讨论或全班讲评等形式进行。教师可以根据学生的表现和需求给予个性化的反馈和建议，帮助他们提高商务英语能力。

（二）书面反馈

书面反馈是一种正式和持久的反馈方式。教师可以在作业、考试或项目报告等评估任务中给予学生书面反馈。书面反馈可以更全面地评估学生的学习成果，并提供详细的指导和建议。教师可以使用批注、评论或评分表等形式对学生的学习情况进行具体说明和评价。

（三）自我评估和反思

自我评估和反思是学生主动参与评估和改进的重要方法。教师可以引导学生进行自我评估和反思，让他们分析自己的学习情况和成果，并提出改进的计划和策略。学生可以写下自己的观察、感受和目标，以及对自己学习的总结和反思。教师可以对学生的自我评估进行审查并提供反馈和指导。

（四）同伴评估

同伴评估是学生之间相互评价和反馈的方法。教师可以组织学生进行小组合作任务，要求他们互相评估和反馈。学生可以根据指定的评估标准对其他同伴的学习成果和表现进行评价，并提出建议和改进意见。同伴评估可以促进学生之间的交流和合作，增强他们的学习动力和责任感。

（五）技术工具支持

技术工具可以提供更灵活和便捷的反馈方式。教师可以利用在线学习平台、电子邮件或即时通信工具等，给予学生及时的反馈和指导。技术工具还可以支持学生自主学习和自我评估，如使用语言学习应用程序或在线测验工具，让学生检查自己的学习进展和水平，并获得相应的反馈。

第四节 商务英语教学评估实施策略

随着全球化的发展和跨国企业的增多，商务英语作为一门重要的语言技能在商业领域的需求程度越来越高。为了确保商务英语教学的质量和有效性，教学评估是必不可少的一环。商务英语教学评估的实施策略涉及评估目标和指标的制定、评估过程和数据收集，以及结果分析和反馈。通过确定评估目标、制定评估指标、设计评估工具和方法，可以全面了解学生的商务英语能力和发展情况。评估结果的分析和反馈既可以帮助学生发现自身的优势和改进方向，也为教师提供改进教学的依据。商务英语教学评估的实施策略应该注重学生的参与和自我评估，促进他们主动学习和发展。

一、评估目标和指标制定

（一）确定评估目标

商务英语教学评估需要明确评估的目标。教师可以根据教学计划和课程目标确定评估的重点和目标。例如，评估学生在商务沟通、商务写作、演示技巧等方面的能力。

（二）制定评估指标

根据评估目标，制定相应的评估指标。评估指标应该具体、可操作，并与教学目标相对应。例如，商务沟通方面的评估指标可以包括口语流利度、商务用语的正确运用以及交际能力等。

（三）设计评估工具和方法

根据评估指标设计相应的评估工具和方法。评估工具可以包括口语表现评估表、写作作业评分标准、演示技巧的观察记录等。评估方法可以采用考试、项目作业、小组讨论和角色扮演等多种形式。

二、评估过程和数据收集

（一）教学活动观察

教学活动观察是商务英语教学评估的重要手段之一。通过仔细观察学生在教学过程中的表现，教师可以对他们在商务英语方面的能力和技能进行评估。以下是一些需要关注的观察指标。

1. 参与度

观察学生在课堂上的积极参与程度。观察学生是否主动提问、回答问题，是否参与小组讨论或角色扮演等互动活动。参与度高的学生通常对商务英语学习的兴趣较为浓厚。

2. 合作能力

观察学生在团队合作任务中的表现。商务英语涉及团队合作和协作，因此需要观察学生在小组项目、商务演练或模拟会议中的合作能力。观察学生是否能够有效地与他人分工合作并达成共识。

3. 沟通效果

观察学生在口头和书面沟通中的表现。观察学生的口头表达是否清晰、流利，是否能够准确运用商务英语词汇和专业术语。同时要关注学生的书面表达能力，如商务信函、报告或推销文案的写作。

4. 教师的教学方法和策略

除了观察学生，也要关注教师的教学方法和策略。关注教师是否能够有效地引导学生参与课堂活动，是否能够提供清晰的解释和示范。同时，可以评估教师是否能够根据学生的反馈和需求进行调整和改进教学。

（二）学生作业评估

学生作业评估是商务英语教学评估中的重要环节，可以帮助了解学生的商务英语能力和知识掌握情况。以下是一些常用的学生作业评估方式。

1. 书面作业

通过给学生布置书面作业（如商务报告、市场调研报告、商业计划书等）来评估他们的写作和分析能力。这些作业要求学生运用商务英语的专业词汇和写作技巧，清晰准确地表达自己的观点和分析结果。

2. 项目报告

学生可以完成具体商务项目（如市场营销策划、产品推广方案等），并撰写相应的项目报告。教师可以评估学生在项目中的规划能力、执行能力，以及对商务英语知识的应用程度。

3. 商务信函

教师要求学生编写商务信函（如投诉信、邀请信、申请信等），以评估他们在商务沟通中的书面表达能力和专业礼仪。教师可以根据学生的信函内容、格式和语言表达质量进行评估。

4. 推销文案

学生可以撰写商务推销文案，以展示他们在商务沟通和营销方面的能力。这可以包括广告宣传文案、销售邮件等，以此评估学生的文案撰写能力、目标受众分析和营销思维能力。

（三）口语评估

口语评估是商务英语教学中的关键环节，可以帮助评估学生在商务沟通和交流方面的能力。口语评估可以通过评分表、记录观察笔记，以及录音或录像等方式进行。评估结果可以向学生提供反馈和指导，帮助他们改善口语表达和交际技巧。同时，教师可以根据评估结果调整教学策略，提供更有针对性的口语训练，以培养学生在商务英语口语方面的自信和流利度。

以下是4种常用的口语评估方式。

1. 口语测试

教师可以设计口语测试，要求学生通过口头回答问题、对话或演示特定场景等方式来展示他们的口语能力。测试内容可以包括商务会议、电话沟通、销售演示等实际商务情境，以评估学生的口语流利度、表达准确性和逻辑思维能力。

2. 演讲比赛

组织演讲比赛是一种评估学生口语能力的有效方式。学生可以选择一个与商务相关的主题进行演讲，并在评委和观众面前展示自己的口才和表达能力。评估标准可以包括发音准确性、流利度、语法和词汇运用、逻辑结构和演讲技巧等。

3. 小组讨论

通过组织小组讨论，教师可以评估学生在团队合作和商务讨论中的口语表达能力。学生可以就特定的商务话题进行交流和讨论，教师可以评估他们的沟通技巧、表达观点的清晰度和对他人观点的理解与回应。

4. 角色扮演

通过角色扮演活动，教师可以评估学生在商务情境中的口语表达能力。学生可以扮演不同的商务角色，模拟商务会议、谈判、客户服务等场景，以展示他们在沟通、协商和解决问题方面的口语能力。

（四）问卷调查

问卷调查可以收集学生对商务英语教学的反馈和意见，是一种有效的方法。通过问卷调查，教师可以收集到学生的意见和反馈，了解他们的需求和期望。这些信息有助于教师进行课程设计和教学方法的优化。问卷调查还能够激发学生的参与感，让他们感到自己的声音被听到，并增加他们对商务英语学习的投入度。教师可以根据问卷调查结果进行分析和总结，并将反馈整合到教学实践中，以不断提高商务英语教学的质量和效果。

以下是问卷调查中一些常见的问题。

1. 课程内容

询问学生对商务英语课程内容的评价。询问他们哪些内容最有用，是否希望增加或调整特定主题。这样的问题可以帮助教师了解学生对课程内容的满意度，并进行相应的改进。

2. 教学方法

了解学生对教学方法的看法。例如，学生更喜欢教师以小组活动、角色扮演或案例分析等方式进行教学，这些方法是否有助于他们理解和应用商务英语。

3. 教材选择

询问学生对所使用教材的评价。询问他们教材是否丰富、有趣，是否与实际商务场景相关，是否希望增加其他资源或教材。

4. 自我感知

让学生评估自己在商务英语方面的能力。评估自己在口语、写作、听力或阅读等方面的水平，是否需要加强某个领域的能力。

5. 建议和意见

给学生表达建议和意见的空间。学生可以分享他们对商务英语教学的改进建议、其他资源或活动的建议等。

三、结果分析和反馈

（一）结果分析

教师可以通过结果分析和整理评估数据深入了解学生的学习情况和需求，并发现教学中的改进空间。这有助于教师制定个性化的教学计划和策略，有针对性地提供支持和指导。结果分析还能够为教师和学校提供全面的评估报告，为教育决策和教学质量的提升提供依据。

以下是一些归纳和分析评估结果的方法。

1. 统计方法

教师可以使用统计方法对评估数据进行分析，了解学生在不同领域的表现和问题。可以计算得分平均值、标准差等统计指标，帮助发现学生群体的整体水平和分布情况。

2. 图表分析

将评估结果可视化，教师通过图表的方式展示学生在不同方面的表现。例如，使用柱状图或折线图来比较不同能力维度上的得分情况，这样可以更直观地了解学生的整体情况和潜在问题。

3. 综合分析

教师应将不同评估指标进行综合分析，寻找学生在商务英语学习中的特点和问题。例如，通过对口语测试、写作作业和项目报告等数据进行综合分析，找出学生在不同领域的优势和改进空间。

4. 生成报告

教师应根据评估结果撰写报告，总结和归纳学生的表现和问题，并提出相应的建议和改进措施。报告可以包括学生整体水平的概述、重点关注领域的分析和有针对性的指导建议，帮助教师和学生更好地理解评估结果并采取相应措施。

（二）反馈与改进

教师通过向学生提供个性化的反馈，可以激发他们的学习动力和积极性，并帮助他们在商务英语学习中取得更好的成绩。评估结果也为教师提供了改进教学和课程设计的方向，促进了教学质量的不断提高。

以下是一些提供个性化反馈的方法。

1. 强调优势

在反馈中，教师应该肯定学生的优势和进步。指出学生在商务英语方面取得的成绩，并鼓励他们继续发展和利用自己的优势。

2. 指出改进方向

教师要指出学生需要改进的方向和注意事项。可以给学生具体的建议和指导，帮助学生意识到自己在某些方面的不足，并提供相应的学习资源和策略。

3. 制订个性化计划

根据评估结果，教师可以与学生一起制订个性化的学习计划。这包括设定目标、明确行动步骤和选择适合个人需求的学习资源。个性化计划能够帮助学生有针对性地提高自己的商务英语能力。

除了向学生提供个性化的反馈，评估结果还应向教师提供宝贵的信息和建议，以促进教学的改进和创新。教师可以根据评估结果了解学生的需求和问题，调整教学策略和方法。评估结果还可以为课程设计和教材选择提供参考意见，确保教学内容与学生的实际需求和能力匹配。

（三）学生参与和自我评估

教师在评估过程中应鼓励学生主动参与和自我评估，以提高他们的学习动力和主导能力。通过鼓励学生主动参与和自我评估，评估过程可以更加有针对性和个性化。学生能够意识到自己的学习需求和目标，并制订适合自己的学习计划和策略。学生也能够更好地认识自己的学习进展和水平，增强自信心和学习动力。

以下是一些实现学生主动参与和自我评估的方法。

1. 反思和目标设定

教师可以引导学生对自己的学习和成长进行反思。学生可以思考自己的学习方式、困难和取得的进步。同时，教师可以帮助学生设立个人目标和计划，以指导他们的学习。

2. 参与评估指标制定

教师可以邀请学生参与制定评估指标，让他们参与评估过程的设计和决策。这样可以增强学生对评估的认同感，并使他们更有动力去理解和达到评估标准。

3. 自我评估和进展检查

学生可以参与自我评估和进展检查，检查自己在商务英语学习中的进展和水平。教师可以提供相应的工具和指导，帮助学生识别自己的强项和改进空间，并制订相应的改进计划。

4. 学习小组和合作评估

教师可以组织学习小组和合作评估，让学生相互观察、评估和给予反馈。学生可以互相帮助，共同成长，并通过彼此的反馈来提高学习效果。

第五节　商务英语教学评估应用与改进

商务英语教学评估是提高学生学习效果和能力的重要环节。通过评估，教师可以了解学生的学习情况和表现，并提供有针对性的指导和支持。然而，为了使评估更加有效和有意义，教师需要灵活运用评估结果，并不断进行改进和创新。

一、商务英语教学评估的应用领域

商务英语教学评估可以应用于以下 4 个领域。

（一）教学反馈与调整

通过有效的教学反馈和调整，教师可以更好地满足学生的学习需求，提升教学质量。这需要教师具备敏锐的观察力和分析能力，以及灵活调整教学策略的能力，从而实现教学的个性化和有效性。学生也需要积极参与反馈过程，接受和应用反馈信息，以达到更好的学习效果。

以下是教学反馈与调整的 5 个关键方面。

1. 及时反馈

教师应该及时给予学生反馈，让他们了解自己的学习表现和进展。通过口头或书面形式的反馈，教师可以指出学生的优点和需要改进之处，并提供具体的建议和指导。

2. 个性化反馈

教师应该根据学生的特点和需求给予个性化反馈。不同的学生在商务英语学习中可能存在不同的困难和发展方向，因此教师需要针对学生的情况，提供有针对性的建议和指导。

3. 目标导向反馈

教师的反馈应该与学生的学习目标相匹配。通过了解学生的学习目标，教师可以提供具体的反馈，帮助学生更好地实现他们的目标。同时，教师可以与学生一起制定学习计划和目标，以便更好地指导学生的学习。

4. 调整教学策略

教师应该根据评估结果和反馈，及时调整教学策略和方法。如果学生普遍存在某个方面的问题，教师可以重新解释相关概念或提供额外的练习。通过观察学生的反应和理解程度，教师可以灵活调整课堂教学的进度和内容。

5. 鼓励学生参与反馈过程

教师可以鼓励学生参与反馈过程，让他们自我评估和反思自己的学习情况。学生可以参与讨论、提出问题或建议，以便更好地理解自己的学习需求，并与教师共同制订改进计划。

（二）学生发展和职业规划

商务英语教学评估对学生的职业规划非常重要。它帮助学生了解自身能力，制定学习目标和发展计划，并为职业规划提供参考。评估结果可以帮助学生更好地应对职场需求，提高就业竞争力，实现个人职业目标。以下是评估对学生的帮助。

1. 了解自身能力

商务英语教学评估可以帮助学生了解自己的商务英语水平。通过评估，学生可以知道自己在听、说、读、写和商务沟通等方面的优势和不足。这有助于他们明确自己的现状，并确定进一步提升的方向。

2. 制定学习目标

评估结果可以帮助学生制定个性化的学习目标。根据自身的评估结果，学生可以设定具体的商务英语学习目标，如提升口语表达能力、加强商务写作技巧和提高跨文化交际能力。这样的目标设定有助于学生明确自己的学习重点和方向。

3. 发展计划

评估结果还可以为学生的商务英语发展提供指导。学生可以根据评估结果制订详细的发展计划，包括选择适合自己的学习资源、参加相关培训或课程，并积极参与商务实践活动以提升实践能力。这样的发展计划有助于学生系统地提升自己的商务英语能力。

4. 职业规划参考

评估结果可以作为学生申请职位或进入商务领域的参考依据。许多企业在招聘和选拔过程中会对候选人的商务英语能力进行评估，学生可以通过自己的评估结果来展示自己的优势和潜力。此外，评估结果还可以帮助学生选择适合自己商务英语能力的职位，并为未来的职业发展规划提供指导。

（三）教学质量评估

商务英语教学评估对评估教学质量和效果至关重要。它可以帮助教师了解学生的学习情况和表现，反映教学成效，发现教学问题，并为教师提供改进教学的方向和动力。通过持续的评估和反馈，教师可以不断优化教学过程，提升教学质量，以满足学生的学习需求，培养出更具商务英语能力的人才。

1. 评估学生学习情况

商务英语教学评估可以帮助教师了解学生的学习情况和表现。通过定期的测验、作业和项目评估，教师可以了解学生对商务英语知识和技能的掌握程度。这有助于教师判断学生是否达到预期学习目标，并发现学生可能存在的困难和问题。

2. 反映教学成效

商务英语教学评估结果可以反映教学成效。教师可以通过评估结果了解自己的教学方法和策略是否有效，学生是否能够运用所学的商务英语知识和技能解决实际问题。评估结果可以帮助教师评估教学成果，了解学生在商务英语领域的进步和成长。

3. 发现教学问题

商务英语教学评估可以帮助教师发现教学中存在的问题和挑战。通过分析评估结果，教师可以发现学生普遍存在的问题和误区，以及教学内容中可能存在的漏洞。这有助于教师及时调整教学策略和方法，针对性地解决学生的问题。

4. 指导教师改进

商务英语教学评估结果可以为教师提供改进教学的方向和动力。通过评估结果，教师可以了解自己的教学水平和效果，并找到自己的优势和不足之处。教师可以借助评估结果反思自己的教学方法和策略，寻求专业发展的机会，不断提高自己的教学能力和水平。

（四）课程设计和改进

商务英语教学评估对课程设计和改进非常重要。它可以帮助教师调整课程内容和难度，以满足学生的学习需求；反映课程的有效性和适应性；并为课程改进提供依据。通过持续的评估和反馈，教师可以不断优化课程设计，提升教学质量，使学生更好地应对商务英语的挑战和需求。

1. 调整课程内容

商务英语教学评估可以帮助教师了解学生对不同商务英语主题的掌握情况。通过评估结果，教师可以判断学生对各个主题的理解程度和掌握程度。基于这些信息，教师可以调整课程内容，加强或深入讲解某些主题，同时为那些已经掌握主题的学生提供更高难度的挑战。

2. 适应学生需求

商务英语教学评估可以帮助教师了解学生的学习需求和偏好。通过分析评估结果，教师可以发现学生对某些商务英语技能或知识的特别需求。基于这些需求，教师可以根据学生的反馈和建议进行课程调整，增加相关的实践活动、案例研究或项目任务，以满足学生的实际需求。

3. 反映课程有效性

商务英语教学评估结果可以反映课程的有效性和适应性。评估结果可以帮助教师评估课程设计和教学方法的有效性，评估是否能够帮助学生达到预期的学习目标。通过评估结果，教师可以发现课程中可能存在的问题或不足之处，并相应地进行改进和调整。

4. 提供课程改进依据

商务英语教学评估结果可以为课程改进提供依据。通过分析评估数据，教师可以了解学生在不同方面的表现和需要改进的地方。这些信息可以指导教师进行有针对性的课程改进，如调整教学资源、更新案例材料、增加互动活动等。评估结果也可以作为与其他教师或教育专业人士交流的基础，共同探讨如何改进商务英语课程的有效性和质量。

二、商务英语教学评估的改进方法

以下是改进商务英语教学评估的一些常用方法。

（一）多元化评估工具

商务英语教学评估的多元化评估工具可以帮助教师全面了解学生的学习情况和能力。以下是一些常用的多元化评估工具。

1. 口头演示

学生通过口头演示来展示他们的口语表达和交流能力。这可以包括模拟商务会议、演讲或角色扮演等活动，让学生在真实的商务场景中进行实践。

2. 书面报告

学生撰写商务英语相关的书面报告，以展示他们的写作和分析能力。这可以涉及商务信函、市场调研报告、商务计划书等各种写作形式。

3. 视频记录

通过录制学生的商务英语沟通活动或演示，教师可以观察学生的表现，并在回放中进行评估。这有助于评估学生的非语言沟通技巧、姿态和表情。

4. 在线测验

利用在线平台或工具进行商务英语测验（包括选择题、填空题、阅读理解等形式），以评估学生的理解和应用能力。也可以根据不同难度级别设计多个测试。

5. 项目展示

学生通过展示商务英语项目（如商务演讲、销售策划、市场营销活动等）来展示实际应用能力，将所学知识与实践相结合。

6. 同行评估

学生之间进行互评或同行评估，以促进彼此之间的交流和合作。通过评估其他学生的表现，学生可以从中获得反馈和启发，并了解不同角度的商务英语应用。

（二）个性化评估和指导

个性化评估和指导是商务英语教学评估中的重要方面。以下是实现个性化评估和指导的 4 种方法。

1. 个别会谈

教师可以与学生进行一对一的会谈，了解他们的学习情况、目标和困难。通过与学生交流，教师可以更深入地了解每名学生的需求，并提供个性化的反馈和指导。这样的个别会谈可以帮助教师根据每名学生的具体情况提供有针对性的建议和支持。

2. 小组讨论

教师可以组织小组讨论，让学生分享自己的学习经验和困难。在小组讨论中，学生可以从彼此的经验中获得启发和帮助，并借此机会接受同伴的个性化反馈和指导。教师在小组讨论中可以引导学生互相学习和互相支持，以达到个性化的评估和指导效果。

3. 学习档案

教师可以建立学生的学习档案，记录学生的学习历程和进展。通过定期更新学习档案，教师可以跟踪学生的学习情况，并根据学生的特点和需求提供个性化的反馈和指导。学习档案（包括学生的作业、测验成绩、参与度，以及教师的评语和建议等）有助于持续地进行个性化评估和指导。

4. 差异化任务

教师可以为不同能力水平和学习风格的学生设计差异化的任务。通过针对性的任务，教师可以更好地满足每名学生的学习需求，并提供个性化的反馈和指导。这样的差异化任务可以根据学生的兴趣、学习目标和能力制订，使学生在适合自己水平的挑战中取得进步。

（三）学生参与和自主学习

鼓励学生参与和自主学习是商务英语教学评估中的重要方面。以下是实现学生参与和自主学习的 4 种方法。

1. 评估任务设计参与

教师可以邀请学生参与评估任务的设计和实施过程。学生可以提出自己的意见和建议，帮助教师设计更贴近学生需求和实际情况的评估任务。这样的参与可以增强学生的主动性和责任感，并使他们感到自己在评估中的作用和重要性。

2. 自我评估与反思

教师可以给学生提供自我评估和反思的机会。学生可以检查自己的学习进展和水平，并对自己的表现进行客观的评价。教师可以引导学生思考自己的学习策略、问题和解决方案，并提出改进的计划和策略。通过自我评估和反思，学生能够更好地认识自己的学习需求和提升空间。

3. 同伴评估和互助学习

教师可以鼓励学生进行同伴评估和互助学习。学生可以相互观察、评估和给予反馈，分享自己的学习经验和方法。通过同伴评估和互助学习，学生可以从彼此的经验中获得启发和帮助，加强交流和合作。

4. 学习资源选择

教师可以鼓励学生参与选择适合自己的学习资源。例如，在提供商务英语学习材料时，教师可以让学生根据自己的兴趣和需求选择适合自己的资料。这样的选择能够激发学生的学习动力和自主性，并提高他们对学习内容的投入度。

（四）持续改进与反思

通过持续的改进与反思，商务英语教学评估可以不断提升其质量和效果。教师的积极参与和敏锐的观察力也是实现改进与反思的关键。通过不断探索和实践，教师可以为学生提供更好的评估体验，并促进他们在商务英语学习中取得更好的成果。不断改进和反思是商务英语教学评估的重要环节。

1. 根据评估结果调整方法和工具

教师应该根据评估结果和学生的反馈对评估方法和工具进行调整和改进。如果评估方法无法准确地反映学生的能力和表现，教师可以考虑引入新的评估方法或修改现有的方法，以便更好地满足评估的目的。

2. 分析评估数据

教师可以仔细分析评估数据，了解学生的学习情况和表现。通过对数据的分析，教师可以发现学生普遍存在的问题和需求，并提出相应的改进建议。这有助于教师了解学生在不同方面的表现，并为个性化的指导和支持奠定基础。

3. 反思教学方法和策略

教师应该定期反思自己的教学方法和策略。通过反思，教师可以审视自己的教学效果和学生的学习体验。教师可以思考哪些教学方法和策略取得了良好的效果，哪些需要改进。这样的反思有助于教师不断提高自己的教学能力和教学效果。

4. 探索更有效的评估方式

教师可以探索更有效的商务英语评估方式。这可能包括创新的评估工具、互动式评估形式或基于技术的评估方法。通过尝试新的评估方式，教师可以发现更适合学生的评估方法，提高评估的准确性和效果。

（五）结合实际商务场景

将商务英语教学评估与实际商务场景结合起来可以增加评估的真实性和应用性，提高学生的实际应用能力。将商务英语教学评估与实际商务场景结合起来可以使评估更加真实和有意义。学生可以在模拟的商务环境中应用所学的商务英语知识和技能，培养实际应用能力，增强对商务场景的适应能力。这样的评估方法也可以激发学生的兴趣和参与度，促进他们在商务英语学习中深入思考和全面发展。

以下是一些实现这种结合的方法。

1. 模拟商务会议

教师可以设计评估任务，要求学生参与模拟商务会议。在这项任务中，学生可以扮演不同的角色，通过团队合作进行商务讨论、决策和谈判，展示其商务英语的沟通和表达能力。通过模拟商务会议，学生能够在仿真的商务环境中运用所学的商务英语知识和技能，提高其实际应用能力和团队合作能力。在会议中，学生需要运用商务专业术语、逻辑思维和有效沟通技巧，与团队成员合作解决商务问题，制定有效的商业策略和决策。教师可以通过观察学生的表现、讨论过程和决策结果来评估学生的综合能力和商务英语实践能力。这样的评估任务有助于学生在实践中应用所学知识，加深对商务英语的理解和掌握，培养团队合作精神和解决问题的能力。通过参与模拟商务会议，学生不仅可以提升自身的商务沟通技能和决策能力，还能够锻炼其应对商务挑战的能力，并为未来的职业发展做好准备。这种实践性评估任务有助于将理论知识与实际操作相结合，提升学生的综合素质和职业竞争力。

2. 商务写作任务

教师可以设计商务写作任务，要求学生撰写真实的商务文件，如商业计划书、市场报告或商务电子邮件。学生需要运用商务英语的写作技巧和专业术语来表达观点和传递信息。通过评估学生的商务写作，教师可以了解学生在实际商务场景中的写作能力和逻辑思维能力。这种实践任务可以帮助学生提升商务英语写作技能，培养他们清晰表达想法、组织信息和逻辑思维能力。学生通过撰写商务文件，不仅可以加深对商务英语的理解，还可以锻炼解决实际商务问题的能力，提高实际工作中的写作效率和质量。教师的评估有助于发现学生在商务写作方面的优势和改进空间，并为他们提供个性化的指导和培养方向。通过这样的商务写作任务，学生将更好地应对未来商务职场中的写作需求，展现出优秀的商务沟通能力和专业素养，为其职业发展奠定坚实基础。这种综合实践任务的设计不仅提升了学生的写作能力，还培养了其适应商务环境和解决实际问题的能力，促进了学生综合素质的全面发展。

3. 商务演讲和演示

教师可以要求学生进行商务演讲或演示，以展示他们在特定商务领域的知识和技能。学生可以选择相关主题准备演讲或演示材料，并在课堂上展示。通过观察学生的演讲技巧和内容理解能力，教师可以评估学生在实际商务场景中的口头表达能力。这种实践活动不仅提升学生的演讲技能和自信心，还培养其清晰表达想法的能力，以适应未来商务交流的需求。同时，学生通过准备和展示演讲，加深对所学商务知识的理解和应用，促进了综合素质的提升。这样的实践任务可以激发学生的学习兴趣，帮助他们更好地应对未来职业中需要的口头表达和沟通技能。

4. 案例分析和解决方案

学生需要通过分析案例并提出解决方案来运用商务英语知识和技能。这种评估任务能够帮助学生将所学的商务英语理论应用到实际案例中，展示其在实践中的应用能力。通过解决真实商务问题，学生不仅可以加深对商务英语知识的理解，还能培养其解决问题的能力和创新思维。此外，通过分析案例和提出解决方案，学生还可以提升其团队合作能力和沟通能力，培养其在商务环境中独立思考和有效表达的能力。这种实践性的学习方式有助于学生将所学知识运用于实际工作场景中，为其未来的职业发展打下坚实基础。

第十一章　总结与展望

第一节　商务英语教学理论与翻译技巧的重要性

在全球化的商务环境中，良好的商务英语能力和翻译技巧对于成功开展国际商务活动至关重要。商务英语教学理论和翻译技巧是帮助学生有效学习和应用商务英语的基础。商务英语教学理论和翻译技巧对于在商务领域中掌握良好的商务英语能力和翻译技巧至关重要。商务英语教学理论可以指导教师设计和实施商务英语教学，促进学生的深度学习和个性化发展。翻译技巧在商务领域中的应用可以帮助准确传达信息和实现有效沟通。通过商务英语教学理论和翻译技巧的应用，学生可以提高自己的商务英语能力和翻译水平，并为成功开展国际商务活动奠定基础。

一、商务英语教学理论的重要性

商务英语教学理论对于教师有效教授商务英语知识和技能具有重要意义。

（一）指导教学设计和实施

商务英语教学理论提供了指导教学设计和实施的原则和方法。教师可以根据商务英语教学理论制定合适的教学目标、教学内容和教学策略。商务英语教学理论还提供了评估学生学习成果和教学效果的方法和工具。遵循教学理论的指导，教师可以更好地组织和实施商务英语教学，提高学生的学习效果和能力。

（二）促进学生的深度学习

商务英语教学理论强调学生的主动参与和深度学习。学生学习商务英语不仅要学习词汇和语法，还需要掌握商务沟通和交际技巧，理解商务文化和行业背景。商务英语教学理论强调学生的实践和应用，促进了学生在真实商务情境中的思考和反思。这种深度学习可以帮助学生更好地理解和应用商务英语知识和技能。

（三）个性化教学和学生需求

商务英语教学理论提倡个性化教学和关注学生的需求。不同学生在商务英语学习中存在不同的困难和发展需求，因此教师需要根据学生的特点和需求提供个性化的指导和支持。商务英语教学理论强调教师与学生之间的互动和合作，以满足学生的学习需求，并帮助他们实现个人目标和职业目标。

（四）教师专业发展和教学研究

商务英语教学理论对于教师的专业发展和教学研究具有重要意义。教师可以通过研究商务英语教学理论，不断提高自己的教学水平和专业素养。商务英语教学理论还促进了教师之间的交流和合作，以推动教学创新和改进。

二、翻译技巧在商务领域的重要性

翻译技巧对于在商务领域中准确传达信息和实现有效沟通至关重要。

（一）保持语言准确性和一致性

在商务翻译中，要保持语言的准确性和一致性，以确保信息的准确传达和商务活动的顺利进行。翻译技巧可以帮助翻译人员理解原文的意思，并将其准确地转化为目标语言。

（二）理解商务背景和行业术语

商务英语翻译需要熟悉商务背景和相关行业术语。翻译人员需要了解商务活动和国际贸易的基本原则和规定，以便正确地翻译商务文档和交流。翻译人员还需要掌握商务领域的专业术语，以便准确地传达商务信息。

（三）理解跨文化差异

商务英语翻译涉及不同文化之间的交流和合作。翻译人员需要理解不同文化之间的差异，并将其考虑在翻译过程中。翻译人员需要注意语言和行为的礼节，尊重不同文化的习惯和观念，并在翻译中避免可能引起误解或冲突的问题。

（四）处理商务文档和交流的特殊要求

商务英语翻译通常涉及各种类型的文档和交流，如商务合同、市场调研报告、商务信函等。翻译人员需要熟悉这些文档和交流的特殊要求，并能够根据需要进行适当的调整和处理。商务翻译需要保持文档的格式和结构，并确保翻译结果符合商务沟通的要求。

三、商务英语教学理论与翻译技巧的应用

商务英语教学理论和翻译技巧可以在以下方面应用于商务领域。

（一）商务英语教学与实践

商务英语教学理论可以指导商务英语教学的设计和实施。教师可以根据商务英语教学理论，结合商务场景和翻译需求，设计商务英语教学活动和任务。通过商务英语教学实践，学生可以应用翻译技巧和商务英语知识，提高在商务环境中的沟通和交际能力。

（二）翻译技巧的培训与发展

商务英语教学在培养学生的翻译技巧方面起着关键作用。教师可以引导学生学习和应用各种翻译技巧，如准确翻译商务文档和交流、处理商务术语和特殊要求等。通过商务英语教学，学生不仅可以提高翻译的准确性和流畅度，而且能够培养解决实际翻译问题的能力。教师可以通过案例分析和实践活动帮助学生应用所学翻译技巧，提

升他们的实践能力和应变能力。商务英语教学还可以教授学生如何在商务环境中处理跨文化交流和专业术语，培养学生的跨文化沟通技能和专业素养。通过系统的翻译训练，学生可以逐步提高翻译水平，为将来从事商务翻译工作做好充分准备。综合而言，商务英语教学的翻译技巧培训不仅有助于提升学生的语言水平，而且能够锻炼他们的逻辑思维和应变能力，为他们在商务翻译领域取得成功打下坚实基础。这种综合性的教学方法将帮助学生更好地理解和应用商务英语知识，提高他们在商务领域的竞争力和实际应用能力。

（三）跨文化交流与合作

商务英语教学和翻译技巧可以帮助学生理解和应对跨文化交流和合作的挑战。商务英语教学理论强调跨文化意识和沟通技巧的培养，帮助学生在不同文化背景下进行有效的商务沟通。翻译技巧可以帮助学生理解和应用不同文化的语言和行为规范，并确保跨文化交流的顺利进行。

第二节　商务英语未来的发展趋势和挑战

随着全球化进程的不断推进，商务英语在国际商务领域中扮演着重要的角色。然而，随着科技的发展和商务环境的变化，商务英语也面临着新的发展趋势和挑战。通过适应新的发展趋势，应对各种挑战，商务英语教学和实践可以为商务领域的专业人士提供更好的支持和培养，以适应全球化和数字化时代的商务需求。

一、商务英语未来的发展趋势

商务英语未来的发展趋势包括数字化技术应用、跨文化交际、可持续发展和跨学科融合。这些趋势反映了全球商务环境的变化和发展，商务英语教学需要与时俱进，为学生提供适应未来商务挑战的知识和能力。

（一）数字化技术应用

随着科技的迅速发展，数字化技术在商务英语教学和实践中的应用将会成为主流。商务英语教学将更加注重数字化工具和资源（如在线学习平台、虚拟现实技术和移动应用程序等）的使用，使学习更加灵活和便捷。学生可以随时随地进行学习，并通过多媒体和交互式的方式提高学习效率。

在商务实践中，数字化技术将改变商务沟通和交流的方式。电子邮件、视频会议和社交媒体等工具已经成为商务领域中常见的沟通工具。商务英语教学将致力于培养学生运用这些工具进行有效沟通的能力，并教授相关的商务用语和礼仪。

（二）跨文化交际

随着全球商务的快速发展，跨文化交际在商务英语中的重要性将进一步凸显。

商务英语教学，强调了解不同文化的商务礼仪、价值观和行为准则。学生学习如何适应和理解不同文化之间的差异，并有效地进行跨文化交流和合作。通过模拟情境和案例研究，学生有机会锻炼跨文化沟通的技巧和智慧。

（三）可持续发展

可持续发展成为全球商务的关键议题，因此商务英语也需要与之相适应。商务英语教学致力于培养学生在商务决策中考虑可持续因素的能力。学生将学习如何使用商务英语进行可持续发展的倡议和沟通，并了解联合国可持续发展目标（SDGs）的相关内容。通过案例研究和实践项目，学生将有机会运用商务英语来推动可持续发展的实践。

（四）跨学科融合

商务英语的发展使其快速融入其他学科领域，实现跨学科的融合。商务英语教学将更多地关注商务知识和技能的整合，如商务管理、市场营销、国际贸易等。商务英语专业人士需要具备广泛的知识和技能，以应对复杂多变的商务环境。

在商务英语教学中，强调商务实践和案例分析，使学生将所学的商务英语知识应用到实际情境中。学生将与其他学科的专业人士合作，共同解决实际商务问题，并通过团队项目和模拟商务场景来提升综合能力。

二、商务英语未来的挑战

商务英语未来面临的挑战包括快速变化的商务环境、跨文化交际、人工智能对人类工作的影响以及教学方法和内容的更新。商务英语教学需要紧跟时代的发展，为学生提供应对未来挑战的知识和能力训练。

（一）快速变化的商务环境

1. 变化的商业模式

随着科技的进步和新兴行业的崛起，商业模式也在不断变化。例如，电子商务、共享经济和区块链等颠覆性的商业模式对商务英语专业人士提出了新的要求。

2. 全球化的竞争

全球市场的开放和国际贸易的增加使得商务领域的竞争日趋激烈。商务英语专业人士需要具备全球视野和跨文化交际能力，以应对来自不同国家和地区的竞争。

3. 技术的快速发展

科技的迅猛发展对商务环境产生了深远影响。人工智能、大数据分析和物联网等技术正在改变商务运作和决策的方式。商务英语专业人士需要了解并适应这些新技术的应用。

（二）跨文化交际

1. 文化差异

不同国家和地区之间存在语言、价值观和商务习惯等方面的差异。商务英语专业人士需要具备跨文化交际的能力，了解和尊重不同文化的差异，并能够适应不同文化环境下的商务沟通需求。

2.跨国团队合作

随着全球化的推进，跨国团队合作成为商务领域中常见的工作模式。商务英语专业人士需要具备良好的团队合作和协调能力，与来自不同文化背景的团队成员进行有效的合作和沟通。

3.跨文化谈判

国际商务谈判中的文化因素是影响谈判结果的关键因素之一。商务英语专业人士需要了解不同文化在谈判中的偏好和习惯，并运用适当的语言和沟通策略进行跨文化谈判。

（三）人工智能对人类工作的影响

1.自动化取代重复性任务

随着人工智能技术的快速发展，一些重复性的商务任务可能会被自动化技术取代，如数据分析和文件整理等。这意味着商务英语专业人士需要不断提升自身的知识和技能，以适应未来商务环境的变化。同时，他们需要加强对新技术的理解和运用能力（如人工智能工具和大数据分析软件），以提高工作效率和质量。此外，他们还需注重发展与人工智能难以替代的高级技能（如创新思维、领导能力和跨文化沟通技巧），以从事更具挑战性和创造性的商务工作。商务英语专业人士还应持续学习和提升自身的语言能力和沟通技巧，以更好地应对复杂商务环境中的交流和谈判挑战。此外，跨学科知识和行业专业素养将成为未来商务英语专业人士必备的能力，帮助他们更全面地理解商务运作和行业动态，也为企业决策提供更有价值的信息和建议。总之，随着自动化技术的广泛应用，商务英语专业人士需要不断学习和成长，以适应商务领域的变革和挑战，保持竞争力并在职业发展中脱颖而出。

2.人机协同合作

人工智能技术与人类进行协同合作将成为商务领域的新趋势。人工智能可以为商务英语专业人士提供更高效和精确的支持。商务英语专业人士需要深入了解和灵活运用人工智能工具和平台，以提升工作效率和创造力。人工智能技术可以在商务翻译、数据分析、市场营销等领域发挥重要作用，并为专业人士提供快速准确的信息处理和决策支持。通过人工智能工具，商务英语专业人士可以更有效地管理和分析大量商务数据，发现商机和趋势，提高工作效率和决策准确性。同时，人工智能可以辅助商务翻译人员进行语言翻译和文档处理，提高翻译质量和速度。此外，商务英语专业人士还可以利用人工智能技术进行市场调研、客户关系管理等工作，为企业发展提供更精准的战略支持。尽管人工智能技术的发展为商务领域带来了许多机遇，但专业人士仍需要不断学习和提升自身的技能（包括批判性思维、创新能力和跨文化沟通技巧），以更好地与人工智能协同工作，发挥个人优势，实现商务目标并取得成功。综上所述，商务英语专业人士需要积极融合人工智能技术，不断学习和适应新技术，以实现与人工智能的协同合作，提升工作效率和竞争力，推动商务领域的发展和创新。

3. 新兴领域的机会

人工智能的翻译工具和语音助手等应用需要商务英语专业人士参与开发和应用。商务英语专业人士可以参与人工智能翻译工具的开发，负责设计和优化商务领域的翻译算法和语言模型，以确保翻译质量和专业性。商务英语专业人士还可以担任人工智能语音助手的内容编辑和管理工作，为商务领域定制专业化的语音识别和交互设计，提供更智能化和定制化的商务服务。此外，商务英语专业人士还可以从事人工智能在商务领域的应用与推广工作，担任人工智能技术的商务顾问或培训师，为企业提供人工智能技术的商务应用建议和培训支持。通过参与人工智能技术的开发和应用，商务英语专业人士将拓展职业发展领域，融合语言专业知识和科技技能，实现跨界合作与创新。这些新的就业机会将促使商务英语专业人士不断学习和更新知识，提升自身的综合能力和竞争力，以适应人工智能时代的职业需求，并为未来商务领域的发展做出贡献。综上所述，人工智能为商务英语专业人士带来了新的就业和发展机会，同时需要他们积极拓展技能和应用领域，与人工智能技术共同发展，实现个人职业目标和行业创新。

（四）教学方法和内容的更新

1. 实践导向的教学方法

商务英语教学需要更加注重学生实践能力和综合素质的培养。教学方法也应强调案例分析、模拟商务场景和团队项目等实践活动，促使学生将理论知识与实际应用相结合。通过实践活动，学生能够锻炼解决问题的能力、沟通协作能力和创新思维，为未来的职业发展做好准备。这种注重实践的教学模式不仅能够提升学生的实际操作能力，而且能够培养学生的综合素质和团队合作精神，使其在商务领域中具备竞争力和适应能力。

2. 综合性知识

商务英语专业人士需要拥有广泛的商务知识和技能，包括市场营销、数据分析和项目管理等方面。商务英语教学内容应涵盖多个学科领域，帮助学生建立全面的商务能力。通过多学科的教学内容，学生可以全面了解商务运作的各个方面，培养综合应用知识的能力，提升解决问题和创新的能力。市场营销知识能帮助学生了解产品推广和市场定位，数据分析技能可以帮助学生从海量数据中提取有用信息，项目管理技能则能够提高学生组织协调能力和执行力。综合的商务知识和技能将使学生在未来的职业生涯中更具竞争力，使其能够适应商务领域日益复杂和多变的挑战。

3. 科技支持的教学工具

在线学习平台、虚拟现实技术和智能化辅助工具等，可以为学生提供更灵活、个性化的学习体验。在线学习平台为学生提供了随时随地学习的便利，使他们可以根据个人时间和节奏自主学习，并获取丰富的教学资源和互动学习体验。虚拟现实技术可以创设沉浸式的学习环境，让学生仿佛置身于真实商务场景中，提升学生学习的趣味性和参与度。智能化辅助工具（如语言识别软件和智能学习系统）能够帮助学生提高语言技能和学习效率，个性化地指导学生学习，以满足不同学生的需求。这些先进的教学工具和平台为商务英语教学带来了更多可能性，促进了教学内容的创新和教学方法的多样化。通过结合科技创新与教育教学实践，商务英语教学可以更好地满足学生的个性化学习需求，培养其综合能力和创新思维，为他们未来的职业发展奠定坚实基础。这种融合科技与教育的趋势将推动商务英语教学向更加智能化、灵活化和个性化的方向发展，助力学生成为适应未来商务领域挑战的优秀人才。

第三节　商务英语教学和商务翻译未来展望

商务英语教学和翻译在现代社会中扮演着重要的角色，未来，商务英语教学和翻译将面临许多挑战和机遇。

一、商务英语教学的未来展望

（一）强调实践能力

未来的商务英语教学将更加注重培养学生的实践能力。传统的教学方法将逐渐被更多实践活动所取代，如案例分析、模拟商务场景和团队项目等。通过这些实践活动，学生可以将所学的商务英语知识应用到真实情境中，提升解决问题和应对挑战的能力。案例分析可以让学生深入了解商务实践中的问题和解决方案，模拟商务场景让学生体验真实商务交流，而团队项目则促进学生合作与协作能力的培养。这种以实践为导向的教学方法有助于学生将理论知识与实际应用相结合，培养他们的创新思维、沟通能力和解决问题的能力，使其更好地适应未来商务环境的挑战。通过参与实践活动，学生不仅能够更深入地理解商务英语知识，而且能够培养自信心和实际操作能力，为未来的职业发展和成功奠定坚实基础。

（二）应用数字化技术

商务英语教学将迎来更多现代化工具的应用（如在线学习平台、虚拟现实技术和移动应用程序），以给学生提供更灵活和便捷的学习体验。在线学习平台将为学生提供随时随地的学习机会，使他们能够自主安排学习时间和地点，灵活选择学习内容和进度。虚拟现实技术将带来沉浸式学习体验，通过模拟商务场景和互动体验，增强学生的实践能力和现实应用技能。移动应用程序将为学生提供便捷的学习工具和资源（如词汇练习、听力训练等），使学生可以随时随地进行学习和复习。这些现代化工具的广泛应用将为学生提供更多样化和个性化的学习方式，促进其自主学习和终身学习，提高学习效率和成果。教师也将更多地利用这些工具来创新教学方法，个性化指导学生，为其提供更丰富、互动性更强的学习体验，从而推动商务英语教学朝更具效率和效果的方向发展。

（三）重视跨文化教育

随着全球化进程的加速推进，跨文化交际在商务英语领域的重要性将愈发凸显。未来的商务英语教学将更加注重培养学生的跨文化意识和敏感性，以使其应对跨国商务交流中的机遇和挑战。商务英语教学将强调培养学生理解和尊重不同文化背景的能力，提倡开放包容的跨文化交流理念，以促进商务环境中的有效沟通和合作。教学机构将提供更多相关培训和实践机会（如跨文化讲座、文化交流项目和海外实习等），帮助学生更深入地了解不同文化之间的差异，学习如何灵活应对跨文化交际挑战。通过这些实践机会，学生能够积极参与跨文化活动，拓宽视野、增强交际技巧，为未来在国际商务领域取得成功奠定坚实基础。这种注重跨文化交际的商务英语教学模式有助于培养具有全球视野和国际竞争力的商务人才，推动跨文化交流与合作的发展。

（四）关注可持续发展

可持续发展成为全球商务的关键议题，商务英语教学也需要与之相适应。商务专业人士需要了解可持续发展的概念、原则和实践，并能够运用商务英语进行相关的沟通和交流。商务英语教学将更加注重可持续发展知识的传授，并鼓励学生在商务实践中考虑环境、社会和经济的可持续性。

（五）融合跨学科知识

商务英语的未来将更深地融入其他学科领域，实现跨学科的融合。商务英语教学将更加关注商务知识和技能的整合，如商务管理、市场营销和国际贸易等。这种跨学科融合将帮助学生更全面地理解商务运作的各个方面，从而培养学生的综合能力和实践技能。商务英语教学不仅要注重英语语言技能的培养，还要强调商务领域的专业知识和实际操作能力。通过与其他学科的融合，学生能够在商务英语学习中更深入地探索商业运作的方方面面，拓展知识广度和深度。这种综合性的教学模式将使学生具备更强的综合能力和跨学科的思维方式，为他们未来在商务领域的职业发展打下更加坚实的基础。商务英语教学的发展趋势将促进跨学科合作与交流，推动商务英语教学朝更加综合、创新和实践导向的方向发展。

二、商务翻译的未来展望

（一）机器翻译的发展

随着人工智能和自然语言处理技术的不断进步，机器翻译在商务领域中的应用将日益广泛。尽管机器翻译仍存在一些局限性，但随着技术的不断发展，它将在某些特定领域和任务上展现出更高的准确性和效率。商务领域对准确和快速的信息传达要求高，机器翻译可以在商务文件翻译、跨文化交流等方面发挥重要作用，提高工作效率，降低沟通障碍。然而，人工翻译仍具有独特的优势，特别是在涉及语言细节、文化背景和情感表达等方面。因此，在商务领域，机器翻译和人工翻译的结合可能成为未来发展的趋势，要充分利用两者的优势，提供更全面和高效的翻译服务。

（二）人工智能辅助翻译

随着人工智能技术的不断发展，商务翻译领域将迎来更多辅助工具和平台。例如，语音识别和语义分析技术将帮助翻译人员更快速地处理口译任务和文本翻译。语音识别技术可以将口语内容快速转换为文字形式，为翻译人员提供更便捷的翻译素材。同时，语义分析技术能够帮助翻译人员更准确地理解文本的含义和语境，从而提高翻译质量和效率。这些人工智能辅助工具将大大减轻翻译人员的工作负担，加快翻译过程，提高工作效率。机器翻译技术的不断进步将为商务翻译提供更多选择，翻译人员可以先借助机器翻译工具快速处理大量文本，然后进行润色和校对，提高翻译速度和准确性。综合利用人工智能技术和人类翻译能力，商务翻译将迎来更高效、精准的发展前景，为商务交流和国际合作提供更可靠的语言支持。这种结合人工智能技术的新型翻译模式将为商务翻译领域带来前所未有的便利和效益。

（三）应用增强现实技术

增强现实技术能够为商务翻译提供更优越的工具和体验，实现虚拟信息与现实世界的融合。通过 AR 眼镜或手机应用程序，翻译人员可以实时查看和编辑源语言与目标语言之间的对应关系，提高翻译质量和效率。AR 技术可以在翻译过程中提供更直观的辅助，如在翻译会议中，翻译人员可以通过 AR 眼镜实时显示源语言和目标语言之间的对应内容，以便准确翻译和快速反应。AR 技术还可以用于语言学习和培训，通过虚拟现实环境模拟商务场景，让翻译人员进行实践翻译和交流，提高其语言技能和应用能力。通过 AR 技术，翻译人员可以更加便捷地访问翻译工具和资源，实时查找术语和资料，提高工作效率和准确性。增强现实技术的应用将为商务翻译领域带来更多创新和便利，提升翻译质量和效率，推动商务交流和国际合作迈向更高水平。

（四）培养跨文化意识

未来的商务翻译将更强调跨文化交际和理解，这不仅仅局限于语言转换。商务翻译人员还需要培养跨文化意识和敏感性，以便更好地理解和传达不同文化背景下的商务信息。通过深入了解不同文化的价值观念、商务习惯和沟通方式，翻译人员能够更准确地传达信息，避免文化误解和冲突。未来的商务翻译教学将注重培养翻译人员的跨文化沟通技能，包括文化调研、跨文化交际策略和文化适应能力的培养。通过专业化的跨文化培训和实践活动，翻译人员能够更好地适应全球化商务环境的挑战，以确保翻译质量和有效沟通。未来的商务翻译不仅要求翻译人员具备卓越的语言能力，还需要注重跨文化意识和敏感性，使其成为能够在不同文化背景下顺利传递商务信息的专业人才。这种跨文化翻译的发展趋势将有助于促进商务交流的顺利进行，增进跨国商务合作的成功机会，推动全球商务发展迈向更加开放和多元化的方向。

（五）行业专业化

随着商务领域的快速发展，商务翻译正朝行业专业化方向发展。商务翻译人员需要深入了解特定行业的术语和知识，具备相关背景知识，以确保翻译的准确性和专业性，满足不同行业的翻译需求。在跨国商务交流中，翻译人员需要熟悉特定行业的专业术语和概念，了解行业发展趋势和规范，以便准确传达商务信息。例如，在金融领域的商务翻译中，翻译人员需要了解股市术语、金融产品和法律法规，以确保翻译的准确性和合规性。在医疗保健领域，翻译人员需要熟悉医学术语和医疗流程，以确保翻译内容符合专业标准。为满足不同行业的需求，翻译人员需要不断学习和提升自身专业知识和技能，以保持与行业发展同步。未来，商务翻译行业专业化将成为一个重要趋势，因此需要翻译人员具备广泛的行业知识和专业素养，以提供高质量、精准的商务翻译服务，促进跨国商务合作的顺利进行。这种行业专业化的发展方向将为商务翻译行业带来更多机遇和挑战，为其提升翻译质量和效率提供更加有力的支持。

　　未来商务英语教学和翻译将强调实践能力的培养，包括通过实际案例和模拟情境进行教学，以提升学生的应用能力。数字化技术的应用也将成为关键，如使用在线教育平台、虚拟现实和人工智能技术来提供个性化学习体验和实时翻译服务。此外，跨文化教育将促使商务英语教学注重培养学生的跨文化沟通和领导能力，以适应全球化商业环境。可持续发展将反映在商务英语教学中，具体表现为教授与环境保护、社会责任和道德经营相关的议题。行业专业化将推动商务英语教学和翻译向特定行业领域（如金融、科技和国际贸易）深入发展，以满足不断变化的商务需求。

参考文献

［1］ 张新红,李明.商务英语翻译:英译汉［M］.北京:高等教育出版社,2003.

［2］ 穆雷.中国翻译教学研究［M］.上海:上海外语教育出版社,1999.

［3］ 石定乐,蔡蔚,王纯林.实用商务英汉互译［M］.北京:北京理工大学出版社,2006.

［4］ 周方珠.翻译多元论［M］.北京:中国对外翻译出版公司,2004.

［5］ 单其昌.汉英翻译技巧［M］.北京:外语教学与研究出版社,1990.

［6］ 邓来英.课程思政融入商务英语翻译教学研究［J］.海外英语,2023（5）:95-97.

［7］ 黄夏昕.商务英语口译教学方法与应用技巧分析［J］.齐齐哈尔师范高等专科学校学报,2022（6）:148-150.

［8］ 张楚莺.商务英语翻译课程思政教学实践探讨［J］.西部素质教育,2022,8（16）:48-50.

［9］ 苏凡,钱雪芹,钟兰凤.窄式听力策略在大学英语口译教学中的应用［J］.英语教师,2022,22（12）:18-21.

［10］ 游忆.应用型人才培养背景下商务英语口译教学改革研究［J］.天津中德应用技术大学学报,2021（6）:53-57.

［11］ 汪俊杰.基于"变通"原则的商务英语翻译［J］.知识经济,2020（18）:101-102.

［12］ 崔璇.基于"变通"原则的商务英语翻译探讨［J］.英语广场,2020（15）:32-34.

［13］ 杨婧涵.变通原则下商务英语翻译研究［J］.英语广场,2020（2）:18-19.

［14］ 金芳.基于变通理论的茶叶企业商品英语翻译策略研究［J］.福建茶叶,2018,40（6）:371-372.

［15］ 程欣.论国际商务英语翻译的多元化标准［J］.当代经济,2009（1）:126-127.

［16］ 黎黎.商务英语翻译教学存在的问题与改革［J］.企业导报,2013（8）:236.

［17］ 吴文娟.高职院校商务英语翻译教学创新机制［J］.南昌教育学院学报，2013,28（8）:123-124.

［18］ 吴磊.中职商务英语翻译教学现存问题与改革建议［J］.职教通讯,2013（27）:27-29.

［19］ 罗颖.多模态模式在高职商务英语翻译教学中的运用［J］.中小企业管理与科技（上旬刊）,2014（1）:277.

［20］ 陈怡.关于经济全球化环境下的商务英语翻译教学研究［J］.才智,2014（12）:160.

［21］ 谢媛媛.职业素养视角下高职商务英语翻译教学改革与实践［J］.教育现代化,2020,7（55）:50-53.

［22］ 段君.服装行业商务英语翻译人才的培养研究［J］.西部皮革,2024,46（3）:142-144.

［23］ 何力.商务英语翻译在国际贸易中的重要性及其应用［J］.商场现代化,2016（22）:25-26.

［24］ 黄小玲.基于网络的高职商务英语翻译教学模式改革可行性分析［J］.漯河职业技术学院学报,2017,16（1）:19-21.

［25］ 汪婧,黄全灿.高校商务英语翻译课程"翻转课堂"的实证研究［J］.巢湖学院学报,2016,18（1）:151-155.

［26］ 穆雷,邹兵.论商务翻译人才培养模式:对内地相关期刊论文和学位论文的调研与反思［J］.中国外语,2015,12（4）:54-62.

［27］ 朱慧芬.基于建构主义的高职商务英语翻译项目教学改革［J］.教育与职业,2013（35）:135-137.

［28］ 刘勇,余惠珍,蔡志敏.叙事教学法在《商务英语翻译》课程教学中的运用［J］.外国语文,2012,28（6）:174-176.

［29］ 张博宇.浅谈互文性理论在商务英语翻译教学中的应用［J］.教育探索,2012（8）:59-60.

［30］ 宗晓武,周春平.人力资本对大学生就业能力的影响［J］.江苏高教,2012（1）:97-98.

［31］ 刘丽玲,吴娇.大学毕业生就业能力研究:基于对管理类和经济类大学毕业生的调查［J］.教育研究,2010,31（3）:82-90.

［32］ 吴尚义,路文军.商务英语翻译教学中的问题与对策［J］.安徽工业大学学报（社会科学版）,2009,26（3）:92-93.

［33］ 胡楚芳.有效商务英语翻译教学的影响因素探究［J］.中国集体经济,2009（6）:175-176.

［34］ 白云.社团商谈式学习外语训练法简介［J］.国外外语教学,1979（4）:8-10.

［35］ 林学洪.国外语言教学法的若干趋向［J］.汉语学习,1981（4）:1-12.

［36］ BODMAN J W,李谷城.以学生为中心：发生在 ESL 教学中的一场温和革命［J］.国外外语教学,1982（3）:1-5.

［37］ 邹建新,丁义超,陈湘.以学生为中心背景下"凝固原理"课程教学模式改革［J］.黑龙江教育（理论与实践）,2024（3）:90-93.

［38］ 王海燕,王林,刘颖."数学分析"课程教学创新探索与实践［J］.科技风,2024（6）:143-145.

［39］ 张晓彤,徐秀娟,于红,等.以学生为中心的人工智能实验教学改革研究［J］.实验室科学,2024,27（1）:99-102.

［40］ 郭建中.汉英/英汉翻译：理念与方法：下［J］.上海翻译,2006（1）:18-24.